KB039083

Becoming a Learning Facilitator Expert

창의적 조직과 공동체 구축을 위한

러닝퍼실리테이터 전문가 되기

박수홍 · 홍진용 · 류영호
김두규 · 홍광표 · 박은희 공저

학지사

이 저서는 2017년 정부(교육부)의 재원으로 한국연구재단의 지원을 받아 출판되었음
(NRF-2017S1A3A2067778).

책을 시작하며

4차 산업혁명시대에는 인재 강국이 되는 것이 중요하다. 첨단 기술도, 첨단 무기도, 경제 발전의 원동력도 모두 사람에게서 나온다. 따라서 4차 산업혁명시대에 맞게 창의력, 문제해결능력, 협업능력, 의사소통능력을 갖춘 창의혁신적 인재를 육성하는 것이 중요하다.

우리는 이를 지원하기 위해 2019년 5월 『창의적 인적자원개발을 위한 러닝퍼실리테이터 입문』을 출간하였다. 이 책의 제목에 '입문'이라는 수식어를 붙인 이유는 『창의적 조직과 공동체 구축을 위한 러닝퍼실리테이터 전문가 되기』라는 후속 책을 쓸 것을 염두에 두었기 때문이다.

러닝퍼실리테이터 입문서에서는 러닝퍼실리테이터로서 갖추어야 할 기본 역량을 익히는 데 초점을 맞춘 반면에, 이 책에서는 교수자들이 러닝퍼실리테이터의 기본 역량을 기반으로 학습자 중심 참여형 교수법에서 러닝퍼실리테이터로서 해야 할 활동을 실천적으로 따라 할 수 있도록 집필하는 데 초점을 맞추었다.

그래서 러닝퍼실리테이터 입문서에서 이미 논의한 이론적인 내용은 가급적 배제하고 교수자가 실제 수업 현장에서 여러 가지 학습자 중심 참여형 교수법을 적용하고자 할 때 러닝퍼실리테이터로서 해야 할 실천적인 활동을 중심으로 집필하고자 노력하였고, 이는 수업을 진행하는 교수자들에게 많은 도움이 될 것으로 생각한다.

이렇게 책을 쓰기 위해서 각 해당 교수법 분야의 전문가를 중심으로 집필진을 구성하였다. 대표 저자인 박수홍은 부산대학교 교육학과 교수로서 실제적인 학습자 중심 참여형 교수법으로 석·박사 학위 논문을 쓰는 여러 제자를 지도해 왔고, 이와 관련된 학술 논문 발표 및 도서도 여러 권 출판하였으며, 러닝퍼실리테이터와 관련하여 다양한 경험과 전문지식을 가지고 있다.

공동 저자 홍진용은 문제중심학습(Problem Based Learning: PBL) 분야에서 러닝퍼실리테이터 육성 프로그램 개발이라는 논제로 박사학위를 취득하였고, 『창의적 인적자원 개발을 위한 러닝퍼실리테이터 입문』의 대표 저자이기도 하다. 현재 LbD(엘비디)컨설팅이라는 회사를 운영하면서 러닝퍼실리테이터 역량 개발을 위한 연수 교육 과정을 운영하고 있으며, '러닝퍼실리테이터' 민간자격을 등록하여 '러닝퍼실리테이터 자격증' 발급 관련 업무를 하고 있다.

공동 저자 류영호는 경남공업고등학교 교장으로 재직하고 있으며 캡스톤디자인 분야로 박사학위를 취득하였고, 우리나라 캡스톤디자인 수업 발전에 선구적인 활동을 하였다.

공동 저자 김두규는 u-PBL 분야에서 박사학위를 취득하고 부산대학교 교수학습센터에 재직하면서 플립러닝 분야의 교수법에 대한 연구를 꾸준히 해 왔다.

공동 저자 홍광표는 커리어앵커 분야에서 박사학위를 취득하고 부산대학교 교육발전연구소 전임연구원으로 재직하면서 액션러닝 분야의 교수법에 대한 연구를 꾸준히 해 왔고, 현재 한국코치협회 전문코치, 국제트리즈협회 트리즈전문가로 활동하고 있다.

공동 저자 박은희는 목적중심시나리오(Goal Based Scenario: GBS) 분야에서 박사학위를 취득하고 이에 대한 연구 및 발전 활동을 꾸준히 해 왔다. 이와 같이 이 책의 집필자들은 해당 분야에서 모두 최고의 전문가로 활동하고 있다.

현재 각 분야에 대한 이론을 다룬 책은 많이 나와 있지만 일반 교수자들이 러닝퍼실리테이터 입장에서 수업 현장에서 실천적으로 활용할 수 있는 책이 부족하여 어려움이 많다고 하시는 교수자분들이 종종 계신다. 따라서 학습자 중심 참여형 교수법을 수업에 적용하기 원하는 교수자들에게 자신의 교과 특성이나 업무 상황에 맞게 효과적으로 교수법을 선택하여 실천적으로 활용할 수 있도록 지원할 수 있는 책의 필요성을 절감하였다. 우리는 이러한 사실에 공감하고 책을 집필하기로 의견을 모은 것이다.

이 책은 러닝퍼실리테이터로서 수업 설계에서부터 실천적으로 따라 할 수 있도록 하는 데 주안점을 두었기 때문에 수업 현장에서 러닝퍼실리테이터 전문가가 되는 데 필요한 지침서로서의 역할을 할 수 있을 것으로 본다.

이 책을 읽는 독자는 가급적『창의적 인적자원 개발을 위한 러닝퍼실리테이터 입문』을 먼저 읽어 보기를 권장한다. 왜냐하면 입문서에서 집필한 러닝퍼실리테이터와 관련된 이론적 내용과 기본 역량에 대한 내용은 이 책에서 가급적 중복하여 언급하지 않고 실천 내용을 중심으로 집필하였기 때문이다. 또한 이 책에서 기술한 교수법의 실천적 기법을 익히는 것도 중요하지만, 그것보다 먼저 러닝퍼실리테이터에 대한 이론과 기본 역량을 익히고 이 책을 보는 것이 더 효과적이기 때문이다.

아무쪼록 이 책을 통해서 독자 여러분이 4차 산업혁명시대의 창의적 조직과 공동체 구축을 위한 러닝퍼실리테이터 전문가가 되길 바란다.

2021년 9월
공동 저자
박수홍 · 홍진용 · 류영호 · 김두규 · 홍광표 · 박은희

차례

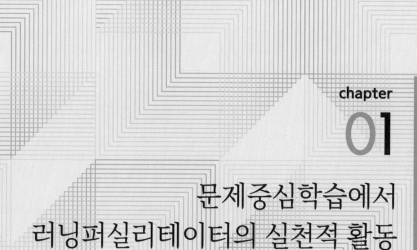

문제중심학습에서
러닝퍼실리테이터의 실천적 활동

문제중심학습은 일반적으로 약어로 PBL이라고 하는데 PBL에는 두 가지, 즉 문제중심학습(Problem Based Learning)과 프로젝트중심학습(Project Based Learning)이 있다. 여기서는 전자의 문제중심학습에 관한 내용을 다룰 것이며, 프로젝트중심학습은 3장의 캡스톤디자인과 거의 동일하기 때문에 이 책에서는 따로 다루지 않는다. 문제중심학습에서 러닝퍼실리테이터의 실천적 활동을 제시하기 위해서 그 절차로서 우선 문제중심학습을 위한 수업 설계를 어떻게 해야 하는지, 그리고 수업 설계 후 실제 문제중심학습 진행을 효과적으로 하기 위해서 무엇을 준비해야 하는지를 알아볼 것이다.

이러한 준비가 끝나고 실제 수업을 진행하기 위한 사전학습 과정을 진행하는 방법과 실제 수업에서 러닝퍼실리테이터가 팀 빌딩을 효과적으로 하기 위해서 해야 할 활동과 팀 빌딩 이후 문제중심학습 프로세스에 따라 수업을 진행하는 본학습에서의 활동과 본학습 후에 실시할 사후학습에 대해 살펴보고자 한다.

문제중심학습에서
러닝퍼실리테이터의 실천적 활동 / 홍진용

1. 문제중심학습 수업 설계하기

문제중심학습을 하기 위해서는 우선 수업을 효과적으로 설계하는 것이 중요하다. 따라서 문제중심학습 수업을 위한 학습자 분석, 학습환경 분석 등 분석활동을 먼저 수행하고 수업 설계, 담당 교수자 및 교과목 정보에 대한 설계, 수업 평가 설계를 하는 방법과 마지막으로 수업을 진행하는데 필요한 상세한 수업 설계를 하는 방법에 대해 설명하고자 한다.

1) 문제중심학습을 위한 분석 및 수업 설계

문제중심학습을 위한 분석 및 수업 설계는 〈표 1-1〉과 같이 수업의 전체적인 윤곽을 그려 보기 위한 설계이다. 〈표 1-1〉의 예시 내용을 참조하여 자신의 수업을 설계해 보는 것이 필요하다.

〈표 1-1〉 문제중심학습을 위한 분석 및 수업 설계

구분	주제	수업 시기	세부 내용	수업 장소
분석 하기	요구 분석	수업 전	• 학습자의 수준 • 학습목표 도달을 위해 개발할 문제의 형태 등	
	교과목 내용 분석	수업 전	• 교과에서 다룰 지식, 기술 • 학습과제	
	학습자 분석	수업 전	• 일반적인 특성 및 학습양식, 사전지식, 수업에 대한 태도 등	
	학습환경 분석 및 준비	수업 전	• 교육장 환경, 테크놀로지 자원, 운영 지원, 제도적 기반 등	

수업
설계
	수업 담당 교수자
	및 교과목 정보
		수업 전	• 수업 정보, 담당 교수자 정보, 교과목
			  개요, 교과목 목표, 수업 유형, 평가
			  방법, 교재 등	

	수업 운영 설계	수업 전	• PBL 문제 개발 • 학습자원 개발 • 조 편성	
		수업 중	• 팀 빌딩	In- class
			• 문제 제시 • 학습자들의 PBL 문제 분석활동 촉진 • 학습자들의 학습계획 수립활동 촉진	In- class
			• 학습과제 수행 안내 및 촉진활동	Out- class
			• 학습결과 발표 안내 및 촉진활동	In- class
	평가시스템 설계	수업 후	• 평가 및 피드백 • 성찰일지 작성	In- class

2) 분석하기

분석 단계에서는 요구 분석, 교과목 내용 분석, 학습자 분석, 학습환경 분석 등의 활동을 수행한다.

(1) 요구 분석

학습자가 현재 어떤 수준에 있는지를 분석하여 학습목표 달성을 위해 개발해야 할 문제의 형태 등을 파악하는 요구 분석이 이루어져야 한다. 즉, 문제를 텍스트로 제시할 것인지, 모의 상황을 제시할 것인지 등 어떤 형태로 제시하는 것이 가장 바람직할 것인가를 판단해 보아야 한다.

(2) 교과목 내용 분석

교과목 내용 분석을 통해 문제중심학습에서 익혀야 할 지식과 기술이 무엇인지 판단하고 이러한 지식과 기술을 익히도록 하기 위해 다루어야 할 학습과제가 무엇인지, 그리고 이러한 학습과제를 다루기 위해 어떤 문제를 선정하는 것이 적합한지를 판단해 보아야 한다.

(3) 학습자 분석

러닝퍼실리테이터가 사전에 학습자를 분석하는 것은 매우 중요하다. 학습자의 일반적인 특성을 분석하면 수업을 어떻게 진행해야 할지 설계할 수 있고, 학습양식을 분석하면 학습 팀을 어떻게 구성할지 판단할 수 있다. 학습양식으로서 〈표 1-2〉에서는 Kolb의 학습양식을 기반으로 예시를 제시하였는데, MBTI 또는 DISC 검사 등 다른 방법을 선택할 수도 있다. 무엇이든 간에 학습양식을 알아야 학습 팀 구성원이 서로 다양하게 편성되도록 할 수 있다.

Kolb의 학습양식 검사 방식은 이 책의 부록을 참조하기 바란다.

그리고 학습자의 PBL에 대한 사전지식과 관련 경험을 분석하면 PBL에 대한 사전학습 자료를 어떻게 제공해야 할지 판단할 수 있으며, 학습자들의 수업에 대한 이해 및 인지도를 미리 분석해 두면 오리엔테이션 내용을 어느 정도 수준으로 제공해야 할지 알 수 있다.

〈표 1-2〉 학습자 분석

분석 영역	분석 내용
학습자의 일반적인 특성 및 양식	• 특성 예) 러닝퍼실리테이터 기본 과정을 수료하여 수업에 대한 기본 소양을 갖춤 • 학습양식 수렴자: (　　) (　　) (　　) (　　) 분산자: (　　) (　　) (　　) (　　) 융합자: (　　) (　　) (　　) (　　) 적응자: (　　) (　　) (　　) (　　)
효율적인 수업 운영을 위해 요구되는 학습자의 사전지식, 관련 경험 등	예) PBL에 대한 사전지식이 없음 　⇨ PBL에 대한 사전학습 자료 제공
수업에 대한 이해 및 인지도	예) 수업에 대한 이해 및 인지도 부족 　⇨ 수업과정에 대한 상세한 오리엔테이션 제공

(4) 학습환경 분석

러닝퍼실리테이터 활동을 잘하기 위해서 미리 학습환경을 분석하는 것은 매우 중요한데, 미리 현장을 방문해서 점검해 보는 방법이 가장 좋다. 이것이 어려우면 해당 학교나 기관의 담당자에게 전화로 확인하고 다음과 같은 사항에 대하여 관련 사진이나 자료를 요청하여 분석해야 한다.

첫째, 교육장의 배치와 크기, 책걸상의 형태, 수량 등을 파악하여 팀 학습형태로 재구성이 가능한지 분석하고 개선 및 보완할 것이 있는지를 확인하여 대책을 수립해야 한다.

둘째, 테크놀로지 환경으로서 현재의 멀티미디어 시스템이 어떻게 구성되어 있는지 확인해야 한다. 대부분 멀티미디어 시스템이 있더라도 컴퓨터와 모니터 책상이 한쪽 구석에 몰려 있는 경우가 많다. 그런데 러닝퍼실리테이션 활동을 하려면 학습 팀을 잘 모니터링할 수 있고 소통이 용이한 장소에 있어야 한다. 이를 위해 러닝퍼실리테이터가 있어야 할 장소를 별도로 구성해야 한다. 러닝퍼실리테이터가 필요한 사항을 해당 학교 또는 기관과 협조하여 해결할 수 있는 부분이 무엇인지 파악하고 서로 협조를 통해 해결이 어려우면 러닝퍼실리테이터가 추가로 준비해야 할 사항이 무엇인지 알아서 미리 대비할 수 있는 계획을 수립해야 한다.

셋째, 시스템 환경으로서 해당 학교나 기관의 전산망이나 홈페이지를 러닝퍼실리테이터가 활용할 수 있는지 여부와 인터넷 활용이 가능한지, 수업을 진행하는 데 방해가 되는 보안 문제가 없는지 확인하고 이에 대비할 수 있는 계획을 수립해야 한다.

넷째, 수업에 필요한 준비물로서 해당 기관에 준비되어 있거나 준비해 줄 수 있는 사항이 무엇인지 확인하고 부족한 부분에 대해서 러닝퍼실리테이터가 준비해야 할 사항이 무엇인지 확인하고 계획을 수립해야 한다. 수업 준비물은 수업 상황에 따라 다를 수 있지만 일반적인 사항은 러닝퍼실리테이터 입문서에 제시되어 있는 사항을 참고하기 바란다.

〈표 1-3〉 학습환경 분석

분석 영역	현재의 수업 환경	개선 및 보완 사항
교육장 환경	예) 일자형 교실	예) 원형 또는 V자형으로 변경
테크놀로지 환경		
시스템 환경		
수업 준비물		

3) 담당 교수자 및 교과목 정보 설계

문제중심학습을 위한 분석 및 수업 설계서에서 언급하였던 사항 중 담당 교수자 및 교과목 정보를 확인하고 설계하는 과정이 필요하다. 〈표 1-4〉의 내용을 참조하여 자신의 수업에 필요한 부분을 첨삭하여 설계해 보면 좋을 것이다.

〈표 1-4〉 교과목 및 담당 교수자 정보

교과목 정보		담당 교수자 정보		
과목명		소속 학교		
교과목 번호		학년(부, 과)		
분반		교수자명		
이수 구분		연구실		
수업장소		전자우편		
수업시간		면담가능시간		
학점		연락처		
교과목 개요				
교과목 목표				
수업방법	교실상태	수업방법		
	교실 안			
	교실 밖			
평가방법				
학습자원	교재, 참고사이트, 참고도서, 전문가 정보 등			
기대효과				

4) 수업 평가 설계

문제중심학습에서의 평가는 기존의 전통적인 수업에서의 평가방법과
는 다르다. 따라서 이에 대한 평가계획을 미리 수립하여 수업 시작 전에
학습자들에게 평가방법에 대해 알려 주어야 한다.

첫째, 비평가 항목으로는 자기 평가와 성찰일지가 있는데 이러한 비평
가 활동을 할 수 있는 워크시트를 미리 준비해야 한다. 워크시트 양식은
러닝퍼실리테이터 입문서의 부록을 참고하기 바란다.

둘째, 평가 항목으로는 출석 평가와 동료 평가, 학습결과물 평가, 교수
자 관찰 평가, 학업성취도 평가가 있는데, 각 평가방법에 대한 평가점수
반영 비율을 미리 설계하고 수업 전에 학습자들에게 공지해야 한다.

〈표 1-5〉 수업 평가 설계

구분	평가의 종류	평가방법	평가점수 반영 비율 (%)
비평가	자기 평가	• 자기 성찰과 동료들로부터 피드백을 받기 위한 평가 • 평가양식은 러닝퍼실리데이터 입문서의 부록 참조	
	성찰일지	• 자기 성찰을 통한 내적 인지력 강화	
평가	출석 평가	• 출석률 평가	
	동료 평가	• 평가양식은 러닝퍼실리데이터 입문서의 부록 참조	
	학습결과물 평가	• 과제수행 결과 제출 • 발표 등을 고려하여 평가	
	교수자 관찰 평가	• 평가양식은 러닝퍼실리데이터 입문서의 부록 참조	
	학업성취도 평가	• 시험문제 평가 • 결과점수를 기준으로 평가	

5) 수업 상세 설계

수업 상세 설계는 러닝퍼실리테이터가 실제 문제중심학습을 진행하기
위해 각 학습 프로세스별로 구체적으로 설계를 하는 것이다. 구체적이고
세밀하게 설계될수록 더 좋은 수업을 할 수 있다. 각 프로세스별로 소요

되는 시간, 수행목표 또는 학습목표를 결정한 후에 이를 달성하기 위해서 학습자들이 어떤 활동을 해야 하는지를 결정하고, 이러한 학습자들의 활동이 효과적으로 잘 이루어질 수 있도록 러닝퍼실리테이터가 어떤 촉진 활동과 안내를 하여야 하는지 구체적으로 설계해야 한다.

또한 학습자와 러닝퍼실리테이터가 이렇게 활동하는 데 필요한 지원 요소가 무엇인지 설계하고 활동 결과물이 무엇이며 이를 지원하는 학습 환경은 무엇인지를 진술해 나가면서 수업 상세 설계를 한다. 〈표 1-6〉은 이러한 수업 상세 설계를 효과적으로 수립할 수 있는 양식을 제공한 것이므로 이를 참조해서 자신의 수업을 설계해 보기 바란다.

〈표 1-6〉 수업 상세 설계(예시)

핵심 프로세스	시간 (합)	수행 목표	핵심 활동		지원 요소		결과물	학습 환경
			학습자	러닝퍼실리테이터	학습자	러닝퍼실리테이터		
팀 역할 정하기	10 (50)	각 팀별 역할을 정해서 학습활동을 효과적으로 할 수 있게 함	토의를 통해 아래와 같은 역할을 분담함 ※사회, 서기, 발표자, 일지기록수, 비판자, 분위기메이커, 시간지킴이	역할에 대한 설명을 해 주고 자기 소개 내용 등을 고려하여 팀 역할을 정하도록 안내함	• 교재 • 브레인 스토밍	• 러닝퍼실리테이터 교수안 • 프로젝션 셋트 • 역할 분담 설명이 되어 있는 용지	팀 역할 분담지	팀 학습 교실

2. 문제중심학습 수업 준비하기

문제중심학습 수업 준비하기에서는 문제중심학습을 위한 문제 제작 준비하기, 문제중심학습용 문제 제작하기, 학습자원 리스트 개발하기, 학습

양식을 고려한 조 편성하기, 학습커뮤니티 방 만들기, 학습환경 구성하기
등 러닝퍼실리테이터가 준비해야 할 활동에 대해 알아보고자 한다.

1) 문제중심학습을 위한 문제 제작 준비하기

문제중심학습을 위한 문제 제작을 준비하기 위해서는 먼저 문제 제작
시 고려해야 할 요소를 검토하고 문제를 통해 달성해야 하는 목표를 정의
해야 한다.

(1) 문제 제작 시 고려해야 할 요소 검토

문제 제작 시 고려해야 할 요소는 〈표 1-7〉에 제시되어 있는 고려 요
소별로 하나씩 검토하여 검토 결과를 기술한다.

〈표 1-7〉 문제 제작 시 고려해야 할 요소 검토

고려 요소	검토 결과
이 문제를 다룰 학습자의 위상은 무엇인가? (예: 향후 의사가 될 학생)	
이 문제가 해당 교과목의 어디에 적합한 것인가?	
학습 단위의 목적과 목표를 달성할 수 있는가?	
이 문제를 통해 다룰 학습의 범위는 어디까지인가?	
이 문제를 통해 다룰 주요 학습과제에 대해 분명히 이해하고 있는가?	
이 문제를 다룰 학습자의 사전수준은 어떠한가?	
이 문제를 학습자가 다루기에 적합한가?	
이 문제를 다루기 위한 학습자원은 충분한가?	
이 문제가 여러 가지 정답이 나올 수 있도록 구성할 수 있는 문제인가?	

고려해야 할 요소에서 적합하지 않은 사항이 많다면 문제중심학습을 위한 문제로서 적합하지 못할 것이다. 좋은 문제를 만들 수 있다면 이미 문제중심학습의 절반은 성공한 셈이다.

(2) 문제를 통해 달성해야 하는 목표 정의

모든 교과목 수업 설계 시 학습목표를 정의하듯이 문제중심학습에 사용할 문제를 제작할 때에도 러닝퍼실리테이터는 문제를 통해 달성해야 하는 목표를 정의해야 하며 상세 내용은 다음과 같다.

첫째, 러닝퍼실리테이터 입장에서 이 문제를 통해 학습자들에게 달성시키고자 하는 목표가 무엇인지를 미리 정의해야 한다. 이것은 러닝퍼실리테이터가 효과적인 수업 진행을 위해 알고 있어야 할 사항이지만 학습자들에게는 수업 설계 단계에서 정의된 학습목표를 알려 주어서는 안 된다. 만약 학습자들에게 이 문제의 학습목표를 알려 주게 되면 학습자들은 매우 쉽게 학습과제를 찾게 되어, 많은 생각을 하고 토의를 하여 가설을 정하고 학습과제를 찾는 등의 활동의 의미가 없어지며 문제중심학습 활동의 특장점인 창의력, 문제해결능력과 협업능력, 의사소통능력 등을 길러 주고자 하는 여러 가지 의미도 없어진다.

둘째, 이 문제를 통해서 학습자들이 다루어야 할 학습의 범위를 정의해야 한다. 하나의 문제를 통해서 다른 교과목의 영역까지 학습할 수도 있다. 이렇게 될 때는 다른 교과 담당 교수자와 합동으로 수업을 해야 할 수도 있고, 문제를 다루어야 하는 기간이 매우 길어질 수도 있다. 따라서 학습자들이 다루어야 할 학습의 범위를 어디까지 할 것인지에 대해 러닝퍼실리테이터가 미리 정의해야 하고 이를 기반으로 학습촉진 활동과 안내를 해야 한다.

셋째, 이 문제를 통해서 학습자들이 다루면 좋을 바람직한 학습과제를 미리 선정해 놓는다. 이렇게 선정한 학습과제는 학습자들에게 미리 알려 주기 위한 것이 아니라 러닝퍼실리테이터가 수업을 진행하는 데 참고하기 위한 것이다. 이것은 문제를 만든 러닝퍼실리테이터가 반드시 해당 수업을 하는 것이 아니라 문제를 직접 만들지 않은 다른 교수자가 러닝퍼실리테이터로 수업을 할 수도 있기 때문이다.

넷째, 문제의 제목을 정한다. 학습자들이 문제의 제목을 보면 이번 수업에서 전체적인 학습의 방향성과 대략적인 범위를 가늠할 수 있게 된다.

〈표 1-8〉을 참조해서 이러한 사항을 정의해 보기 바란다.

〈표 1-8〉 문제를 통해 달성해야 하는 목표 정의

예) 교과목명: 자동차 엔진계통 정비

학습목표	예) 자동차 오일계통의 문제를 해결할 수 있다.
학습범위	예) 자동차 오일 관련 기계와 관련 부품에 대한 학습문제를 다룬다.
주요 학습과제	예) 1) 엔진오일 압력경고등 점등 조건 2) 엔진오일 압력경고등 점등 시 조치방법 3) 엔진오일 소모 원인과 원리 조사 4) 압축압력 저하 원인 파악
문제제목	예) 이동민 대리의 자동차 오일 문제

2) 문제중심학습용 문제 제작하기

문제중심학습용 문제 제작은 학습자에게 제시할 학습자용 문제와 러닝퍼실리테이터가 수업을 진행하면서 참고할 수 있도록 도와 주는 러닝퍼실리테이터용으로 구분하여 제작하면 좋다. 이렇게 하면 문제를 직접 만들지 않은 교수자도 러닝퍼실리테이터용 가이드라인을 가지고 문제중심학습의 러닝퍼실리테이터 역할을 담당할 수 있다.

문제는 여러 단계로 나누어 제작될 수도 있고, 한 번에 제작할 수도 있다. 이러한 문제 제작 단계의 결정은 실제 그 문제가 일어나는 현장의 상황을 기준으로 해야 한다. 실제 현장의 상황 전개가 여러 단계로 나누어 일어난다면 이를 기반으로 여러 단계로 문제를 제작하는 것이 타당하고, 실제 현장의 문제 상황이 일회성으로 끝난다면 이에 맞게 한 번에 문제를 제작할 수 있다.

따라서 문제 제작의 단계적인 절차와 횟수는 그 문제가 실제 현장에서 나타나는 현상을 기준으로 판단하여야 한다. 실제 현장의 상황에 가깝게 문제가 만들어질 때 그 문제를 기반으로 한 학습의 효과도 높아지고 학습자들의 학습 동기부여도 더욱 높게 될 것이다. 좋은 문제는 그 문제 자체가 학습자들의 내적인 동기부여를 유발할 수 있는 역량을 가지고 있기 때문에 흔히 강의식 수업에서 애써 노력하는 외적인 동기부여를 위한 노력이 그렇게 필요하지 않을 수 있다.

(1) 학습자용 문제 제작하기

① 1단계
● 가이드라인: 1단계 문제는 최초에 나타난 주요 증상과 상황을 기술한다.

● 문제 예시

> 이동민 대리가 고속도로를 주행하던 중 계기판에 다음과 같은 모양의 표시등이 점등되어 정비소를 방문하였다. 최근 현상을 물어보니 며칠 전부터 간헐적으로 오일경고등이 한 번씩 점등되었다고 한다.
>
>
>
> 〈이동민 대리 차량의 주요 사항〉
> - 차종: YF 소나타
> - 변속기: A/T
> - 연식: 2011년식
> - 주행거리: 120,000km

② 2단계

● 가이드라인: 2단계 문제는 과거의 이력, 문제와 관련된 정보 등을 제공한다.

● 문제 예시

> 엔진설명서에 따라 오일을 측정하니 'MIN' 이하로 오일 측정이 불가한 상태여서 기관엔진오일이 소모되어 매우 부족함을 알았다. '왜 그럴까?' 고민을 하다가 차계부에서 최근 정비 이력을 살펴본 결과는 다음과 같았다.
> - 엔진오일, 오일필터, 에어크리너 교환
> - 각 부 구동벨트 교환
> - 점화플러그 및 고압케이블 교환

③ 3단계

● 가이드라인: 3단계 문제는 문제와 관련하여 최초 분석, 확인, 검사 결과 등을 제공한다.

● 문제 예시

> 현 상태로는 더 이상 운행이 불가하다고 판단되어 추가 점검한 결과는 다음과 같
> 았다.
> • 차량 하부와 엔진 주위 점검 결과 엔진 외부에 엔진오일 누설 부위 없음
> • 압축압력 측정 결과 압력 저하 현상이 있음

④ 4~5단계

● 가이드라인: 4단계 문제는 과거의 이력, 문제와 관련된 정보 등을 추
  가 제공한다. 5단계 문제는 문제에 따라서 4단계의 연속되는 정보를
  제공한다.

(2) 러닝퍼실리테이터용 문제 제작하기

① 1단계

● 1단계 문제: 학습자용과 동일하게 작성한다.

● 학습과제 기술

  – 가이드라인: 문제를 통해 학습해야 할 과제를 기술한다.

  – 학습과제 예시

> • 엔진오일 압력경고등 점등 조건
> • 엔진오일 압력경고등 점등 시 조치방법

● 러닝퍼실리테이터 참고사항 기술

  – 가이드라인: 러닝퍼실리테이터가 수업 진행에 참고할 만한 사항
    을 기술한다.

- 참고사항 기술 예시

> • 엔진오일 압력경고등 점등 조건을 확인하고 점등 시 조치사항을 학습할 수 있
> 는 학습과제를 선정하도록 촉진활동을 한다.
> ※ 엔진오일 압력경고등은 엔진오일의 압력이 낮은 경우에 점등되며, 시동 스
> 위치를 'ON'으로 하면 점등되었다가 시동이 걸리면 소등된다. 운행 중 점등
> 이 되는 경우 엔진 시동을 끄고 엔진오일량을 점검하고, 부족하면 보충을 해
> 야 하며, 보충 후에도 경고등이 소등되지 않으면 정비를 해야 한다. 경고등이
> 점등된 상태에서 계속 주행하면 엔진 고장의 원인이 된다.

② 2단계

● 2단계 문제: 학습자용과 동일하게 작성한다.

● 학습과제 기술

 - 가이드라인: 문제를 통해 학습해야 할 과제를 기술한다.

 - 학습과제 예시

> • 연소로 인한 엔진오일의 소모 원인
> • 누설로 인한 엔진오일의 소모 원인

● 러닝퍼실리테이터 참고사항 기술

 - 가이드라인: 러닝퍼실리테이터가 수업 진행에 참고할 만한 사항
   을 기술한다.

 - 참고사항 기술 예시

> 기관 엔진오일의 소모 원인은 크게 연소와 누설이 있다.
> ※ 연소로 인한 소모 원인
>   • 피스톤링 불량
>   • 실린더 마모
>   • 밸브가이드실 마모
>   • 기관 헤드 가스켓 불량

③ 3단계

● 3단계 문제: 학습자용과 동일하게 작성한다.

● 학습과제 기술

　－ 가이드라인: 문제를 통해 학습해야 할 과제를 기술한다.

　－ 학습과제 예시

• 압축압력 저하 원인 파악

● 러닝퍼실리테이터 참고사항 기술

　－ 가이드라인: 러닝퍼실리테이터가 수업 진행에 참고할 만한 사항을 기술한다.

　－ 참고사항 기술 예시

압축압력 저하의 원인은 1) 오일 부족:　① 교환시기 초과 　　　　　　　② 누설 또는 연소실 유입 2) 엔진 외부 오일 누설: 육안 점검 3) 엔진 내부 오일 누설: 크랭크축 베어링 마모로 오일 누설 4) 연소실 유입 원인:　① 내구성 부족으로 피스톤 마모 　　　　　　　　　② 가이드 고무 노후

④ 4~5단계

● 4~5단계 문제: 학습자용과 동일하게 작성한다.

● 학습과제 기술: 4~5단계의 문제가 있다면 3단계의 학습과제 기술과 같은 방법으로 학습해야 할 과제를 기술한다.

● 러닝퍼실리테이터 참고사항 기술: 4~5단계의 문제와 학습과제가 있다면 3단계에서 기술했던 형태와 같은 러닝퍼실리테이터 참고사항을 기술한다.

3) 학습자원 리스트 개발하기

(1) 학습자원 리스트 개발 시 고려 요소

학습자원 리스트 개발 시 고려해야 할 요소들은 다음과 같다.

- 학생들에게 아주 도움이 될 만한 것만을 선택하였는가?
- 인적자원이나 단체자원의 이름을 포함시킬 때 그들의 허락을 먼저 받았는가? 그리고 그들에게 문제에 관한 정보를 제공하였는가?
- 도서 및 논문을 포함시킬 때 학생들에게 유용하고 이해할 수 있는 것만 포함하였는가?
- 학생들에게 이 리스트 외에도 얼마든지 공부할 수 있다고 분명히 하였는가?

(2) 학습자원 리스트 개발 예시

① 가이드라인

학습자원 리스트에는 인적자원, 참고서적, 기타 학습자들에게 도움이 될 만한 학습자원 리스트를 기술한다.

② 인적자원 예시

- 회사/직책/성명: 프로미카월드/사장/○○○
- 전화: 055-251-○○○1(휴대폰: 010-○○○○-○○○○)
- 주소: 창원시 의창구 사화로 ○○번길 ○○(팔용동)

③ 참고서적 예시

- 자동차 정비/검사 산업기사 실기정복
- 자동차 공학(골든벨 출판)
- 자동차 전자제어 실무
- 자동차 정비 실기 특강
- 기타 자동차 관련 도서

④ 기타 사항 예시

- 관련 인터넷 사이트의 이름 및 주소
- 기타 이 리스트에 제시된 것 외에도 필요한 자원을 선택하여 학습해도 가능함

4) 학습양식을 고려한 학습 팀 편성하기

수업을 시작하기 전에 팀 빌딩을 하기 위한 학습 팀을 미리 편성하여 두면 수업 당일 수업을 진행하기가 편리하다. 학습양식을 검사하여 팀 내에 다양한 학습양식을 가진 팀으로 구성될 수 있도록 미리 팀을 편성하고, 편성한 팀을 학습자들에게 알려 주어서 팀을 변경하고 싶어 하는 학습자가 있을 경우 미리 조정하는 것이 좋다. 개인 사정 또는 기타 다른 사정으로 인하여 팀 변경을 원하는 학습자가 있을 수 있다. 이렇게 미리하는 것이 수업 당일에 하는 것보다 수업 진행이 보다 원활할 수 있다.

〈표 1-9〉와 같이 학습 팀 편성 결과를 학습장에 배치해 두면 학습자들이 쉽게 자기가 학습할 장소를 찾아갈 수 있다.

〈표 1-9〉 학습 팀 편성

학습 팀	이름	학습양식
A팀		
B팀		

5) 학습커뮤니티 방 만들기

학습 대상 인원이 정해지면 연락처를 파악해서 카카오톡 단톡방을 개설하거나 밴드를 개설해서 서로 인사를 나누고 소통하며 친밀감을 형성한다. 사실 수업은 이때부터 시작되는 것이라고 봐야 한다. 사전학습 자료나 오리엔테이션 자료에 대한 안내도 하고 수업 전에 필요한 사항들을 학습커뮤니티 방을 이용하여 서로 소통하기 위해서는 소통방을 만들어 운영하면 효과적이다.

6) 학습환경 구성하기

문제중심학습을 하기 위한 학습환경 구성은 매우 중요하다. 이에 대한 자세한 내용은 러닝퍼실리테이터 입문서를 참고하기 바란다. 여기서는 실천적으로 꼭 필요한 사항에 관하여 확인해야 하는 항목에 대해서만 언급하고자 한다.

- 교실의 크기 및 책걸상 배치
- 팀 테이블 간의 간격 및 동선
- 멀티미디어 시스템
  - 사운드 시스템
  - 동영상 상영 환경
  - 프로젝션 환경
- 학습활동 지원 교구
  - 화이트보드 및 플립차트
  - 포스트잇
  - 컬러펜
  - 노트
  - A4 용지
  - 켄트지 전지
  - 시간통제용 종
  - 기타(자신이 필요한 수업지원 도구를 확보하여 수업 전에 배치를 해 두는 것이 좋음)

3. 사전학습하기

사전학습하기는 학습자들이 문제중심학습이 무엇인지에 대해 미리 이해할 수 있게 하는 학습활동과 본수업에 들어가기 전에 Ice Breaking 및 팀 빌딩 활동을 하는 과정이다. 따라서 이에 대한 자세한 이론적인 내용은 러닝퍼실리테이터 입문서를 활용하도록 하고, 여기서는 러닝퍼실리테이터가 실천적으로 수행해야 할 활동 내용 위주로 설명하고자 한다.

1) 문제중심학습 이해하기

이 단계는 문제중심학습을 처음 하는 학습자일 경우 문제중심학습이 무엇인지 이해하게 하는 단계이다. 그런데 이 부분도 러닝퍼실리테이터가 설명식으로 수업을 진행하기보다는 러닝퍼실리테이터 입문서에 수록된 내용을 참고하여 사전에 문제중심학습 관련 자료를 학습자들에게 제공하고 학습자들이 스스로 숙독하고 오도록 한 후 학습자 중심으로 토론수업을 진행하는 것을 권장한다. 즉, 다음의 각 토론 주제별로 사전학습 단계에서 학습한 핵심 내용을 서로 공유하게 하고, 이해가 되지 않았던 부분, 더 알고 싶었던 부분에 대해 질문지를 작성하여 제출하게 하며, 이를 중심으로 상호 토론을 하게 한 후 부족한 부분이 있다면 러닝퍼실리테이터가 보충 설명을 해 준다.

- 문제중심학습 개념 이해
- 문제중심학습 효과성 및 필요성
- 문제중심학습 프로세스 이해

- 문제중심학습 준비방법
- 평가방법 결정
- 문제중심학습 적용하기

그러나 이미 문제중심학습을 경험한 학습자들일 경우에는 이 단계를 생략해도 무방하다.

2) 팀 빌딩하기

문제중심학습 수업 설계 및 학습 준비하기를 마쳤으면 이제 실제 수업을 진행하는 데 필요한 팀 빌딩을 해야 한다. 이에 대한 자세한 내용은 러닝퍼실리테이터 입문서의 '팀 빌딩 능력' 분야를 참조하기 바란다. 다만, 여기서는 실천적으로 꼭 필요한 사항을 재확인하는 차원에서 간략히 진행 절차에 대해서만 언급하고자 한다.

① Ice Breaking
② 자기소개하기
③ 별명 정하기
④ 팀원 역할 정하기
　 홍진용, 박수홍, 김두규(2019)에서는 팀원의 역할을 리더, 서기, 발표자, 일지기록수, 비판자, 분위기 메이커, 시간지킴이 등으로 제안하고 있고, 학습활동의 목적이나 내용 등의 상황에 따라서 역할을 조정할 수 있도록 하고 있다. 문제중심학습을 처음 할 때는 이렇게 역할을 구분하여 모든 학습자가 참여의식을 가지도록 할 수 있지만 문제중심학습을 자주 하여 익숙해지면 리더, 서기, 일지기록수 정도만 정해도 수업을 진행하는 데 문제가 없다. 그만큼 학습자들의 학습활동 수준이 성숙되어 있기 때문이다.
⑤ 팀 명칭 정하기
⑥ 팀 상징물 정하기

⑦ 팀 구호 정하기

⑧ 개인명패 만들기

개인명패는 서로 모르는 팀원들이 처음 만나서 어색할 때 관계를 친밀하게 하고 빨리 친화되도록 하는 데 좋은 수단이 된다. 그러나 같은 팀이 연속해서 문제중심학습을 여러 번 진행한다면 매번 수업을 진행할 때마다 개인명패를 만들 필요가 없다. 이미 학습자들은 친숙해져 있는 상태이고 서로의 역할도 잘 알고 있기 때문이다.

⑨ 기본 규칙 정하기

학습 팀을 튼튼하게 유지하도록 하기 위해서는 학습 팀별로 기본 규칙을 정하게 하는 것이 좋다. 자세한 것은 러닝퍼실리테이터 입문서를 참조하기 바란다.

4. 본학습하기

이 절에서는 본학습하기를, ① 문제 인식하기, ② 문제 탐색하기, ③ 가설/해결방안 선정하기, ④ 문제 분석하기, ⑤ 학습과제 선정하기, ⑥ 학습계획 수립하기, ⑦ 학습과제 수행하기, ⑧ 가설/해결방안 검증하기, ⑨ 학습결과 종합하기, ⑩ 평가하기 순으로 제안하고 있다. 이는 장비 고장이나 환자 진료 상황 등 진단적으로 상황이 진행되는 경우를 중심으로 실제 상황과 거의 동일하게 하기 위한 것이기 때문이다. 그러나 실제 현장의 문제 상황의 전개 양식이 다르다면 이런 진행 단계를 부분적으로 통합하여 묶어서 진행하거나 생략할 수도 있다. 어쨌든 본학습 단계의 학습 진행 전개는 현장에서 실제 일어나는 상황과 최대한 유사한 형태로 진행하는 것이 중요하다.

여기서는 각 단계별로 문제중심학습에서 학습자 및 러닝퍼실리테이터가 활동해야 할 역할을 제시하고 이 중에서 특히 러닝퍼실리테이터가 실천적으로 활동해야 하는 가이드라인을 제시하는 형태로 설명하고자 한다.

1) 문제 인식하기

문제 인식하기는 현장에서 실제 어떤 문제가 발생했을 경우에 그 문제가 무엇인지 인지하는 과정을 다루는 단계이다.

(1) 학습자 및 러닝퍼실리테이터 역할

학습자 역할	러닝퍼실리테이터 역할
• 문제가 무엇인지 파악	• 문제 제시 • 학습자 중 1명이 문제 읽게 하기

출처: 홍진용, 박수홍, 김두규(2019).

(2) 러닝퍼실리테이터 실천적 활동 가이드라인

① 러닝퍼실리테이터는 이미 만들어 놓은 문제를 학습자 인원 수에 맞게 배포하고 학습자 중 1명에게 문제를 읽게 하거나 돌아가면서 한 문단씩 읽도록 안내한다.

> 예 1) "발표자가 제시해 드린 문제를 한번 읽어 보시죠?"
> 예 2) "팀 리더를 중심으로 돌아가면서 한 문단씩 읽어 보시죠?"

② 문제 상황을 다 읽은 후 팀 구성원 각자가 문제의 전체적인 윤곽이 무엇인지 생각해 보도록 안내한다.

> 예) "이 문제가 뜻하는 전체적인 윤곽이 무엇인지 한번 생각해 보세요."

2) 문제 탐색하기

문제 탐색하기는 최초에 제시된 문제를 중심으로 학습자들이 문제에 나타나 있는 사실적인 내용이 무엇인지 알아보고 이를 기준으로 학습자들이 이미 알고 있는 내용과 더 알아 봐야 할 내용이 무엇인지 등을 살펴보는 단계이다.

(1) 학습자 및 러닝퍼실리테이터 역할

학습자 역할	러닝퍼실리테이터 역할
• 팀 토론을 통해 문제 탐색	• 팀 토론 촉진

출처: 홍진용, 박수홍, 김두규(2019).

(2) 러닝퍼실리테이터 실천적 활동 가이드라인

① 러닝퍼실리테이터는 문제중심학습을 처음 하는 학습자들일 경우 다음과 같은 표를 러닝퍼실리테이터가 플립차트나 화이트보드 등에 그려서 학습자들의 학습활동이 촉진되도록 하면 좋다. 러닝퍼실리테이터는 학습자들에게 제시된 문제에 나타나 있는 사실을 다음 표의 '문제사실' 칸에 기록하도록 안내한다.

문제 사실	알고 있는 내용	가설/ 해결안	더 알아야 할 내용	학습과제

② 제시된 문제와 관련하여 학습자들이 이미 알고 있는 내용이 있으면 표의 해당 칸에 기록하도록 안내한다. 문제중심학습에서 달성하고

자 하는 것은 문제를 기반으로 관련된 여러 가지 지식을 배우도록
하는 데 있기 때문에 더 알아야 할 내용이 많이 도출되도록 촉진활
동을 한다. 이때 러닝퍼실리테이터는 학습자들이 다음과 같은 도구
를 적절히 잘 사용하는지를 모니터링하면서 적절한 개입을 통해 안
내하도록 한다.

도구
브레인스토밍, 익명그룹기법, 라운드로빈, 브레인라이팅 등

예컨대, 수줍어하는 학습자가 많아 브레인스토밍으로 잘 진행이 안
된다면 익명그룹기법을 권장하거나, 라운드로빈 방식으로 하도록
안내할 수도 있고, 더 많은 아이디어를 끌어내는 것이 필요하다면
브레인라이팅 방식으로 해 보도록 안내하는 것이 필요하다. 이런
안내를 할 때에도 지시적으로 하면 안 되며 촉진하는 개념에서 적절
하게 안내해야 한다.

③ 학습자의 학습활동을 관찰하면서 교수자 관찰 평가 일지에 체크한다.

※ 교수자 관찰 평가 일지 양식은 러닝퍼실리테이터 입문서의 부록 참고.

Key Point   경험이 부족한 교수자들은 학습자들이 더 알아야 할 사항을 잘 도출
해 내지 못하면 이런 것도 알아봐야 하지 않나 하고 직접적인 개입을
하는 경향이 있다. 이것은 절대적인 금물이다.
이렇게 하면 학습 팀의 활동은 수동적으로 바뀌게 되고 러닝퍼실리테이터가 지
시적인 강사로서 역할을 해 주기를 바라게 된다. 학습자들의 활동 결과가 조금
부족하더라도 인내하고 기다려 주어야 한다. 꼭 개입이 필요하다면 "더 알아봐
야 할 사항이 누락된 것은 없나요?" 등과 같은 질문을 통해 간접적인 암시를 해
주는 것이 좋다.

3) 가설/해결방안 선정하기

가설/해결방안 선정하기는 제시된 문제 상황을 기반으로 학습 팀이 토론을 하여 문제의 근본 원인이 되는 가설 또는 해결방안을 선정하는 단계이다.

(1) 학습자 및 러닝퍼실리테이터 역할

학습자 역할	러닝퍼실리테이터 역할
• 문제와 관련하여 가설 제기	• 가설 선정 방법 지도

출처: 홍진용, 박수홍, 김두규(2019).

(2) 러닝퍼실리테이터 실천적 활동 가이드라인

① 러닝퍼실리테이터는 학습자들의 문제 탐색 활동을 계속 관찰하면서 어느 정도 만족할 만한 학습활동이 이루어졌으면 현재까지 분석한 내용을 근거로 가설 또는 해결방안을 선정하도록 안내한다.

> 예) "학습자 여러분이 현재까지 탐색한 내용을 근거로 가설 또는 해결방안을 한 번 설정해 보는 것이 어떨까요?"

이때에도 앞 단계에서와 마찬가지로 러닝퍼실리테이터는 학습자들이 다음과 같은 도구를 잘 사용하는지를 모니터링하면서 적절한 개입을 통해 안내하도록 한다.

도구
브레인스토밍, 익명그룹기법, 라운드로빈, 브레인라이팅 등

경험이 부족한 교수자들은 학습자들이 가설 또는 해결방안을 잘 도출해 내지 못하면 그것은 가설이 아니지 않나 하고 직접적인 개입을 하는 경향이 있다. 이것은 절대적인 금물이다.

학습자들의 가설 선정 활동 결과가 조금 부족하더라도 인내하고 기다려 주어야 한다. 가설이 너무 난무하다면 좀 더 범위를 좁혀 보라든지 문제의 핵심을 좀 더 생각해 보라든지 등의 간접적인 촉진활동을 하는 것이 좋다.

② 가설 또는 해결방안을 검증하기 위해 더 알아봐야 할 사항이 무엇인지 더 많이 도출하도록 촉진활동을 한다.

> 예) "학습자 여러분이 선정한 가설을 검증하기 위해 추가적으로 더 알아봐야 할 사항이 무엇인지 토론을 통해 도출해 보세요."

③ 학습자의 활동을 관찰하면서 교수자 관찰 평가 일지에 체크한다.

※ 교수자 관찰 평가 일지 양식은 러닝퍼실리테이터 입문서의 부록 참고.

4) 문제 분석하기

문제 분석하기는 실제 현장의 문제 상황에서 추가적인 정보를 필요로 하는 활동이 일어난 문제 상황일 때 일단 가설 또는 해결방안을 선정한 후 러닝퍼실리테이터가 제공하는 추가적인 문제 정보를 기반으로 학습 팀이 문제를 분석하여 가설을 재설정하거나 더 알아봐야 할 사항을 수정·보완하는 단계이다.

그런데 문제중심학습에서는 문제를 해결하는 방법을 찾는 데에만 목적이 있는 것이 아니라 문제를 기반으로 관련된 학습을 많이 하도록 하는 데 목적이 있기 때문에 이미 선정한 더 알아봐야 할 사항들이 이 문제를 통해서 학습목표를 달성하는 데 꼭 필요하다면 삭제하지 않도록 하는 것이 좋다.

(1) 학습자 및 러닝퍼실리테이터 역할

학습자 역할	러닝퍼실리테이터 역할
• 필요한 정보 추가 획득 • 획득한 정보를 가설과 관련하여 분석하고 중요한 사실 파악 • 문제 분석 결과 토의 및 기록 • 가설 제외 또는 새로 생성 • 학습이 필요한 부분 파악 (Need To Know: NTK)	• 분석에 필요한 추가 정보를 단계별로 제공 • 분석활동 관찰 • 모든 학습자가 문제 분석 결과를 말하도록 촉진 • 학습이 필요한 부분을 파악하도록 안내 • 학습방향 지도

출처: 홍진용, 박수홍, 김두규(2019).

(2) 러닝퍼실리테이터 실천적 활동 가이드라인

① 러닝퍼실리테이터는 학습 팀에서 최초 가설 또는 해결방안 선정과 더 알아야 할 사항이 어느 정도 도출되면 미리 만들어 놓았던 추가 문제를 학습자 인원에 맞게 추가로 제시하여 학습자들이 문제를 읽고 문제가 의도하는 것이 무엇인지 생각해 보고 팀과 함께 분석활동을 하도록 안내한다.

② 이때에도 학습자들이 문제에서 나타난 사실을 이전 학습활동에서 작성하였던 플립차트나 화이트보드의 해당 기록란에 칸을 추가하여 기록하도록 안내한다.

③ 그런 다음 문제와 관련하여 학습자들이 이미 알고 있는 내용, 더 알아봐야 할 사항들을 이전 단계와 마찬가지로 플립차트나 화이트보드의 해당 기록란에 추가하여 기록하도록 안내한다. 이때에도 학습자들이 수행해야 할 학습내용을 빠트리고 있는지를 모니터링하고 질문을

통하여 학습자들이 깊은 사고를 할 수 있도록 촉진활동을 한다.

> 예) "현재 도출된 더 알아야 할 사항들이 충분한가요?"

④ 이미 선정한 가설이 계속 유효한지를 질문을 통해 학습자들이 검토
해 보도록 안내하여 필요시 가설을 재선정할 수 있도록 한다. 이때
러닝퍼실리테이터는 앞 단계에서 하였던 것과 마찬가지로 학습자
들이 다음과 같은 도구를 잘 사용하는지를 모니터링하면서 적절한
개입을 통해 안내하도록 한다.

도구
브레인스토밍, 익명그룹기법, 라운드로빈, 브레인라이팅 등

⑤ 학습자의 활동을 관찰하면서 교수자 관찰 평가 일지에 체크한다.
   ※ 교수자 관찰 평가 일지 양식은 러닝퍼실리테이터 입문서의 부록 참고.

5) 학습과제 선정하기

학습과제 선정하기는 학습자들이 지금까지 도출하였던 더 알아야 할
사항을 총체적으로 정리하여 문제 상황과 가설 및 해결방안과 관련하여
학습해야 할 학습과제를 최종적으로 선정하는 단계이다.

(1) 학습자 및 러닝퍼실리테이터 역할

학습자 역할	러닝퍼실리테이터 역할
• 학습과제 선정	• 학습과제 선정활동 촉진

출처: 홍진용, 박수홍, 김두규(2019).

(2) 러닝퍼실리테이터 실천적 활동 가이드라인

① 러닝퍼실리테이터가 준비한 단계별 문제 제시도 끝나고 학습자들이 이미 알고 있는 내용, 더 알아봐야 할 사항 기록하기 과정이 어느 정도 만족스럽게 도출되었다고 판단되면 러닝퍼실리테이터는 학습자들이 도출한 더 알아봐야 할 사항들을 정리한 후 친화도법 등을 활용하여 그룹화하도록 안내하고 정리된 그룹을 평가하여 실제 수행할 학습과제를 선정하도록 안내한다.

처음 문제중심학습을 하는 학습자들인 경우에는 학습활동 진행을 촉진하기 위해 다음과 같은 표를 러닝퍼실리테이터가 플립차트나 화이트보드에 그려 주고 정리한 내용을 기록하도록 해도 좋다.

순번	학습과제명	담당자	학습자원

② 이때 우선순위를 정하여 필요시 학습과제 선정에서 제외할 부분은 없는지 검토하도록 안내한다. 학습자들이 더 알아봐야 할 사항을 정리하여 학습과제로 선정활동을 잘할 수 있도록 안내하는 도구로는 친화도법 등이 있다.

Key Point 경험이 부족한 교수자들은 학습자들이 도출한 학습과제가 만족스럽지 못하면 "이것은 아니다." 또는 "이것은 빠졌다." 등과 같이 직접적으로 개입을 하려고 하는 경향이 있다. 이것은 절대적인 금물이다. 학습자들이 선정한 학습과제가 러닝퍼실리테이터가 알고 있는 학습과제와 이름이 다르거나 방향이 조금 다르더라도 그대로 인정해 주고 학습자 스스로 학습의 능동적 주체가 되도록 분위기를 촉진하고 안내해 주어야 한다. 다만, 선정된 학습과제가 해당 문제에서 다루고자 하는 방향과 너무 동떨어지거나 꼭 필요한 학습과제가 누락된 사항이 있을 경우 "선정한 학습과제가 적절한지 다시한번 생각해 보는 것은 어떤가요?" 등과 같은 질문을 함으로써 간접적인 촉진활동을 해야 한다.

③ 학습자의 활동을 관찰하면서 교수자 관찰 평가 일지에 체크한다.

　※ 교수자 관찰 평가 일지 양식은 러닝퍼실리테이터 입문서의 부록 참고.

6) 학습계획 수립하기

학습계획 수립하기는 학습과제 선정이 끝난 다음 학습 팀이 어떤 형태로 학습과제를 분담하고 학습자원을 선택하여 효과적으로 개별학습을 진행토록 할 것인가를 결정하는 단계이다.

(1) 학습자 및 러닝퍼실리테이터 역할

학습자 역할	러닝퍼실리테이터 역할
• 학습과제 분담하기 • 자신이 학습할 자원에 대해 토의하고 선택하기	• 아는 것이 가장 적은 과제를 학생이 분담토록 독려 • 선택할 학습자원에 대해 각자 말하도록 독려

• 학습에 소요되는 시간 협의 및 다음 만날 시간과 장소 결정	• 전문도서 활용 권장 • 전문가 방문상담 권장 • 학습 중 유용하였던 참고자료나 정리한 내용 등을 게시판에 탑재하고 복사해 오도록 권장

출처: 홍진용, 박수홍, 김두규(2019).

(2) 러닝퍼실리테이터 실천적 활동 가이드라인

① 학습자들이 문제의 가설 또는 해결방안을 검증하기 위해 필요한 학습과제 선정활동이 끝나면 앞 단계에서 플립차트나 화이트보드에 기록해 오던 기록지에 각 학습과제별 담당자를 선정하여 기록하도록 안내한다. 이때 러닝퍼실리테이터는 학습 팀의 리더(사회자)가 중심이 되어 팀원들이 학습과제 분담활동을 하도록 안내한다.

> 예) "현재까지 정리된 가설 또는 해결방안을 검증하기 위한 학습과제를 누가 담당할 것인지 팀 리더를 중심으로 한번 분담해 보세요."

② 이때 러닝퍼실리테이터는 모든 학습자가 공통적으로 수행할 필요가 있는 것은 공통 과제로 선정할 수 있음을 알려 주어야 한다.

> 예) "모든 학습자가 공통적으로 알아야 할 학습과제는 공통 과제로 선정하는 것도 중요해요."

③ 학습과제 분담활동이 끝나면 러닝퍼실리테이터는 미리 준비해 두었던 학습자원 리스트를 학습자 인원 수에 맞게 나누어 주고 과제 담당자들이 다양한 학습자원을 효과적으로 선택할 수 있도록 안내한 후 결정된 학습자원을 앞 단계에서 기록해 오던 기록지에 기록하도

록 안내한다.

> 예) "모든 학습자가 인터넷과 같은 동일한 학습자원만 활용하는 결정을 한다면 바람직하지 못합니다. 어떤 사람은 현장 방문도 해 보고, 어떤 사람은 전문가를 찾아가 보는 등 팀원들이 다양한 학습자원을 활용토록 하는 것이 바람직해요."

학습자들이 이렇게 학습활동을 하면 서로 다른 학습 경험을 공유할 수 있는 기회가 있고 학습활동 결과를 토론할 때 더 많은 학업 성취감을 느낄 수 있다.

④ 학습계획 수립하기 활동이 끝나면 러닝퍼실리테이터는 모든 학습자가 학습과제 수행 결과를 러닝퍼실리테이터를 포함한 팀원의 숫자만큼 복사해 오도록 안내하여 다시 만나서 토론을 할 때 원활하게 진행이 될 수 있도록 안내해야 한다.

> 예) "학습과제 수행 결과는 다른 학습 팀원과 러닝퍼실리테이터에게도 배포할 수 있도록 복사를 해 오면 토론학습을 더욱 원활하게 진행할 수 있어요."

⑤ 러닝퍼실리테이터는 학습자들에게 학습활동 수행 결과를 작성하는 양식을 안내할 필요가 있다.

> 예) 과제명:
> 　　과제 수행자:
> 　　수행 결과
> 　　1.
> 　　2.
> 　　3.

⑥ 러닝퍼실리테이터는 학습자들이 수행한 결과물을 인터넷으로 탑재

할 수 있도록 독립적인 홈페이지나 카페 또는 블로그를 안내하고 학
습활동을 러닝퍼실리테이터가 관찰할 수 있도록 하고 학습자들 간
에도 서로 소통할 수 있도록 하는 것이 좋다.
⑦ 마지막으로 개별학습 후 다음 만날 시간과 장소를 정확히 알려 주고
각자의 개별학습 결과가 다른 학습자의 학업 성취에도 영향을 미치
므로 모두 적극적인 학습활동을 할 것을 독려한다.
⑧ 학습자의 활동을 관찰하면서 교수자 관찰 평가 일지에 체크한다.
※ 교수자 관찰 평가 일지 양식은 러닝퍼실리테이터 입문서의 부록 참고.

7) 학습과제 수행하기

학습과제 수행하기는 학습 팀원이 각자 분담한 학습과제와 학습자원을
활용하여 자기주도학습을 하는 단계이다.

(1) 학습자 및 러닝퍼실리테이터 역할

학습자 역할	러닝퍼실리테이터 역할
• 자기주도학습 과제 수행하기 • 게시판에 과제 수행 결과 탑재하기	• 자기주도학습 과제 수행 촉진하기 • 과제수행 결과 확인하기

출처: 홍진용, 박수홍, 김두규(2019).

(2) 러닝퍼실리테이터 실천적 활동 가이드라인

학습자들이 개별학습을 하는 기간 동안에 러닝퍼실리테이터가 직접적
으로 개입을 할 수 있는 기회가 거의 없다. 그렇더라도 개별학습활동 중
에 생길 수 있는 어려움이나 의문사항에 대해 안내해 줄 수 있도록 네이
버 밴드나 단체 카카오톡방 등의 SNS를 활용한 소통 채널을 유지할 필요

가 있다.

또한 이러한 SNS 소통방을 이용하여 학습자들을 독려하고 격려하는 차원의 활동을 하면 학습자들이 러닝퍼실리테이터가 계속 관심을 가지고 있다는 것을 느낄 수 있어 학습활동의 효율성을 도모할 수 있다.

8) 가설/해결방안 검증하기

가설/해결방안 검증하기는 학습자들이 각자 분담한 학습과제를 수행한 결과를 발표하고 지식을 공유하면서 기설정했던 가설 또는 해결방안을 검증하는 단계이다.

(1) 학습자 및 러닝퍼실리테이터 역할

학습자 역할	러닝퍼실리테이터 역할
• 각자가 활용한 학습자원이 무엇이고 어떠했는지 발표하기 • 학생들 각자의 어려움을 토의 • 가설 검증하기 • 학습과제 재검토하기 • 학습 한 번 더하기 검토	• 필요한 정보를 얻기 위해 사용한 학습자원과 학습결과에 대해 말하도록 안내하기 • 학습해 온 내용을 중심으로 가설 검증 촉진하기

출처: 홍진용, 박수홍, 김두규(2019).

(2) 러닝퍼실리테이터 실천적 활동 가이드라인

① 학습자들이 개별학습을 실시한 후 다시 만나서 각자가 활용한 학습자원이 무엇이고 학습결과가 어떠했는지, 그리고 어떤 어려움이 있었는지 등에 대해 발표하도록 안내한다.

> 예) "학습자 모두 과제 수행한다고 고생하셨죠?
>
> 각자 수행한 학습결과지를 팀원 모두에게 나누어 주세요.
>
> 그리고 팀 리더가 주도해서 각자가 활용한 학습자원이 무엇이었고 학습결과는 어떠했는지에 대해 발표하고 학습과제 수행에 있어서 어떤 어려움이 있었는지에 대해도 서로 토의를 해 보세요."

② 학습자들의 학습결과 발표를 경청하고 관찰하면서 발표와 토의가 어느 정도 진행되면 러닝퍼실리테이터는 플립차트나 화이트보드에 다음과 같은 형태의 기록지를 그려 주고 팀 리더를 중심으로 기선정된 가설 또는 해결방안이 유효한지 검증해 보도록 안내한다.

기선정된 가설/해결방안	가설/해결방안 유효성 검토	결과

③ 만약 가설 또는 해결방안이 유효하지 않다면 학습과제를 재검토하여 학습을 한 번 더 할 것인지 또는 현재의 수준에서 마무리할 것인지를 판단하여 학습활동을 안내해야 한다.

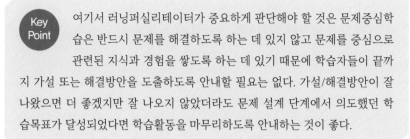

여기서 러닝퍼실리테이터가 중요하게 판단해야 할 것은 문제중심학습은 반드시 문제를 해결하도록 하는 데 있지 않고 문제를 중심으로 관련된 지식과 경험을 쌓도록 하는 데 있기 때문에 학습자들이 끝까지 가설 또는 해결방안을 도출하도록 안내할 필요는 없다. 가설/해결방안이 잘 나왔으면 더 좋겠지만 잘 나오지 않았더라도 문제 설계 단계에서 의도했던 학습목표가 달성되었다면 학습활동을 마무리하도록 안내하는 것이 좋다.

④ 학습자의 활동을 관찰하면서 교수자 관찰 평가 일지에 체크한다.

※ 교수자 관찰 평가 일지 양식은 러닝퍼실리테이터 입문서의 부록 참고.

9) 학습결과 종합하기

학습결과 종합하기는 제시된 문제를 기반으로 가설 또는 해결방안 검증을 위해 진행해 왔던 전체적인 학습 과정과 결과를 토의하고 서로 지식을 전이하면서 전체적으로 학습내용을 정리하는 단계이다.

(1) 학습자 및 러닝퍼실리테이터 역할

학습자 역할	러닝퍼실리테이터 역할
• 학습활동 과정과 학습내용 말하기 • 학습내용의 전이 • 학습내용 종합 정리	• 토의 촉진 • 절차적 지식과 선언적 지식이 보완되도록 조언

출처: 홍진용, 박수홍, 김두규(2019).

(2) 러닝퍼실리테이터 실천적 활동 가이드라인

① 학습자들의 가설 또는 해결방안 검증 활동이 끝나면 러닝퍼실리테이터는 학습 팀에게 처음 제시받았던 문제부터 학습과제 선정, 학습

자원 선정, 학습결과, 가설검증 결과까지 학습의 전 과정을 서로 토의하고 정리하면서 지식이 전이될 수 있도록 하고 전체 학습활동 결과를 효과적으로 정리할 수 있도록 안내한다.

예) "학습자 여러분 학습활동에 수고 많았어요. 처음 문제를 받았던 시점부터 가설을 검증하는 단계까지 전 과정에 대해 토의해 보고 팀 리더를 중심으로 전체적인 학습 과정과 결과를 마인드맵으로 한번 정리해 볼까요?"
    ※ 학습자들이 마인드맵에 대해 잘 모르면 설명을 해 준다.

② 종합이 다 되었으면 팀원 중 1명에게 전체 결과를 발표하도록 안내한다. 발표자 역할을 정했으면 발표자에게 하도록 하는 것이 좋고, 정하지 않았으면 팀 리더가 발표하도록 하는 것이 좋다. 이때 내용전문가를 초대하여 학습 팀의 발표 결과를 듣고 보충 설명을 할 수 있도록 하면 좋다. 러닝퍼실리테이터가 내용전문가일 경우 러닝퍼실리테이터가 직접 보충 설명을 해 준다.

③ 학습자의 활동을 관찰하면서 교수자 관찰 평가 일지에 체크한다.
    ※ 교수자 관찰 평가 일지 양식은 러닝퍼실리테이터 입문서의 부록 참고.

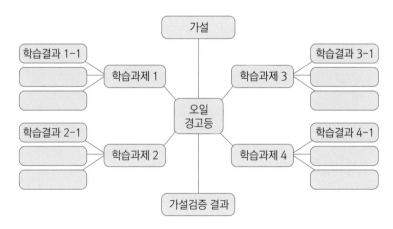

[그림 1-1] 마인드맵 예시

10) 평가하기

평가하기는 자기 자신에 대한 평가, 동료 평가 등의 활동을 실시하고, 학습결과물 평가, 러닝퍼실리테이터 관찰 평가, 평가지에 의한 학업성취도 평가 등을 하는 단계이다.

(1) 학습자 및 러닝퍼실리테이터 역할

학습자 역할	러닝퍼실리테이터 역할
• 자기 자신에 대해 평가하기 • 동료의 활동에 대해 평가하기 • 평가지 평가	• 학습자 스스로 문제중심학습 수행에 대해 말하고 동료들은 이에 대해 피드백을 주도록 하기 • 자신을 제외한 다른 동료의 활동을 평가하도록 안내 • 평가지 제시

출처: 홍진용, 박수홍, 김두규(2019).

(2) 러닝퍼실리테이터 실천적 활동 가이드라인

문제중심학습 활동이 끝나면 러닝퍼실리테이터는 평가활동을 해야 하는데 러닝퍼실리테이터가 직접 평가해야 하는 부분과 학습자 스스로 평가하는 부분, 동료들이 평가하는 부분이 있다. 평가하기에 대해서는 러닝퍼실리테이터 입문서에서 자세히 다루고 있으므로 여기서는 간략히 서술한다.

① 자기 평가

문제중심학습 활동이 끝나면 러닝퍼실리테이터 입문서에 제시되어 있는 양식을 미리 준비해 두었다가 학습자들에게 나누어 주고 각자 기록하도록 안내하되 제한시간을 준다. 학습자들의 기록활동이 끝나면 각자 돌아가면서 자기 평가를 해 보도록 하고 자기 평가가 끝나면 다른 동료들은 피드백을 주도록 안내한다. 이 활동은 학습자의 자기 성찰에도 많은 도움이 되고 동료들에게 좋은 피드백을 받을 수 있어 이후 학습활동에서 보다 바람직한 학습자로 성장할 수 있게 한다.

② 동료 평가

팀원들이 자신을 제외한 동료들의 활동사항을 평가하는 것인데, 러닝퍼실리테이터 입문서에 제시되어 있는 양식을 참조하여 각 학습자가 다른 모든 동료 학습자를 평가할 수 있는 만큼의 평가서를 준비했다가 이를 나누어 준 후 동료 평가를 하도록 안내하고 평가가 끝나면 러닝퍼실리테이터가 받아서 정리한다.

동료 평가서는 러닝퍼실리테이터가 평가 성적에 반영을 할 수도 있고, 동료 평가 결과지를 각 학습자들에게 나누어 주어서 다른 동료들이 자신을 어떻게 평가했는지를 객관적으로 성찰해 볼 수 있는 자료로 제공할 수도 있다.

③ 학습결과물 평가

각 학습자가 실시한 개별학습의 수준을 평가하여 성적에 반영할 수 있도록 하는 것인데, 이 활동은 문제중심학습이 끝나고 러닝퍼실리테이터가 따로 시간을 내어 종합 정리하여 평가하는 것이 좋다.

④ 러닝퍼실리테이터 관찰 평가

러닝퍼실리테이터는 문제중심학습을 시작하기 전에 평가계획을 미리 수립하고 러닝퍼실리테이터 관찰 평가서를 준비해서 매 수업 진행 시 마다 학습자들의 활동 상태를 관찰하여 체크해 두었다가 이를 종합하여 개별 성적에 반영한다. 관찰 평가지를 종합하는 것은 문제중심학습이 끝나고 러닝퍼실리테이터가 따로 시간을 내어 종합 정리하여 평가하는 것이 좋다.

⑤ 학업성취도 평가

일반적인 평가시험과 같은 개념이다. 문제를 출제하고 학습자들이 기술한 결과를 보고 평가를 하여 성적에 반영한다. 이 평가활동은 매 문제중심학습 활동이 끝날 때마다 쪽지 평가 형식으로 할 것인지 아니면 학기의 중간과 기말에 모아서 할 것인지 등의 평가 전략을 과목을 맡은 전담 교수자와 상의하여 결정하도록 한다.

5. 사후학습하기

사후학습활동은 팀 학습결과 종합 발표하기와 성찰일지 쓰기가 있다.

1) 팀 학습결과 종합 발표하기

같은 문제중심학습 문제를 가지고 여러 팀이 학습활동을 진행하였다면 팀별 활동이 끝난 다음 러닝퍼실리테이터는 모든 팀이 한 장소에 모여서 팀 학습결과를 발표하도록 한다. 그런데 팀이 1개 팀밖에 없다면 이 활동은 생략해도 무방하다.

(1) 학습자 및 러닝퍼실리테이터 역할

학습자 역할	러닝퍼실리테이터 역할
• 팀 학습결과 종합 발표 • 팀·개별 학습과정 및 과제에 대한 개인별 의견 제시 • 계획된 학습과제와 선정된 학습과제를 비교 성찰	• 종합 발표내용 공유 및 전이 촉진 ※ 내용전문가 참여 • 개인별 발표 참여 촉진 • 계획된 학습과제 제시

출처: 홍진용, 박수홍, 김두규(2019).

(2) 러닝퍼실리테이터 실천적 활동 가이드라인

① 총괄 러닝퍼실리테이터가 주관하여 각 팀별로 발표 순서를 정하고 팀 학습결과를 발표하게 한다.

② 발표가 끝나면 다른 팀에서 질문을 할 수 있도록 안내한다. 이렇게 하면 다른 팀의 학습결과 발표내용과 질문을 통해 더 많은 학습경험을 하게 되어 학습의 효율성이 매우 높아진다.

③ 발표양식은 팀별 종합했던 마인드맵을 활용하여 발표하도록 하고, 각 학습자들은 다음 표와 같이 팀별로 발표한 핵심 내용을 정리해 보도록 안내한다.

팀명	핵심 내용
(　　) 팀	
(　　) 팀	
(　　) 팀	
(　　) 팀	

2) 성찰일지 쓰기

성찰일지 쓰기는 문제중심학습을 마무리하는 단계로서 학습자들이 자신의 학습활동 결과를 돌아보면서 지식과 경험을 더욱 심화할 수 있도록 돕는 활동이다.

(1) 학습자 및 러닝퍼실리테이터 역할

학습자 역할	러닝퍼실리테이터 역할
• 성찰일지 쓰기	• 질문지를 제시하고 성찰일지 쓰기 안내

출처: 홍진용, 박수홍, 김두규(2019).

(2) 러닝퍼실리테이터 실천적 활동 가이드라인

① 러닝퍼실리테이터는 학습자들에게 성찰일지를 제시하고 학습자들이 전체적인 학습을 성찰하도록 안내한다.

② 성찰일지의 형태는 러닝퍼실리테이터의 판단에 따라 다르게 구성할 수 있다. 다음은 성찰일지 예시이다.

성찰일지

질문 1 팀 토론 과정은 어떠하였는가?

장점:

단점:

질문 2 개별학습 과정은 어떠하였는가?

장점:

단점:

질문 3 본 문제중심학습을 통해서 문제와 관련된 역량 개발은 어떠하였는가?

장점:

단점:

▓\ 참고문헌

강인애(2003). PBL의 이론과 실제. 서울: 문음사.

고수일, 김형숙, 김종근(2009). 회의에 날개를 달아주는 퍼실리테이션 스킬. 서울: 다산
    서고.

박성희(1998). 웹기반 훈련(WBT)에서 학습스타일에 따른 학습자-강사 상호작용
    과 성취도 비교. 이화여자대학교 대학원 석사학위논문.

서정돈, 안병헌(2005). 하워드 배로우스의 문제중심학습법. 서울: 성균관대학교 출판부.

서정돈, 안병헌, 손희정(2005). 하워드 배로우스 박사의 튜터식 교수법. 서울: 성균관대
    학교 출판부.

영남일보(2019. 1. 12.). [토요단상] 일본 대학입학시험 개편이 주는 메시지, 제23면.

홍진용(2007). 해군보수교육에 문제중심학습 적용방안. 해군교육발전지, 30.

홍진용(2009). PKNO(Problem-based Learning for Korea Naval OJT) 퍼실리테이
    터 육성 프로그램 개발 연구. 부산대학교 대학원 박사학위논문.

홍진용, 박수홍, 김두규(2019). 창의적 인적자원개발을 위한 러닝퍼실리테이터 입문. 서
    울: 학지사.

L

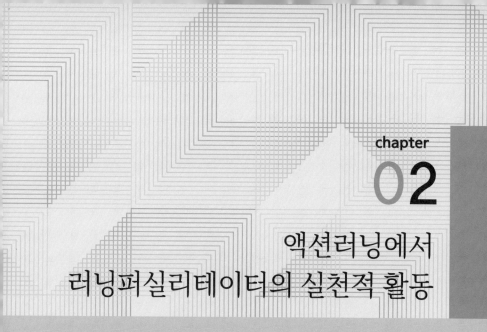

액션러닝에서
러닝퍼실리테이터의 실천적 활동

액션러닝(Action Learning)은 Revans가 광부를 대상으로 교육훈련을 실시한 결과 이들의 생산성이 크게 향상된 것에서 시작된 문제해결기법이다. 집단이 처한 실제 문제를 해결하기 위하여 구성원이 공동으로 의견을 교환하고 실행함으로써 개인과 조직의 공동 성장을 도모하는 과정이 액션러닝이라고 할 수 있다.

액션러닝에서 러닝퍼실리테이터의 실천적 활동을 제시하기 위한 절차는 다음과 같다. 첫째, 액션러닝을 위한 수업 설계 개요에 대해 알아보고, 둘째, 액션러닝 수업을 설계하는 방법에 대해 실천적 관점에 대해 살펴보고, 실제 수업을 위하여 러닝퍼실리테이터에게 요구되는 능력은 무엇인지 확인해 본다. 이와 같은 활동을 통하여 기업체, 각종기관, 학교 등에서 실제적 문제를 해결할 수 있는 방안을 체득하고, 그에 알맞은 러닝퍼실리테이션을 진행할 수 있을 것으로 기대한다.

chapter 02

액션러닝에서
러닝퍼실리테이터의 실천적 활동 / 홍광표

1. 액션러닝 수업 설계하기

1) 액션러닝 수업 총괄 설계

액션러닝은 기업이나 조직 현장의 실제 문제를 해결하면서 해당 조직원의 역량을 개발하기 위하여 태동하였다. 그러나 이 책에서는 교육과 수업 현장에 맞춘 형태, 즉 교수법으로서의 액션러닝으로 변용한 박수홍, 정주영, 안영식(2010)의 체계적 액션러닝을 기준으로 관련 내용을 소개한다. 액션러닝을 위한 수업 설계는 러닝퍼실리테이터 입문서에 소개된 액션러닝의 학습 순서, 즉 1단계 문제 상황 제시, 2단계 문제 인식, 3단계 문제 명료화, 4단계 가능한 해결책 제시, 5단계 우선순위 선정, 6단계 실천 계획서 작성, 7단계 현장 적용, 8단계 성찰의 순서로 제시하고자 한다.

2) 담당 교수자 및 교과목 정보 설계

액션러닝 수업을 준비하기 위하여 러닝퍼실리테이터는 교과와 관련한 정보를 확인하고 사전에 설계하는 활동이 필요하다. 수업 개요를 작성하기 위한 안내서를 제시하면 〈표 2-1〉과 같다.

〈표 2-1〉 액션러닝 수업 개요

교과목 정보		담당 교수자 정보		
과목명		소속학교		
교과목 번호		학년(부, 과)		
분반		교수자명		
이수구분		연구실		
강의실 호수		전자우편		
수업시간		면담가능시간		
학점		연락처		
교과목 개요				
교과목 목표				
수업방법		장소	수업방법	
		실제 문제 현장		
		문제해결을 위한 학습 장소		
평가방법				
학습자원				
기대효과				

2. 액션러닝 수업 준비하기

1) 문제 상황 제시

문제 상황 제시하기는 학습자가 당면한 실제적인 문제를 맞이하는 과정이다. 액션러닝은 업무 환경에서 발생하는 실제적인 문제로부터 학습이 출발한다. 실제적인 문제로부터 학습이 시작되는 것은 이 교재의 다른 장에 나오는 문제중심학습, 목적중심시나리오 등과 유사한 측면이 있다. 액션러닝은 사전에 해결하고자 하는 문제, 즉 활동을 통해 해결하고자 하는 과제를 선정하는 것이 중요하다. 이때 문제는 단순한 것이거나 수학 공식과 같이 정형화된 것이 아니다. 일상생활에서 또는 조직생활에서 고민이 되지만 해결방안이 쉽사리 떠오르지 않는 문제여야 한다. 나아가 액션러닝 문제 상황은 학습자들에게 학습 기회를 제공할 수 있어야 한다.

(1) 학습자 및 러닝퍼실리테이터 역할

러닝퍼실리테이터는 학습자가 실제적인 문제 앞에서 문제의 원인과 해결책을 찾지 못해 고민에 빠질 수 있도록 관련 문제를 제작하여 제시할 필요가 있다. 아울러 생활 속 문제를 발견하는 방법을 추가로 다음에 제시한다.

학습자 역할	러닝퍼실리테이터 역할
• 러닝퍼실리테이터가 제시하는 문제 상황을 받기	• 액션러닝 팀원들이 진정으로 느끼는 현실적인 문제 제시

(2) 러닝퍼실리테이터의 실천적 활동 가이드라인

다음을 활용하여 문제 상황 제시하기를 실습해 볼 수 있다. 해당 내용은 하나의 예시에 불과하기 때문에 러닝퍼실리테이터 혹은 학습자의 상황에 따라 변경하여 사용할 수 있다.

생활 속 문제 발견하기
우리 주변에서 일어나는 다양한 문제 상황 중 해결하고 싶은 문제를 생각해 작성해 본다. 그리고 생각한 문제 상황이 액션러닝 문제 기준에 맞는지 확인해 본다.
〈액션러닝 문제 기준〉
• 생활 속에서 발생하는 일상적인 문제(팀원 모두가 현실적 문제로 동감) • 누구도 그 문제의 원인을 명확하게 잘 모르는 문제 • 누구도 그 문제의 해답을 명확하게 잘 모르는 문제 • 복잡하고 비구조화되어 있는 문제 • 제시된 문제가 실현가능성이 있는 것 • 학습의 기회를 제공해 줄 수 있는 문제 • 팀원들이 해결 또는 접근 가능한 문제
〈내가 찾은 액션러닝 문제〉

2) 문제 인식

실제적인 문제를 해결하는 것은 문제와 관련한 상황을 해결해야 한다고 인식함에 따라 시작된다. 문제 인식 학습절차 단계에서는 팀 토론을 통하여 제시된 실제적인 문제를 다각적으로 인식해야 한다. 즉, 제시된 문제와 관련된 모든 가능한 내용을 살펴보는 단계로서 팀원들은 개방된 마음으로 학습 팀원의 의견을 경청하는 것이 요구된다.

(1) 학습자 및 러닝퍼실리테이터 역할

학습자 역할	러닝퍼실리테이터 역할
• 제시된 문제 상황에서 문제를 다각적으로 인식하기	• 학습자가 문제를 인식할 수 있도록 안내하기

(2) 러닝퍼실리테이터의 실천적 활동 가이드라인

문제 인식은 복사물의 배부, 동영상 자료 배포, 컴퓨터 애니메이션 제공 등 다양한 방법을 활용한다. 문제 상황 속에는 문제의 핵심이 충분히 들어가 있고, 학습자들이 이를 보고 활동할 수 있는 상황, 역할 등을 제시한다. 주제가 소개될 때 러닝퍼실리테이터는 학습자의 반응을 살펴서 주제와 관련한 학습자의 요구사항을 점검한다.

3) 문제 명료화

문제 명료화 단계는 모든 팀원이 받아들일 수 있는 방식으로 문제 속 갈등의 핵심을 알아내고, 분류하여, 이름을 부여하는 것이다. 문제를 명료화하면 액션러닝을 통해서 해결해야 할 과제와 관련한 최종적인 목표, 결과 등을 명확하게 파악할 수 있게 된다. 즉, 문제 명료화가 수행되어야 문제의 핵심 원인을 알 수 있다. 또한 문제해결과 의사결정 과정에 필요한 기준을 찾을 수 있다. 학습자는 문제 명료화 과정을 거치며 제시된 문제에 대한 소유 의식을 가지고 자신의 문제로 명확하게 받아들이게 된다.

(1) 학습자 및 러닝퍼실리테이터 역할

문제 상황을 명확하게 정리하려면 문제 상황 안에 포함되어 있는 조건과 상황을 내용에 맞게 정리해야 한다. 러닝퍼실리테이터는 이 단계에서 과제기술서 등과 같은 양식지를 제공하여 학습자들이 문제 상황을 정리할 수 있도록 도울 수 있다. 문제 상황 명료화의 수행은 학습자들이 진행하지만 그 종결 여부에 대한 최종 판단은 러닝퍼실리테이터가 담당해야한다. 즉, 러닝퍼실리테이터는 적절한 질문과 촉진활동으로 문제 상황의 난이도를 조절하거나 학습자의 학습 속도와 계획 등을 조절할 수 있어야 한다.

학습자 역할	러닝퍼실리테이터 역할
• 문제 상황을 명료화하여 자신의 것으로 받아들이기 • 문제의 핵심 원인 파악하기	• 질문과 도구를 통하여 학습자가 문제의 근본 원인을 파악할 수 있도록 지지하고 촉진하기

(2) 러닝퍼실리테이터의 실천적 활동 가이드라인

문제 인식이 끝나면 학습 팀 내에서 문제 명료화를 할 수 있도록 방법을 안내한다. 이때 라운드로빈, 원인 확인 분류, 아이디어 그룹핑, 브레인스토밍, 여섯 색깔 사고 모자 기법 등을 활용할 수 있다. 문제 명료화 단계에서 활발한 팀 토론이 이루어질 수 있도록 다양한 질문을 한다. 이후 문제의 근본 원인 및 구조를 이해하고 문제를 규정한다. 문제의 근본 원인을 찾기 위해 학습 팀은 인터넷이나 현존자료 등으로부터 정보를 획득할 수 있다. 폭넓은 정보 수집 및 분석을 통해 문제의 근본 원인을 탐색하는 것은 문제해결의 실마리를 찾게 한다. 러닝퍼실리테이터가 참고할 수 있는 문제 명료화하기 워크시트는 〈표 2-2〉와 같다.

〈표 2-2〉 문제 명료화하기 워크시트

일시		장소		대상	
학습 팀		주제 (문제 상황)			
러닝퍼실리 테이터					
문제의 원인					
문제의 원인 묶어 보기					

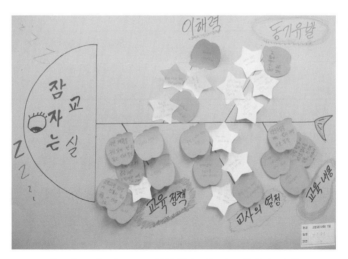

[그림 2-1] 어골도를 활용한 문제 명료화하기 사례

4) 가능한 해결방안 제시

제시된 실제적인 문제에 대해 다양한 원인이 도출되면 원인별로 해결책을 마련하기 위해 학습자는 문제해결과 관련한 다양한 접근방법을 모색해 보아야 한다.

(1) 학습자 및 러닝퍼실리테이터 역할

해결방안을 도출함에 있어 선행되어야 하는 것은 학습자들이 다양한 아이디어를 가능한 한 많이 찾아내도록 지원하는 데 있다. 학습자들은 문제해결을 위해 수집한 정보를 기반으로 해결방안을 마련한다. 보통 학습자들은 실패 가능성을 예측하여 해결책을 내기 주저하는 경우가 있다. 이때 러닝퍼실리테이터는 학습자가 소극적인 자세를 극복할 수 있도록 배려하고 지지해야 한다.

학습자 역할	러닝퍼실리테이터 역할
• 문제해결을 위한 대안점 찾기	• 아이디어 발견 및 수렴의 기회를 부여하여 학습자가 해결방안을 도출하도록 안내

(2) 러닝퍼실리테이터의 실천적 활동 가이드라인

러닝퍼실리테이터는 아이디어 도출 기법을 사용할 수 있다. 이때 학습자들끼리 토의를 통해 문제의 다각적 해결방안을 도출하도록 안내할 수 있다. 그리고 팀 토론에서 나온 결과들을 반영하여 해결방안을 개선하고 팀원 간 상호작용으로 도출된 아이디어를 재점검한다. 가능한 해결방안이 학습으로 해결되는 것도 있을 수 있고, 학습과 무관한 것일 수도 있다는 점을 미리 염두에 두어야 한다. 러닝퍼실리테이터가 활용할 수 있는 워크시트는 〈표 2-3〉과 같다.

〈표 2-3〉 가능한 해결방안 제시 워크시트

일시		장소		대상	
학습 팀		주제 (문제 상황)			
러닝 퍼실리테이터					
문제의 핵심 원인					
문제의 원인을 해결할 수 있는 다양한 아이디어를 적어 봅시다.					
해결방안을 점검하여 최종안을 적어 봅시다.					

5) 우선순위 결정

우선순위 결정은 학습자 간의 토의와 토론을 통하여 도출된 가능한 해결방안 중에서 우선적으로 실천할 순서를 정하는 것이다. 이때 우선순위를 결정하기 위한 기준이 다양하게 존재할 수 있는데, 일반적으로 시급성, 경제성, 실현가능성, 비용 대비 효과성 등을 고려할 수 있다.

(1) 학습자 및 러닝퍼실리테이터 역할

우선순위를 결정하는 이유는 앞선 단계에서 학습자가 찾은 해결방안을 현장에 적용하기 위하여 구체적이고 실현가능한 것들을 선정하기 위함이다. 따라서 누구를 대상으로, 언제부터 언제까지, 누가 무엇을 어떻게 할 것인지에 대한 구체적인 판단 기준이 있어야 한다. 이를 기반으로 우선순위를 정하는 노력이 있어야 한다.

학습자 역할	러닝퍼실리테이터 역할
• 학습 팀에서 찾은 해결방안 중에서 우선적으로 실천할 순서 정하기	• 우선순위를 정할 수 있도록 시급성, 경제성, 실현가능성, 비용 대비 효과성 등에 대해 질문하고 자료 정리를 돕기

(2) 러닝퍼실리테이터의 실천적 활동 가이드라인

학습 팀에서 찾은 해결방안을 모두 실행해 보기란 사실상 불가능하다. 시간적인 이유, 경제적인 이유, 팀원들의 역량과 관련된 이유 등 복합적으로 해결방안을 실행하는 데 방해가 되는 요소들이 있기 때문이다. 그래서 학습 팀은 스스로 몇 가지 기준을 정하여 해결방안에 대한 우선순위를 부여해야 한다.

해결방안의 우선순위 기준으로 학습 팀이 우선순위를 정한다. 이때 가장 일반적인 것은 시급성, 중요성, 파급성, 실현가능성, 경제성 및 자원, 학습 팀의 역량 등을 고려해 볼 수 있다. 학습 팀에서 우선순위 결정과 관련한 몇 가지 기준을 설정했다면 우선순위 결정하기 워크시트 등을 사용하여 각 해결방안에 팀원들이 각자 점수를 부여하고 합산한 후 가장 높은 점수부터 우선순위를 부여하여 해결방안을 재배열한다. 우선순위대로 해결방안이 정렬되면 우리 팀은 이번 과제에서 우선순위의 몇 번째 순위까지 현장에서 적용해 볼 것인지 결정한다. 우선순위 결정을 위해 익명그룹 기법이 효과적일 때도 있다. 우선순위 결정하기를 위한 워크시트는 〈표 2-4〉와 같다.

〈표 2-4〉 우선순위 결정하기 워크시트

일시		장소		대상	
학습 팀		주제 (문제 상황)			
러닝 퍼실리테이터					

• 해결방안에 대해 우선순위별 리스트를 적어 주세요.

순	해결방안	기준	점수						우선 순위
			1	2	3	4	5	계	
1									
2									
3									
4									
5									

⟨표 2-5⟩ 우선순위 결정하기 워크시트 활용 사례

일시	○○.○○.○○	장소	○○ 대학교	대상	학습자 30명
학습 팀	미남 팀	주제 (문제 상황)	학교 앞 교통사고 문제를 해결하자		
러닝 퍼실리테이터	○○○				

• 해결방안에 대해 우선순위별 리스트를 적어 주세요.

순	해결방안	기준	점수					계	우선순위
			1	2	3	4	5		
1	홍보를 위한 티셔츠를 제작한다.	실현가능성?				✓		11	2
		비용 대비 효과성?			✓				
		현장의 저항성?				✓			
2	홍보 동영상을 촬영한다.	실현가능성?				✓		10	3
		비용 대비 효과성?			✓				
		현장의 저항성?			✓				
3	새로운 교통시설을 만든다.	실현가능성?		✓				12	1
		비용 대비 효과성?					✓		
		현장의 저항성?					✓		
4	과학자료집을 만든다.	실현가능성?				✓		12	1
		비용 대비 효과성?				✓			
		현장의 저항성?				✓			
5	홍보용 캐릭터를 제작한다.	실현가능성?				✓		9	4
		비용 대비 효과성?		✓					
		현장의 저항성?			✓				

6) 실천계획서 작성

우선순위가 높은 해결방안들이 선정되면 이것을 문제가 발생한 현장에 적용해 볼 수 있도록 실천계획서를 작성한다. 간혹 일부 학습자의 경우 실천계획서의 필요성에 대해 거부하고 곧장 실천하려는 의견을 피력하는 경우도 있다. 그러나 실천계획서가 없을 경우 무엇을 어디서부터 어디까지, 그리고 어떻게 실천해야 할지 막연한 경우가 있고, 실천 과정 중에 동력이 떨어져 포기하게 되는 경우도 발생하기 때문에 구체적이고 명확한 실천계획서를 마련할 필요가 있다.

(1) 학습자 및 러닝퍼실리테이터 역할

학습자 역할	러닝퍼실리테이터 역할
• 문제해결을 적용하기 위한 실천계획서 작성	• 실천계획서 작성을 위한 자료 제공 • 실천계획서 작성을 위한 절차 안내, 실천계획서 교정, 피드백

(2) 러닝퍼실리테이터의 실천적 활동 가이드라인

해결방안에 대해 우선순위가 결정되고 나면 실천계획서를 작성하도록 안내한다. 실천계획서는 문제의 해결방안을 현장에 적용해 보기 위해 작성해 보는 것이다. 실천계획서의 구성 요소에는 언제, 어디서, 누가, 무엇을, 어떻게, 왜 등이 포함된다. 누구든지 작성된 실천계획서를 보고 그대로 따라 할 수 있도록 상세하게 쓰도록 안내한다. 해결방안의 우선순위에 따라 계획을 세우고 실천할 수 있도록 한다. 만약 해결방안이 학습과 관련된 것이라면 이 단계에서 작성하는 실천계획서가 학습계획이 될 수도 있다. 실천계획서 작성하기를 위한 워크시트는 〈표 2-6〉과 같다.

〈표 2-6〉 실천계획서 작성하기 워크시트

일시		장소		대상	
학습 팀		주제 (문제 상황)			
러닝 퍼실리테이터					
내용 (육하원칙)					

⟨표 2-7⟩ 실천계획서 작성하기 워크시트 활용 사례

일시	○○.○○.○○	장소	○○ 대학교	대상	학습자 30명
학습 팀	미남 팀	주제 (문제 상황)	학교 앞 교통사고 문제를 해결하자		
러닝 퍼실리테이터	○○○				

• 해결방안에 대해 우선순위별 리스트

순위	해결방안
1	새로운 교통시설을 만든다.
2	과학자료집을 만든다.
3	홍보를 위한 티셔츠를 제작한다.
4	홍보 동영상을 촬영한다.
5	홍보용 캐릭터를 제작한다.

• 해결

내용 (육하원칙)	필요 지원	실행 여부		실행 수준		비고
		○	×	○	×	
• 일시: 20○○. 8. 16. • 장소: 교통시설 제작 전문가 사무실 • 내용	교통 시설 제작 전문가			○		
1) 러닝퍼실리테이터에게 부탁 하여 전문가 섭외 의뢰		○		○		

2) 새로운 교통시설에 대한 아
    이디어와 제작 설계도를 사
    전에 전문가에게 발송하기
		○		○		

3) 전문가를 만나 설명을 경청한 후 프로토타입 제작 건의		○		○		

7) 현장 적용

실천계획서를 작성했다면 학습자들이 팀 토론을 통해 작성된 실천계획
서를 현장에서 적용해 보도록 한다.

(1) 학습자 및 러닝퍼실리테이터 역할

학습자 역할	러닝퍼실리테이터 역할
• 실천계획서를 바탕으로 문제 현장에서 해결방안 적용하기	• 학습 팀이 해결방안을 적용하도록 지원, 지지, 촉진

(2) 러닝퍼실리테이터의 실천적 활동 가이드라인

현장 적용은 앞 단계에서 작성한 실천계획서를 가지고 문제가 처음 발
생했던 곳으로 돌아가 문제해결을 위한 행동을 하는 것이다. 실천계획
서에 따라 실행을 하면서 관련 자료를 찾거나 인근 지역의 전문가들로부
터 도움을 받도록 안내한다. 현장 적용을 위한 워크시트는 〈표 2-8〉과
같다.

〈표 2-8〉 현장 적용 워크시트

일시		장소		대상	
학습 팀		주제 (문제 상황)			
러닝 퍼실리테이터					
해결과정	해결방안				
	5W1H				
	관련 교과 (학습내용)				
	실행과정	• • • •			
	느낀 점/ 시사점	• • • • • •			
	증빙자료	• • • • • •			

〈표 2-9〉 현장 적용 워크시트 활용 사례

일시	○○.○○.○○	장소	○○ 대학교	대상	학습자 30명
학습 팀	미남 팀	주제 (문제 상황)	학교 앞 교통사고 문제를 해결하자		
러닝 퍼실리테이터	○○○				

해결과정	해결방안	우선순위 5번 홍보용 캐릭터 제작			
	5W1H	언제? ○○월 ○○일 ~ ○○월 ○○일			
		누가? 팀원 전원			
		어디서? 팀원의 가정 혹은 학교 미술실			
		왜? 상징적 캐릭터로 스쿨존 교통사고에 대한 경각심을 일깨우고 아이디어 상품을 제작하여 교통안전에 관련된 지혜를 일깨우며, 상품으로 제공해 교통안전 실천의지를 고취시키기 위해			
	관련 교과 (학습내용)	• 과학(빛에너지 보존의 법칙, 가시거리, 파워포인트) • 미술(스탠실 기법)			
	실행과정	• ○○월 ○○일 파워포인트로 캐릭터 그리기 배움 → ○○월 ○○일 ~ ○○일 팀/개인별 캐릭터 완성 → ○○월 ○○일 팀 캐릭터 완성 → ○○월 ○○~○○일 단색티셔츠, 염색물감, 투명우산 등 재료 구입, 투명스티커 제작 의뢰 → ○○월 ○○일 투명스티커 제작 무산으로 인한 대책 논의 및 제작 돌입 → ○○월 ○○일 티셔츠와 우산 완성 → ○○월 ○○일 교통안전주간 상품으로 증정			
	느낀 점/ 시사점	• 멀티미디어 세대답게 다양하고 창의적인 캐릭터가 탄생하였으며 홍보 물품 제작 시 발생한 문제점도 창의적 아이디어로 해결함			
	증빙자료	팀 캐릭터	야광이 되는 팀 티셔츠	야광이 되는 투명 우산	

8) 성찰

해결방안을 현장에 적용하고 나면 그 결과를 반추해 보아야 한다. 이 과정에서 학습자는 개별적인 성찰의 시간을 가지기도 하고, 팀별로 관련 내용을 되돌아보기도 한다. 러닝퍼실리테이터는 학습자의 상황을 전체적으로 살펴볼 수 있도록 배려해야 한다.

(1) 학습자 및 러닝퍼실리테이터 역할

학습자 역할	러닝퍼실리테이터 역할
• 문제해결 과정에 대해 성찰	• 학습자 성찰 안내, 지지, 촉진

(2) 러닝퍼실리테이터의 실천적 활동 가이드라인

성찰하기는 팀이 문제의 원인을 분석하고 그에 대한 해결방안을 탐색하여 우선순위를 정한 후 현장에 적용해 봤던 일련의 과정, 그리고 그 안에서의 학습 등에 대해 각자 개별적으로 성찰의 시간을 가지는 것을 의미한다. 개별적으로 성찰의 시간을 가진 다음 전체적으로 성찰을 진행한다. 성찰은 학습 과정이나 효과에 대한 반성을 통해 자신의 문제점 및 팀원이 해결하고자 했던 문제 상황에 대해 미처 완수하지 못했던 다른 부분까지 개선할 수 있게 해 준다. 개인 성찰 후 팀 내에서 팀원 간 성찰을 실시할 때는 실행 결과에 대해 팀 내의 구성원 각자가 3분 안에 발표하고, 10분 안에 팀원들이 돌아가며 질문하도록 한다. 성찰하기를 위한 워크시트는 〈표 2-10〉과 같다.

〈표 2-10〉 개인 성찰일지 워크시트

○○.○○.○○ 개인 성찰일지 ■ 팀명 ( ) 이름 ( )					
평가 내용	평가 척도				
	매우 그렇다	그렇다	보통이다	아니다	전혀 아니다
1. 문제해결 과정이 흥미 있었다.					
2. 문제를 해결하는 과정에서 팀원들과 상호 토론하거나 적극적으로 협력 학습을 하였다.					
3. 팀원들과 협력적으로 문제해결을 위해 나의 생각이나 의견을 제시하였다.					
4. 다른 사람의 의견을 적극적으로 경청하고 존중하였다.					
5. 스스로 학습자료를 이용하여 문제해결 활동에 적극적으로 참여하였다.					
6. 내게 알맞은 학습과제를 선정하여 학습하였다.					
7. 러닝퍼실리테이터에게 질문하거나 친구에게 물어봄으로써 모르는 문제를 알려고 노력하였다.					
8. 본 문제해결 과정을 통해 새롭게 알게 된 것은 무엇입니까?					
9. 더 알고 싶은 내용은 무엇이며, 그 이유는 무엇입니까?					
10. 본 문제해결 과정에서 잘된 점과 잘못된 점은 무엇이며, 왜 그렇게 생각했습니까?					
11. 본 문제해결 과정에서의 학습방법이나 활동에 있어서 어떤 생각(느낌, 마음)이 들었습니까?					

〈표 2-11〉 개인 성찰일지 활용 사례

○○.○○.○○

개인 성찰일지

■ 팀명 (정겨운 팀)   이름 (꽃선이   )

평가 내용	평가 척도				
	매우 그렇다	그렇다	보통이다	아니다	전혀 아니다
1. 문제해결 과정이 흥미 있었다.	✓				
2. 문제를 해결하는 과정에서 팀원들과 상호 토론하거나 적극적으로 협력 학습을 하였다.		✓			
3. 팀원들과 협력적으로 문제해결을 위해 나의 생각이나 의견을 제시하였다.		✓			
4. 다른 사람의 의견을 적극적으로 경청하고 존중하였다.	✓				
5. 스스로 학습자료를 이용하여 문제해결 활동에 적극적으로 참여하였다.		✓			
6. 내게 알맞은 학습과제를 선정하여 학습하였다.		✓			
7. 러닝퍼실리테이터에게 질문하거나 친구에게 물어봄으로써 모르는 문제를 알려고 노력하였다.	✓				
8. 본 문제해결 과정을 통해 새롭게 알게 된 것은 무엇입니까?	볼록거울의 원리, 전자석의 원리				
9. 더 알고 싶은 내용은 무엇이며, 그 이유는 무엇입니까?	교통시설 관련 법규, 법규에 대한 내용이 중요하기 때문				
10. 본 문제해결 과정에서 잘된 점과 잘못된 점은 무엇이며, 왜 그렇게 생각했습니까?	잘된 점은 새로운 아이디어가 많이 나온 점이고, 잘못된 점은 아직 새로운 교통시설을 설치하지 못한 것임				
11. 본 문제해결 과정에서의 학습방법이나 활동에 있어서 어떤 생각(느낌, 마음)이 들었습니까?	힘들지만 재미있음				

〈표 2-12〉 학습자의 학습활동 기록지

학습자의 학습활동 기록지

■ 팀명: ■ 평가자:

• 이번 액션러닝 학습에서 이루어진 학습자의 수행을 다음과 같이 5단계로 평가하여 해당란에 적어 주세요.

※ 전체를 100%로 보았을 때, 해당 항목의 수행이
  90% 이상 나타났을 때는 5점 - 항상 그렇다.
  70% 가량 나타났을 때는 4점 - 대체로 그렇다.
  50% 가량 나타났을 때는 3점 - 때때로 그렇다.
  30% 가량 나타났을 때는 2점 - 드물게 그렇다.
  10% 이하 나타났을 때는 1점 - 그렇지 않다.

	학습자명					

※ 액션러닝 전반에 대한 참여도
1. 시간을 잘 지켰다.
2. 팀 내에서 맡은 역할을 충실하게 수행했다.
3. 토론에 적극적으로 참여했다.

※ 학습자로서 성실성
4. 학습과제를 충분히 공부해 왔다.
5. 발표를 충실하게 준비해 왔다.
6. 참고자료를 폭넓게 활용했다.

※ 브레인스토밍
7. 자신의 생각을 적절하게 표현했다.
8. 상대방의 이야기를 주의 깊게 들었다.
9. 토론이 원활하게 진행되도록 노력했다.

※ 비판적 사고
10. 문제의 핵심을 정확하게 파악했다.
11. 충분한 근거에 기초하여 목표를 제시했다.
12. 정보를 다양한 방법으로 분석하여
    창조적인 의견을 제시했다.

〈표 2-13〉 학습자의 학습활동 기록지 활용 사례

학습자의 학습활동 기록지

■ 팀명: 정겨운 팀   ■ 평가자: MYK

• 이번 액션러닝 학습에서 이루어진 학습자의 수행을 다음과 같이 5단계로 평가하여 해당란에 적어 주세요.

> ※ 전체를 100%로 보았을 때, 해당 항목의 수행이
>   90% 이상 나타났을 때는 5점 – 항상 그렇다.
>   70% 가량 나타났을 때는 4점 – 대체로 그렇다.
>   50% 가량 나타났을 때는 3점 – 때때로 그렇다.
>   30% 가량 나타났을 때는 2점 – 드물게 그렇다.
>   10% 이하 나타났을 때는 1점 – 그렇지 않다.

	학습자명					
	김○○	이○○	정○○	박○○	홍○○	최○○
※ 액션러닝 전반에 대한 참여도						
1. 시간을 잘 지켰다.	5	3	3	3	3	3
2. 팀 내에서 맡은 역할을 충실하게 수행했다.	4	4	4	4	4	4
3. 토론에 적극적으로 참여했다.	3	5	3	3	3	3
※ 학습자로서 성실성						
4. 학습과제를 충분히 공부해 왔다.	4	5	4	4	4	4
5. 발표를 충실하게 준비해 왔다.	5	4	3	3	3	3
6. 참고자료를 폭넓게 활용했다.	5	5	3	3	3	3
※ 브레인스토밍						
7. 자신의 생각을 적절하게 표현했다.	3	2	3	3	3	3
8. 상대방의 이야기를 주의 깊게 들었다.	2	5	3	3	3	3
9. 토론이 원활하게 진행되도록 노력했다.	5	3	4	4	4	4
※ 비판적 사고						
10. 문제의 핵심을 정확하게 파악했다.	4	3	3	3	3	3
11. 충분한 근거에 기초하여 목표를 제시했다.	2	4	4	4	4	4
12. 정보를 다양한 방법으로 분석하여 창조적인 의견을 제시했다.	4	3	3	3	3	3

3. 액션러닝 정리하기를 위한 러닝퍼실리테이터의 실천적 활동

액션러닝 활동이 끝나면 사후활동을 통해 정리를 한다. 이때 액션러닝 평가활동이 일어난다. 액션러닝 활동 전반에 관한 평가, 즉 자기 평가, 팀 내 평가, 팀 간 평가를 실시할 수 있다. 평가활동은 단순히 사정이나 측정을 통해 팀원이나 팀이 어느 정도 과업을 달성했는가를 보는 것이 아니라 액션러닝 활동을 통해 문제를 해결하고 다양한 가치를 달성했는지를 확인하는 것이다.

평가활동이 끝나면 전체 과정 성찰하기를 한다. 전체 과정 성찰하기는 실제적인 문제를 만드는 과정부터 팀을 조직하고 빌딩하는 과정, 그리고 액션러닝 수업 중 활동 전반을 모두 아우르는 성찰활동이다. 이 과정을 통해 팀원과 팀은 무엇을 학습하게 되었는지, 어떤 것을 느끼게 되었는지 더 필요한 것은 무엇인지를 살펴본다.

전체 과정 성찰하기가 끝나면 다음 수업을 계획한다. 액션러닝 활동 과정을 반추하면서 다른 해결방안을 적용해 볼 수도 있고 다른 문제를 개발하여 적용할 수도 있다. 특별히 변화관리를 통해 문제해결책이 지속적으로 적용될 수 있도록 러닝퍼실리테이터와 액션러닝 팀의 노력이 수반되어야 한다.

1) 평가하기

액션러닝 활동이 모두 끝나면 러닝퍼실리테이터는 액션러닝 팀의 결과를 평가한다. 평가란 단순히 사정과 측정을 통해 액션러닝 팀의 활동 결과를 판단하는 것이 아니라 활동 결과를 통해 잘된 점은 더욱 부각하고 수정할 필요성이 있는 부분은 개선을 통해 더욱 나은 활동을 할 수 있도록 격려하고 지지하는 것이다.

액션러닝 팀의 활동 결과에 대한 평가방법 중 일반적으로 실시하는 것은 학습 팀이 도출한 해결방안을 발표하는 것이다. 이를 위해 가장 먼저 발표를 진행할 수 있도록 분위기를 조성한다. 액션러닝 팀은 다양한 방법을 동원하여 활동 결과를 제시할 수 있다. 발표 외에 동영상 제작, 포트폴리오, 보고서 등 다양한 방법이 있다. 발표를 진행할 경우 러닝퍼실리테이터는 다른 학습 팀의 발표 시 지켜야 할 규칙 등에 대해 이야기한다. 평가는 일반적으로 팀원 평가, 팀 간 평가로 나누어 실시한다. 팀원 평가를 위한 워크시트는 〈표 2-14〉와 같다.

〈표 2-14〉 팀원 평가 워크시트

OO.OO.OO 팀원 평가	
■ 팀명 ( ) 이름 ( )	
평가 항목	우수조원 이름
1. 문제해결 과정에서 많은 정보를 가장 열심히 제시한 팀원은 누구입니까?	
2. 팀원의 의견을 존중하며, 적극적으로 경청한 팀원은 누구입니까?	
3. 문제해결 과정에서 가장 협력적으로 활동에 참여한 팀원은 누구입니까?	
4. 문제해결 과정에서 중재자 역할을 가장 열심히 잘한 팀원은 누구입니까?	

〈표 2-15〉 팀원 평가 워크시트 활용 사례

○○.○○.○○ **팀원 평가**	
■ 팀명 (미남 팀)　　　　　　　　이름 (　김○○　)	
평가 항목	우수조원 이름
1. 문제해결 과정에서 많은 정보를 가장 열심히 제시한 팀원은 누구입니까?	정○○
2. 팀원의 의견을 존중하며, 적극적으로 경청한 팀원은 누구입니까?	이○○
3. 문제해결 과정에서 가장 협력적으로 활동에 참여한 팀원은 누구입니까?	강○○
4. 문제해결 과정에서 중재자 역할을 가장 열심히 잘한 팀원은 누구입니까?	김○○

〈표 2-16〉 팀 간 평가 워크시트

○○.○○.○○ **팀 간 평가**	
■ 팀명 (　　　)　　　　　　　　이름 (　　　)	
평가 항목	평가
1. 다양한 자료를 수집, 분석하여 합리적인 근거와 이유를 들어 의견을 제시하고, 결과를 이해하기 쉽게 발표한 팀은 어느 팀입니까?	
2. 팀워크가 가장 좋았던 팀은 어느 팀입니까?	
3. 현장에 적용가능성이 높아 활용도가 가장 높은 문제를 개발한 팀은 어느 팀입니까?	
4. 가장 발표를 잘한 팀은 어느 팀입니까?	

〈표 2-17〉 팀 간 평가 워크시트 활용 사례

○○.○○.○○ 팀 간 평가	
■ 팀명 (미남 팀) 이름 (김○○)	
평가 항목	**평가**
1. 다양한 자료를 수집, 분석하여 합리적인 근거와 이유를 들어 의견을 제시하고, 결과를 이해하기 쉽게 발표한 팀은 어느 팀입니까?	파이팅 팀
2. 팀워크가 가장 좋았던 팀은 어느 팀입니까?	정겨운 팀
3. 현장에 적용가능성이 높아 활용도가 가장 높은 문제를 개발한 팀은 어느 팀입니까?	가람휘 팀
4. 가장 발표를 잘한 팀은 어느 팀입니까?	정겨운 팀

2) 전체 과정 성찰하기

팀원 및 팀 간의 평가가 끝나면 전체 과정 성찰하기를 진행한다. 액션러닝 단계에서 성찰하기 활동은 문제해결과 관련한 내용에 대한 성찰이었다면, 전체 과정 성찰은 팀 조직, 빌딩, 문제 개발과 제시 등의 수업 전 활동부터 바로 직전 단계인 평가활동까지에 해당하는 액션러닝 전체 과정에 대한 성찰을 의미한다. 팀 활동 결과에 대하여 성찰 미팅 단계를 거치면서 전체적인 학습의 과정 및 효과에 대한 반성을 통해 자신의 문제점 및 수업 현장의 문제점을 다시 한번 고찰함으로써 개선할 수 있게 한다. 성찰일지의 워크시트는 〈표 2-18〉과 같다.

〈표 2-18〉 성찰일지 워크시트

일시		장소		대상	
학습 팀		주제 (문제 상황)			
러닝 퍼실리테이터					
항목	배운 점		느낀 점		더 알아야 할 것
성찰 내용					

〈표 2-19〉 성찰일지 워크시트 활용 사례

일시	○○.○○.○○	장소	○○ 초등학교	대상	학습자 30명
학습 팀	미남 팀	주제 (문제 상황)	학교 앞 교통사고 문제를 해결하자		
러닝 퍼실리테이터	○○○				
항목	배운 점		느낀 점		더 알아야 할 것
성찰 내용	• 스쿨존도 결코 안전지대가 아니다. • 안전의식과 실천의지가 생겼다. • 스쿨존을 지키기 위한 활동을 통해 수학의 통계, 확률, 속도, 각도를 알게 되었다. • 볼록거울, 오목거울, 전자석에 대해 배우게 되었다.		• 팀을 만들고 어떻게 하면 그 팀이 잘 운영될 수 있는지 배웠다. • 팀원들 간에 서로 의사소통을 한다는 것이 참 어려운 일이라는 생각이 들었다. • 때로는 팀원이 힘들어할 때 옆에서 잘 도와주어야 한다. • 스쿨존에 대해 일반 어른들이 아직도 잘 의식하지 못하는 것 같다.		• 새로운 교통시설을 만드는 것에 그칠 것이 아니라 직접 설치를 해 보고 싶다. 설치와 관련된 각종 법률이나 행정적인 절차를 알아야겠다. • 팀을 조직하고 빌딩하는 데 있어 적절한 기술을 배우는 것이 필요할 것 같다.

3) 다음 수업 계획하기

'전체 과정 성찰하기' 단계까지 끝나면 러닝퍼실리테이터나 교사는 다음 수업을 계획해야 한다. 다음 수업은 크게 두 가지로 나누어 생각해 볼 수 있다.

먼저, 동일한 문제 사례로 한 번 더 액션러닝 과정을 운영하는 것이다. 앞선 사례를 예로 들면 스쿨존에서의 교통사고를 예방하기 위한 문제에서 다양한 원인과 그에 따른 여러 가지 해결방안이 있었다. 그런데 여러 가지 이유로 인해 액션러닝 팀이 현장에 적용해 본 것은 한두 가지 해결방안에 불과하다. 따라서 다른 해결방안을 적용하여 액션러닝 활동의 중간 단계부터 다시 시작해 보는 방법이 있다.

다른 하나는 새로운 문제를 개발하거나 찾아서 액션러닝 팀에 적용해 볼 수 있다. 이때 액션러닝 팀을 새롭게 구성할 수도 있고, 기존 액션러닝 팀을 그대로 운영할 수도 있다. 다음 수업 계획의 또 다른 중요한 부분 중의 하나는 변화관리이다. 일상에서 일어나는 다양하고 복잡한 문제 상황이 액션러닝 팀이 개발ㆍ적용한 해결방안으로 단번에 해결될 수도 있지만 그렇지 않은 경우도 많다. 가령, 스쿨존 내에서 교통사고를 줄이거나 예방하는 문제가 한두 개의 해결방안과 한두 번의 해결방안 적용으로 금방 효과가 나타나는 것은 아니다. 따라서 러닝퍼실리테이터는 해당 학습 팀이 후속활동을 지속적으로 할 수 있도록 정기적인 모임을 주선한다거나 또는 홈페이지 등을 통해 계속 지원할 필요가 있다. 이것이 바로 변화관리이다.

📚 참고문헌

박수홍, 정주영(2012). 술술 풀리는 PBL과 액션러닝. 서울: 학지사.
박수홍, 정주영, 안영식(2010). 조직 및 지역의 창조적 변화를 이끄는 체계적 액션러닝.
    서울: 학지사.

캡스톤디자인에서
러닝퍼실리테이터의 실천적 활동

캡스톤디자인(Capstone Design)은 프로젝트기반학습(Project Based Learning), 문제중심학습(Problem Based Learning), 액션러닝(Action Learning)과 맥락을 같이하는 교수모형으로 실행을 통해 학습(Learning By Doing)하는 방식으로 수업이 진행된다. 캡스톤디자인에서 러닝퍼실리테이터의 실천적 활동을 제시하기 위해서 그 절차로서 우선 캡스톤디자인을 위한 수업 설계를 어떻게 해야 하는지를 알아보고, 수업 설계 후 실제 캡스톤디자인 진행을 효과적으로 하기 위해서 무엇을 준비해야 하는지를 알아볼 것이다.

이러한 준비가 끝나고 실제 수업에서 러닝퍼실리테이터가 사전학습 과정을 진행하는 방법과 팀 빌딩을 효과적으로 하기 위해서 해야 할 활동과 팀 빌딩 이후 캡스톤디자인 학습활동 프로세스에 따라 수업을 진행하는 본학습에서의 활동과 본학습 후에 실시할 사후학습에 대해 살펴보고자 한다.

캡스톤디자인에서 러닝퍼실리테이터의 실천적 활동 / 류영호

1. 캡스톤디자인 수업 설계하기

캡스톤디자인을 하기 위해서는 우선 수업을 효과적으로 설계하는 것이 중요하다. 따라서 캡스톤디자인 수업의 총괄적인 설계, 담당 교수자 및 교과목 정보에 대한 설계, 학습자 분석방법, 학습환경 분석방법, 수업 평가 설계를 하는 방법과 마지막으로 수업을 진행하는 데 필요한 상세한 수업 설계를 하는 방법에 관해 설명하고자 한다.

1) 캡스톤디자인 수업 총괄 설계

캡스톤디자인을 위한 총괄적인 수업 설계는 〈표 3-1〉과 같이 수업의 전체적인 윤곽을 그려 보기 위한 설계이다. 표의 예시 내용을 참조하여 자신의 수업을 총괄적으로 설계해 보는 것이 필요하다.

〈표 3-1〉 캡스톤디자인을 위한 총괄적인 수업 설계

구분	주제	수업 시기	세부 내용	수업 장소
수업 준비	강좌 개설	사전 준비 하기	캡스톤디자인 강좌 개설 및 수강 신청, 캡스톤디자인 워크숍, 참여희망업체 및 현장전문가 위촉	교육 행정
수업 개요	수업 담당 교수자 및 교과목 정보	수업 전	교과 정보, 담당 교수자 정보, 교과목 개요, 교과목 목표, 수업 유형, 평가방법, 교재 등	Online-class
수업 설계	학습자 분석	수업 전	일반적인 특성 및 학습양식, 사전지식, 수업에 대한 태도 등	Online-class
	학습환경 분석 및 준비	수업 전	교육장 환경, 테크놀로지 자원, 운영지원, 제도적 기반 등	Out-class
	수업운영 설계	수업 전	• 캡스톤디자인 이해 • 학습자원 개발 • 팀 편성	Online-class
		수업 중	• 팀 빌딩	In-class
			• 과제 발굴 • 캡스톤디자인 과제 분석활동 촉진 • 학습계획 수립활동 촉진	In-class
			• 학습과제 수행 안내 및 촉진활동	Online-class
			• 과제 신청(학습자), 과제계획서 검토 (러닝퍼실리테이터) • 과제 실행	In-class
			• 학습결과물(작품) 전시, 발표 안내 및 촉진활동 • 과제 결과보고서 제출, 검토	In-class
수업 평가	평가시스템 설계	수업 후	• 평가 및 피드백 • 성찰일지 작성	In-class
사후 관리	사후관리	사후성 과관리	• 교내 캡스톤디자인 대회 참가 • 캡스톤디자인 작품 특허출원 및 실용신안 등록 • 학습자 진로 설계(취업, 창업)	Out-class

　산업체 및 지자체 등의 실제 문제를 해결하는 과정을 통해 학습자의 역량 함양과 결과물을 통한 경진대회 출품, 특허출원, 진로 개발(창업, 취업)의 계기를 마련하기 위해 〈표 3-2〉와 같이 캡스톤디자인 수업 설계를 구체화하였다.

〈표 3-2〉 캡스톤디자인을 위한 수업 상세 설계

항목		내용
교육목표		1. 산업체의 실제적인 문제를 공동으로 해결할 수 있다. 2. 팀 빌딩을 통해 팀워크능력, 커뮤니케이션능력, 대인관계능력, 창의적 문제해결 역량을 함양할 수 있다. 3. 학습결과물과 연계한 진로 개발(취업, 창업 등)을 할 수 있다.
교육대상		학교별 교육과정에 따라 달라짐(졸업 시즌 학년)
교육시간		교과 단위 수에 따라 달라짐(학기단위, 학년단위)
교육과정 (프로세스)	사전준비	• 강좌 개설, 수강 신청, 학습환경 구성 • 산업체 섭외 및 현장전문가 위촉 • 캡스톤디자인 개념 이해(학습자) • 캡스톤디자인 워크숍(교수자, 현장전문가) • 해당 산업체나 기관이 요구하는 지정 과제 리스트 • 과거 유사 문제 수행 내용과 결과
	본학습 단계	① 팀 빌딩하기, ② 과제 발굴하기, ③ 과제 분석하기, ④ 과제 명료화하기, ⑤ 과제 해결방안 찾기, ⑥ 해결방안 우선순위 도출하기, ⑦ 해결방안 설계/제작하기, ⑧ 결과물 전시/발표하기, ⑨ 종합 성찰/평가하기
	사후관리	• 교내 캡스톤디자인 경진대회 출품 • 특허출원 • 진로 개발(취업, 창업)
교육장소		캡스톤디자인 학습환경이 구비된 장소
교육방법		팀을 기반으로 한 실행을 통한 학습(캡스톤디자인)

〈표 3-3〉은 캡스톤디자인 교육 설계 및 훈련계획 단계의 교육내용을 상세하게 나타낸 강의계획서이다.

〈표 3-3〉 캡스톤디자인을 위한 강의계획서

교과목명	과목 코드	구분	학점	시수	담당 교수	평가 방법
1. 교육철학						
2. 교과목 개요						
3. 교과목 학습목표						

4. 권장선수과목 및 지식				
5. 학습성과		학습성과(학습목표 구체화)		평가 방법 및 기준
	지식			
	기술			
	태도			
6. CQI 반영사항				
7. 수업운영방법	강의			
	토론 및 세미나			
	실험실습			
	시청각			
	가상강좌			
	기타			

8. 과제물	과제물 내용		
	피드백 방법		
9. 성적평가 방법 및 기준	평가 항목	평가 요소	비율(%)
	출석 평가		
	동료 평가	동료 팀활동 참여도	
	팀 평가	결과물 평가	
	러닝퍼실리테이터 평가	관찰 평가	
		결과물 평가	
	현장전문가 평가	결과물 평가	
10. 교재 및 참고자료			
11. 활용수업기자재			
12. 안전 및 유의사항			
13. 수업진행계획	주차		수업내용
	1	수업내용	
		수업방법	
		준비사항	
	2~	수업내용	
		수업방법	
		준비사항	

출처: 한순희(2018). 박사학위논문 재구성.

2) 담당 교수자 및 교과목 정보 설계

캡스톤디자인을 위한 총괄적인 수업 설계서에서 언급하였던 사항 중 담당 교수자 및 교과목 정보를 확인하고 설계하는 과정이 필요하다. 〈표

3-4)의 내용을 참조하여 자신의 수업에 필요한 부분을 첨삭하여 설계해
보면 좋을 것이다.

〈표 3-4〉 담당 교수자 및 교과목 정보

교과목 정보		담당 교수자 정보		
과목명		소속 학교		
교과목 번호		학년(부, 과)		
분반		교수자명		
이수 구분		연구실		
강의실 호수		전자우편		
수업시간		면담가능시간		
학점		연락처		
교과목 개요				
교과목 목표				
수업방법	수업장소	수업방법		
	교실 안			
	교실 밖			
평가방법				
학습자원				
기대효과				

3) 학습자 분석

러닝퍼실리테이터가 학습자들의 팀을 조직할 때 사전에 학습자를 분석

하는 것은 매우 중요하다. 이때 팀은 팀원의 성격, 학습 특성 등을 파악하여 이질적 성향을 지닌 팀원을 묶어 조직하는 것이 중요하다. 비슷한 성향을 지닌 학습원들끼리 팀이 형성되면 스키마가 유사해서 새로운 아이디어나 문제해결 방법이 도출되기 어려운 점이 있다. 학습자의 특성을 파악하기 위해서 Kolb의 학습양식 검사지나 MBTI 검사, HBDI 검사, DISC 검사, 애니어그램 검사 등을 사용할 수 있다.

학습자의 특성(성격유형, 심리유형, 사고유형, 행동유형 등), 팀원의 성격 등을 분석하면 수업을 어떻게 진행해야 할지 설계할 수 있고 학습양식을 분석하면 학습 팀을 어떻게 구성할지 판단할 수 있다. 학습양식으로서 〈표 1-2〉에서는 Kolb의 학습양식을 기반으로 예시를 제시하였는데,

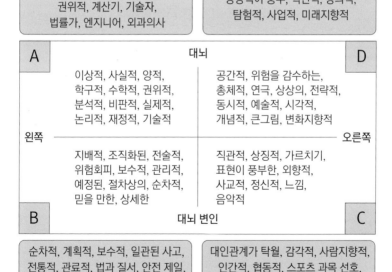

[그림 3-1] HBDI 사고유형

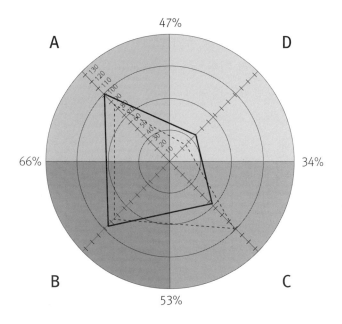

[그림 3-2] HBDI 특성 도표

HBDI 사고유형 특성을 기반으로 학습 팀을 구성할 수도 있으므로 [그림 3-1]의 HBDI 사고유형, [그림 3-2]의 HBDI 특성 도표를 참고로 제시하였다.

　그리고 학습자의 사전지식과 관련 경험을 분석하면 어떠한 사전학습 자료를 어떻게 제공해야 할지 판단할 수 있으며, 학습자들의 수업에 대한 이해 및 인지도를 미리 분석해 두면 오리엔테이션 내용을 어느 정도 수준으로 제공해야 할지 알 수 있다.

📣 더 알아보기 / HBDI(좌우 뇌 사고 선호도 평가방법)

HBDI(Herrmann Brain Dominance Instrument)는 인간의 사고 선호도를 측정하는 가장 강력하고 유연한 도구로, 사람들의 사고 선호도를 측정하고 효과적으로 사고하도록 하는 데 HBDI 정보를 이용할 수 있다. Ned Herrmann에 의해 만들어진 HBDI는 두뇌가 4개의 영역으로 구성되고 각각이 다른 사고 선호도를 보인다는 사실에 기초한다. 4개의 영역이 합쳐져 인간의 사고와 행동을 지배하는 전체 두뇌를 구성한다.

A영역은 수리에 뛰어나고 이성과 논리에 의해 문제를 해결하고자 하는 반면, D영역은 규범에서 벗어나고 새로운 아이디어를 만들거나 감정과 추측을 기초로 문제 해결을 시도한다. B영역에서는 구조화되고 순차적이며, 조직화된 정신활동이 이루어지고, D영역에서는 감정적이고 인간 상호 간에 정신활동이 주로 이루어진다. A·B·C·D 영역이 서로 다른 네 가지 사고 모드를 구성하며, 대개 네 가지 모드가 결합해서 작용하지만 하나 또는 두 개의 사고 모드가 우세하게 작용한다.

팀 프로젝트나 문제해결을 위한 팀 구성원이 어떤 두뇌 선호 프로파일을 갖고 있느냐에 따라 그 결과는 달라질 수 있다. 팀 구성원이 A, B, C와 D 사고 선호도를 골고루 가지고 있어서 팀 전체가 전체 두뇌 사고를 할 수 있는 것은 매우 중요하다. 검사는 관련 사이트*에서 120여 가지의 질문에 답하면 결과가 나오는데 검사 비용은 유료이다. 약식으로 알아보는 방법으로 '나의 사고 유형 알아보기 설문지'를 부록에 수록하였다.

* 관련 사이트: https://www.thinkherrmann.com

4) 학습환경 분석

캡스톤디자인은 팀별 활동을 통해 산업체나 지자체의 실제 문제를 해결하고 결과물을 제작하는 일련의 과정으로, 한 학기 또는 한 학년 동안에 이루어지므로 다른 수업에 비해 학습환경이 매우 중요하다. 특히 러닝 퍼실리테이터 활동을 잘하기 위해서 미리 학습환경을 분석하는 것은 매우 중요하다.

분석하는 방법은 캡스톤디자인 수업에 필요한 시설 및 기자재 등이 잘 갖추어져 있는지 직접 학습환경을 점검해 보는 것이 가장 좋다(자세한 내용은 pp. 17-18 참조).

〈표 3-5〉학습환경 분석

분석 영역	현재의 수업환경	개선 · 보완 사항
교육장 환경		
테크놀리지 환경		
시스템 환경		
수업 기자재		
수업 준비물		

5) 학습환경 구성

캡스톤디자인을 하기 위한 학습환경 구성은 매우 중요하다. 캡스톤디자인 학습은 팀으로 구성된 팀 학습환경과 작품을 제작하기 위한 실습실 환경이 구성되어야 한다. 실습실 환경은 기존에 갖추어진 실습실 환경에서 과제 수행과 관련된 기자재를 갖추고 있는지 확인해야 한다. 팀 학습환경에 대한 자세한 내용은 러닝퍼실리테이터 입문서를 참고하기 바란다. 다만, 여기서는 실천적으로 꼭 필요한 사항에 관하여 확인해야 하는 항목에 대해서만 언급하고자 한다.

- 교실의 크기 및 책걸상 배치
- 팀 테이블 간의 간격 및 동선
- 멀티미디어 시스템
  - 사운드 시스템

- 동영상 상영 환경
- 프로젝션 환경
• 학습활동 지원 교구
  - 화이트보드 및 플립차트
  - 포스트잇
  - 컬러펜
  - 노트
  - A4 용지
  - 켄트지 전지
  - 시간 통제용 종
  - 기타(자신이 필요한 수업지원 도구를 확보하여 수업 전에 배치해 두는 것이 좋음)

6) 수업 평가 설계

캡스톤디자인에서의 평가는 기존의 전통적인 수업에서의 평가방법과는 다르다. 따라서 이에 대한 평가계획을 미리 수립하여 수업 시작 전에 학습자들에게 평가방법에 대해 알려 주어야 한다.

첫째, 비평가 항목으로 자기 평가와 성찰일지가 있는데 이러한 비평가 활동을 할 수 있는 워크시트를 미리 준비해야 한다. 시트양식은 러닝퍼실리테이터 입문서의 부록을 참고하기 바란다.

둘째, 평가 항목으로서 출석 평가와 동료 평가, 팀 상호 평가, 교수자 관찰 평가, 현장전문가 평가가 있는데, 각 평가방법에 대한 평가점수 반영 비율을 설계하고 수업 전에 학습자들에게 미리 공지해야 한다.

〈표 3-6〉 수업 평가 설계

구분	평가의 종류	평가방법	반영 비율 (%)	비고
미반영 평가	자기 평가	• 자기 평가지, 자기 평가		미반영
	성찰일지	• 성찰일지 작성, 자기 성찰		미반영 성찰일지 제출 여부 반영 가능
반영 평가	출석 평가	• 출석 체크, 출석률 평가		결석일수에 따른 감점
	동료 평가	• 동료 평가지를 통한 팀 내 동료 평가(비공개)	10~20%	절대평가보다는 상대평가 실시 권장
	팀 상호 평가	• 결과물 발표 및 팀 상호 평가 실시	10~20%	자기 팀 평가는 실시하더라도 미반영 권장
	러닝퍼실리테 이터 평가	• 캡스톤디자인 수행 과정을 관찰하여 평가 • 캡스톤디자인 결과물에 대한 평가	30~50%	매 수업 진행 때마다 활동과정 평가
	현장전문가 평가	• 캡스톤디자인 수행 과정을 관찰하여 평가 • 캡스톤디자인 결과물에 대한 평가	10~20%	온정주의 평가 지양

7) 수업 상세 설계

수업 상세 설계는 러닝퍼실리테이터가 실제 캡스톤디자인을 진행하기 위해 각 학습 프로세스별로 구체적으로 설계를 하는 것이다. 구체적이고 세밀하게 설계할수록 더 좋은 수업을 할 수 있다.

각 프로세스별로 소요되는 시간, 수행목표 또는 학습목표를 결정하고 이를 달성하기 위해서 학습자들이 어떤 활동을 해야 하는지를 결정하고, 이러한 학습자들의 활동이 효과적으로 잘 이루어질 수 있도록 러닝퍼실리테이터가 어떤 촉진활동과 안내를 해야 하는지 구체적으로 설계해야 한다.

또한 학습자와 러닝퍼실리테이터가 이렇게 활동하는 데 필요한 지원요소와 활동결과물이 무엇인지 설계하고, 이를 지원하는 학습환경은 무엇인지를 진술해 나가면서 수업 상세 설계를 한다.

〈표 3-7〉은 캡스톤디자인 수업 상세 설계를 효과적으로 수립할 수 있는 양식을 제공한 것이므로 이를 참조해서 자신의 수업을 설계해 보기 바란다.

〈표 3-7〉 캡스톤디자인 수업 상세 설계

구분	단계	핵심 프로세스	수행목표	핵심 활동		
				학습자	교수자 (러닝퍼실리테이터)	산업체 (현장전문가)
사전	1	캡스톤디자인 강좌 개설 및 신청	캡스톤디자인 강좌 개설 내용을 파악한다.	수강 신청	강좌 개설, 교수계획 및 평가계획 제공, 참여희망업체 파악(행정)	참여 신청
	2	캡스톤디자인 강좌 수강/ 워크숍	캡스톤디자인 교수학습 방법을 이해한다.	캡스톤디자인 이해 강좌 수강(온라인, 동영상, 매뉴얼 등)	캡스톤디자인 교수방법 및 러닝퍼실리테이터 역할 연수	캡스톤디자인 교수방법 및 현장전문가 역할 연수

	3	캡스톤디자인 과제 발굴 자원 준비	캡스톤디자인 과제 발굴에 필요한 활동 자원을 준비 한다.	캡스톤디자인 과제 생각 하기	- 요구 분석 양식 - 지역기관이나 기업체가 요구 하는 과제 리스트 - 과거 유사 문제 수행 내용과 결과	- 지역기관이나 기업체가 요구하는 과제 리스트 제공 - 과거 유사 문제 수행 내용과 결과 제공
본시	1	팀 빌딩하기	더 좋은 문제 해결을 위한 효율적인 팀 을 구성한다.	학습자 특성, 자기진단, 역할 파악	학습자 특성 진단 도구 제공 및 효율 적 팀 빌딩 조력	학습자 특성 파악
	2	과제 발굴 하기	산업 현장에 서 요구하는 과제를 발굴 한다.	과제 현장의 요구 분석	현장 핵심과제 발굴 조력 및 현 장전문가 미팅 지원	현장에서 요구되는 실제적인 문제 제공
	3	과제 분석 하기	발굴된 과제 의 모든 가능 한 내용을 분석한다.	과제 분석 및 분석된 과제에 대한 사전·사후 지식 알기	과제 분석 조력, 학습자 사전지식 인지	과제 분석 조력
	4	과제 명료화 하기	분석된 과제 중 달성해야 할 과제를 명료화 한다.	수행할 과제 명료화하기	수행할 과제 명 료화하기 조력	수행할 과제 명료화하기 조력
	5	과제 해결방 안 찾기	명료화된 실 제적 과제를 해결하기 위 한 방안을 찾 는다.	창의성에 따른 다양한 해결 방안 찾기	창의적 과제 해결 정보 제공 및 조력	창의적 과제 해결 정보 제공 및 조력

본시	6	해결방안 우선순위 도출하기	도출된 과제 해결방안 중 우선순위를 결정한다.	과제 해결 방안 우선 순위 도출 하기	우선순위 결정 도구 지원	도출한 해결 방안의 현실 적용가능성 검토
	7	해결방안 설계 및 제작하기	수렴된 해결 방안을 바탕 으로 과제물 을 설계, 제작 한다.	해결 설계안 작성 및 제품 제작	작품 설계, 제작 조력하기 제작비 지원 개발환경 제공	설계, 제작에 필요한 재료 등 기술 지원
	8	결과물 전시 및 발표하기	제작된 결과 물을 전시하 고 발표한다.	결과물 전시, 발표 하기	전시, 발표 공간 제공 및 지원	전시, 발표 장비 지원
	9	종합 성찰하기/평가하기	종합적인 수 행 과정을 성 찰하고 평가 받는다.	수행 과정, 역량, 결과 물 성찰하기 평가 받기 동료 평가하기	성찰일지 제공, 전 교수과정 성찰하기 평가 실시	현장 전문 가 역할, 성찰하기 평가 조언(협 조)
사후	1	결과 사후관 리(교내경진 대회 참가, 졸업작품, 특 허출원 및 실용신안 등 록, 취업, 창 업 등)	성과에 대한 특허적인 및 실용신안 등록 등 사후관리를 실시한다.	우수작품 교 내경진대회 출품, 결과 물 포토폴리 오, 특허출 원, 취업, 창 직, 산업체 기술 전송	우수작품 교내경 진대회 출품 지 원, 특허출원 및 실용신안 등록 지원, 진로지도	특허 및 실용 신안 지적재 산권계약, 취 업, 창업 지원

〈표 3-8〉의 캡스톤디자인 운영계획은 1학기와 2학기를 연계한 과제로, 캡스톤디자인을 운영하는 계획안이며 각 학교 및 학과 실정에 따라서 캡스톤디자인 1학기 또는 2학기로 선택적으로 운영할 수 있도록 일정을 조정하여 운영할 수 있다.

〈표 3-8〉 캡스톤디자인 운영계획

과목명	캡스톤디자인(Capstone design) 1							캡스톤디자인(Capstone design) 2					
학기	1학기(4학년 1학기)							2학기(4학년 2학기)					
월	3	4	5	6	7	8		9	10	11	12	1	2
주	1 2 3 4	5 6 7 8	9 10 11 12	13 14 15 16				1 2 3 4	5 6 7 8	9 10 11 12	13 14 15 16		
수업내용	강좌 개설 및 신청	해결방안 우선순위도 출하기	중간보고서 발표/제출		여름방학			결과물전시/발표하기		캡스톤디자인 경진대회 참가(교내, 전국, 국제)		겨울방학	
	캡스톤디자인 이해강좌 수강/워크숍	해결방안(과제) 설계하기	해결방안(과제) 제작하기					결과보고서 작성	종합성찰하기/평가하기		취업과 창업		
	팀 빌딩하기	과제계획서 작성						졸업작품제출					
	과제발굴하기							특허 출현 및 실용실안 신청/등록					
	과제분석하기							공학교육인증 평가					
	과제 명료화하기												
	과제해결방안 찾기												

2. 캡스톤디자인 수업 준비하기

캡스톤디자인을 위한 사전준비 단계로서, 러닝퍼실리테이터, 캡스톤디자인 지원센터, 학사 업무 등 담당 주관별 주요 활동으로 학습자에게 학사 일정과 캡스톤디자인 교수모형 설계 및 계획 정보를 안내하고 교육내용의 본질과 역량 격차를 줄이는 방법을 준비하는 과정이다.

캡스톤디자인 강좌 개설 및 신청, 캡스톤디자인 강좌 수강 및 워크숍 등 사전에 준비해야 할 활동에 대해 알아볼 것이다.

1) 캡스톤디자인 수업 준비하기 가이드라인

캡스톤디자인은 실제적인 문제를 해결하고 이를 통하여 과제 수행 결과를 하나의 창의적인 산출물로 만들어 내야 하는 특징을 가지고 있다. 이를 위하여 러닝퍼실리테이터는 먼저 학습자들이 강좌를 신청하고 관련 워크숍에 참여할 수 있도록 안내해 주어야 한다.

2) 캡스톤디자인 강좌 개설 및 신청하기

교육행정 부서에서는 캡스톤디자인 강좌 개설 정보를 안내하고 수강 신청을 받는다. 캡스톤디자인 참여희망업체를 모집하고 신청한 업체 정보와 산업현장전문가의 이력을 러닝퍼실리테이터 및 학습 팀에게 제공한다.

〈표 3-9〉 현장전문가 인력풀(예시)

관련분야	성명	소속	직급	휴대전화	이메일
전자부품	류○우	○○ENG	과장	010-○○○○-○○○○	ry○○2@naver.com
SW개발	김○동	S○○○K	팀장	010-○○○○-○○○○	coft○○@gmail.com
한○○공사	최○미	R&D	부장	010-○○○○-○○○○	doro○○@korea.kr

3) 캡스톤디자인 이해 강좌 수강/워크숍

캡스톤디자인 학습을 처음 하는 학습자일 경우 캡스톤디자인 학습이 무엇인지 이해할 수 있게 하는 단계가 필요하다. 캡스톤디자인을 위한 사전준비 단계로 학습자는 캡스톤디자인 이해 강좌 수강을 통해 캡스톤디자인을 수행하기에 필요한 지식과 방법(회의방법, 팀워크, 보고서 작성법, 프레젠테이션 방법, 시장조사 및 기술비용 계산, 아이디어 도출 및 수렴 등)을 학습한다.

캡스톤디자인 이해 강좌는 러닝퍼실리테이터가 설명식으로 수업을 진행하기보다는 러닝퍼실리테이터 입문서에 수록된 내용을 참고하여 사전에 캡스톤디자인 학습 관련 자료를 학습자들에게 제공하고 학습자들이 스스로 숙독하고 오도록 한 후 학습자 중심으로 토론 수업을 진행하는 것을 권장한다. 즉, 다음의 각 토론 주제별로 사전학습 단계에서 학습한 핵심 내용을 서로 공유하게 하고 이해가 되지 않았던 부분, 더 알고 싶었던 부분에 대해 질문지를 작성하여 제출하게 하고, 이를 중심으로 상호 토론을 하게 한 후 부족한 부분이 있다면 러닝퍼실리테이터가 보충 설명을 해 준다.

- 캡스톤디자인 개념 이해
- 캡스톤디자인 효과성 및 필요성
- 캡스톤디자인 프로세스 이해
- 캡스톤디자인 준비방법
- 평가방법 결정
- 캡스톤디자인 적용하기

그러나 이미 캡스톤디자인을 경험한 학습자들일 경우에는 이 단계를 생략해도 무방하다.

러닝퍼실리테이터는 캡스톤디자인 교수모형에 대한 이해와 지원 요소 숙지 및 준비가 필요하다. 캡스톤디자인에 참가할 다른 교수자들을 대상으로 워크숍을 실시한다. 이미 캡스톤디자인 강좌를 실시해 본 경험이 있는 교수자일 경우에는 이 단계를 생략해도 무방하다.

3. 캡스톤디자인 본학습하기

1) 캡스톤디자인 본학습하기 가이드라인

캡스톤디자인 본학습하기는 류영호(2008)가 개발한 캡스톤디자인 핵심

학습활동 프로세스([그림 3-3] 참조)에 따라 진행한다. 캡스톤디자인 교수
활동 지원 모형을 흐름도(flow chart)로 제시하면 [그림 3-4]와 같다.

　　캡스톤디자인 핵심 학습활동 프로세스는 별개의 단계로 구분되어 있으
며, 각각의 단계는 이전 단계들과 피드백 루프(feedback loop)로 연계되어
있다. 각 단계는 반복적이고 다음 단계로 넘어갈 때 일련의 결정 과정(사
용자 평가)이 필요하다. 즉, 어느 단계에서 수용되어 다음 단계로 나아가
기까지 캡스톤디자인은 앞뒤 단계를 반복적으로 순환한다.

　　각 단계는 창의적 사고, 분석적 사고, 수렴적 사고와 같은 인식 과정의
주기(cycling)를 포함하고 있으며, 지속적인 피드백, 갱신 및 개선은 캡스
톤디자인을 향상시킬 것이다.

　　이 절에서는 캡스톤디자인 본학습하기를, ① 팀 빌딩하기, ② 과제 발
굴하기, ③ 과제 분석하기, ④ 과제 명료화하기, ⑤ 과제 해결방안 찾기,
⑥ 해결방안 우선순위 도출하기, ⑦ 해결방안 설계/제작하기, ⑧ 결과물

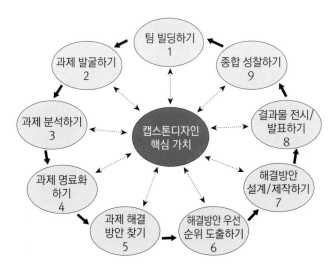

[그림 3-3] 캡스톤디자인 핵심 학습활동 프로세스

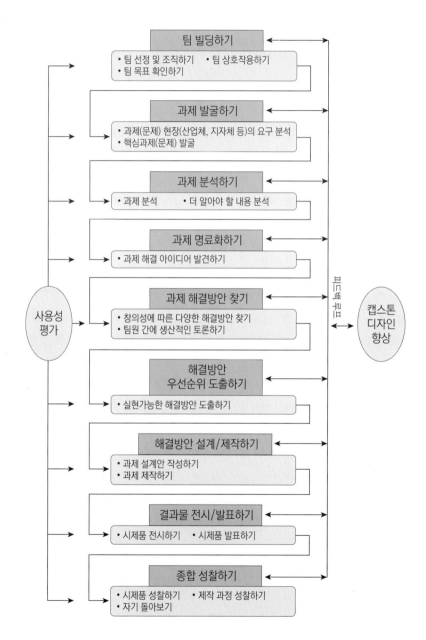

[그림 3-4] 캡스톤디자인 교수활동 지원 모형의 흐름도

전시/발표하기, ⑨ 종합 성찰하기 순으로 러닝퍼실리테이터가 실천적으로 수행해야 할 활동내용 위주로 제안하고 있다.

본학습 단계의 학습 진행 전개는 현장에서 실제 일어나는 상황과 최대한 유사한 형태로 진행하는 것이 중요하다. 여기서는 단계별로 캡스톤디자인에서 학습자 및 러닝퍼실리테이터가 활동해야 할 역할을 제시하고 이 중에서 특히 러닝퍼실리테이터가 실천적으로 활동해야 하는 가이드라인을 제시하는 형태로 설명하고자 한다.

2) 팀 빌딩하기

팀 빌딩하기는 크게 팀 선정 및 조직하기, 팀 상호작용하기, 팀 목표 확인하기 단계로 구분하며 각각의 수행방법은 다음과 같다. 팀 선정 및 조직하기에서는 각종 진단검사를 통해 나온 팀원들의 특성을 고려하여 팀원을 선정하고 조직한다. 팀 상호작용하기에서는 자기 소개하기, 웃고 박수치기 등으로 라포(rapport) 형성을 하고 역할분담표 등을 바탕으로 팀원의 역할을 이해한 후 팀원의 연락처 등을 주고받으면서 유대관계를 구축한다. 팀 목표 확인하기에서는 생산적인 대화 방식을 사용하여 팀 내 규칙을 결정하고 이를 기록한다.

(1) 학습자 및 러닝퍼실리테이터 역할
캡스톤디자인은 팀을 기반으로 활동을 전개해 간다. 팀을 구성하고 이 팀이 견고하게 과제 수행의 종결까지 이어질 수 있도록 하기 위하여 러닝퍼실리테이터는 조력을 다해야 한다.

학습자 역할	러닝퍼실리테이터 역할
• 학습자 특성 분석 조사 참여하기	• 학습자 특성 분석 조사 실시하기
• 팀 선정 확인 및 상호작용하기	• 팀 선정 및 조직하기
• 팀 역할 및 규칙 정하기	• 팀 상호작용 조력하기
• 팀 학습커뮤니티 방 만들기, 참여하기	• 팀 학습커뮤니티 방 개설 지원 참여
• 팀 목표 확인하기	• 학습 팀 목표·방법 설정 지원

(2) 러닝퍼실리테이터 실천적 활동 가이드라인

① 팀 선정 및 조직하기

러닝퍼실리테이터는 학습자들의 팀을 조직해야 한다. 학습자의 특성을 파악하기 위해서 Kolb의 학습양식 검사지나 MBTI 검사, HBDI 검사, DISC 검사, 애니어그램 검사 등을 사용할 수 있다.

캡스톤디자인에서는 주로 제품 제작을 위한 팀 조직 기반을 수행하기 위해 사고유형 분석 기법인 HBDI 검사를 실시하는 것이 효과적이다. 러닝퍼실리테이터 입문서의 부록에 제시되어 있는 약식의 HBDI 검사지를 학습자에게 제시한 후 검사하도록 안내한다.

학습자는 러닝퍼실리테이터가 제시한 학습자 특성 분석 진단 검사지에 자신의 특성에 맞는 내용으로 검사를 실행하여 그 결과를 제출한다.

러닝퍼실리테이터는 학습자가 제출한 검사 결과를 활용하여 팀을 조직한다. 이때 팀은 팀원의 성격, 학습 특성 등을 파악하여 이질적 성향을 지닌 팀원을 묶어 조직하는 것이 중요하다. 비슷한 성향을 지닌 학습원들끼리 팀이 형성되면 스키마가 유사해서 새로운 아이디어나 문제해결 방법이 도출되기 어려운 점이 있다. 캡스톤디자인 학습 팀의 팀원 구성은 학과별·과제별 특성에 따라 다를 수 있으며, 적게는 2~4명, 많게는 5~7명이 적당하다.

〈표 3-10〉 학습 팀 편성(예시)

학습 팀	성명	특성 양식		
		HBDI 검사	Kolb의 학습양식	DISC 검사
A팀	홍○○	A	수렴자	D
	이○○	B	분산자	I
	류○○	C	융합자	S
	김○○	D	적응자	C
	박○○	A	수렴자	D
	정○○	D	분산자	I
	최○○	C	융합자	S
B팀	소○○	A	수렴자	I
	양○○	B	분산자	S
	마○○	C	융합자	C
	차○○	D	적응자	D
	표○○	A	분산자	D
	허○○	B	융합자	S
	채○○	D	적응자	I

　팀 조직은 본학습 팀 빌딩하기 첫 단계에서 조직하는 방법과 본학습을 하기 전에 팀을 미리 조직해 두면 수업 당일에 수업을 진행하기가 편리하다. 학습자의 특성을 파악하기 위한 검사지를 사전 단계에서 조사하고 러닝퍼실리테이터가 팀을 조직하여 편성 결과를 미리 학습자들에게 알려 주면 된다. 개인적으로 팀을 변경하고자 하는 경우는 허용하지 않는 것이 좋으며, 허용하는 경우에는 학습자의 특성이 비슷한 학습자끼리 변경하도록 한다.

　〈표 3-10〉과 같이 학습 팀을 조직할 수 있으며, 편성 결과를 사전에 커

뮤니티 공지 및 학습장에 배치해 두면 학습자들이 학습할 장소에서 팀으로 바로 찾아갈 수 있다.

② 팀 상호작용하기

팀이 조직되었으면 팀원들끼리 라포(rapport)를 형성할 수 있도록 팀원들의 교류, 상호작용 시간을 허락해 주어야 한다. 이때 러닝퍼실리테이터는 자기 소개하기, 웃고 박수치기 등 레크레이션(recreation)을 사용하거나 역할분담표, 팀원 연락처 주고받기 등을 활용하여 팀원들이 상호 의사소통을 할 수 있는 기회를 제공해야 한다. 이에 대한 자세한 내용은 러닝퍼실리테이터 입문서의 '팀 빌딩 능력' 분야를 참조하기 바란다. 다만, 여기서는 실천적으로 꼭 필요한 사항을 재확인하는 차원에서 간략히 진행 절차에 대해서만 언급하고자 한다.

- Ice breaking
- 자기 소개하기
- 별명 정하기
- 팀원 역할 정하기

[그림 3-5] 팀 빌딩 상호작용하기

홍진용, 박수홍, 김두규(2019)는 팀원의 역할을 리더, 서기, 발표자, 일지기록수, 비판자, 분위기 메이커, 시간지킴이 등으로 제안하고 있고, 학습활동의 목적이나 내용 등의 상황에 따라서 역할을 조정할 수 있도록 하고 있다.

캡스톤디자인 수업을 처음 할 때는 이렇게 역할을 구분하여 모든 학습자가 참여의식을 가지도록 할 수 있으며, 캡스톤디자인을 자주 하여 익숙해지면 리더, 서기, 일지기록수 정도만 정해도 수업을 진행하는 데 문제가 없다. 그만큼 학습자들의 학습활동 수준이 성숙되어 있기 때문이다.

• 팀 명칭(이름) 정하기

팀 상호작용하기를 통해 팀 명칭을 정할 수 있다(〈표 3-11〉 참조).

〈표 3-11〉 팀 상호작용하기 결과

팀명	역할	팀원	별명	핸드폰	E-Mail
BOOS	리더	홍○○	홍길동	010-○○○○-○○○○	hong@naver.com
	서기	이○○	순살맨	010-○○○○-○○○○	lee@naver.com
	발표자	류○○	러브류	010-○○○○-○○○○	ryu@hanmail.net
	기록수	김○○	탱자씨	010-○○○○-○○○○	ki○○@gmail.com
	비판자	박○○	판도라	010-○○○○-○○○○	pan○○@korea.kr
	분위기 메이커	정○○	개그짱	010-○○○○-○○○○	jo○○@naver.com
	시간 지킴이	최○○	로렉스	010-○○○○-○○○○	ch○○@gmail.com

- 팀 상징물 정하기
- 팀 구호 정하기
- 개인명패 만들기

개인명패는 서로 모르는 팀원들이 처음 만나서 어색할 때 관계를 친밀하게 하고 빨리 친화되도록 하는 데 좋은 수단이 된다. 그러나 같은 팀이 연속해서 캡스톤디자인 수업을 여러 번 진행한다면 매번 수업을 진행할 때마다 개인명패를 만들 필요가 없다. 이미 학습자들은 친숙해져 있는 상태이고 서로의 역할도 잘 알고 있기 때문이다.

- 팀 학습커뮤니티 방 만들기

학습 팀이 정해지면 연락처를 파악해서 카카오톡 단톡방을 개설하거나 밴드를 개설해서 서로 인사를 나누고 소통을 하면서 친밀감을 형성한다. 사실 수업은 이때부터 시작되는 것이라고 봐야 한다. 사전학습 자료나 오리엔테이션 자료에 대한 안내도 하고 수업 전에 필요한 사항들을 학습커뮤니티 방을 이용하여 서로 소통하기 위해서는 소통방을 만들어 운영하면 효과적이다. 전체 수강 학생을 위한 커뮤니티 방은 기존의 교과 홈페이지를 활용하는 방안과 또 다른 커뮤니티 방을 만들어 안내하는 방안이 있다. 팀별로 커뮤니티 방을 개설하도록 러닝퍼실리테이터는 안내하고 러닝퍼실리테이터와 현장전문가도 함께 참여하여 소통하고 조언하는 창구로 사용할 수 있다.

전체 및 팀 학습커뮤니티 방	• 네이버 밴드 http:// _____ • 네이버 클라우드 http:// _____ • 네이버 블로그 http:// _____ • 카카오톡 단톡방 이름: _____ • 다음 카페 http:// _____

③ 팀 목표 확인하기

팀원 간의 상호작용이 끝나면 과제 수행을 위해 팀에서 해야 할 역할, 규칙을 결정하고 목표를 확인한다.

• 기본 규칙 정하기

학습 팀의 효율성을 제고하고 팀 내 갈등과 분쟁을 미연에 방지하기 위해 팀 활동 초기에 기본 규칙을 정하고 활동 중에 필요하면 개정할 수 있다. 학습 팀원의 전체 합의로 제정하고 서명한다. 자세한 것은 러닝퍼실리테이터 입문서를 참조하기 바란다.

〈표 3-12〉 캡스톤디자인 팀 규칙 정하기

팀 규칙 정하기			
팀명	BOSS	**규칙정한일자**	2021. 7. 6.
팀장	류○○	**기록수**	김○○
팀 규칙	1. 회의 참석 시간을 잘 지킨다. 2. 의견은 자유롭게 제시한다. 3. 팀원의 의견을 잘 경청하고 리액션을 잘한다. 4. 팀원의 의견에 비판하지 않는다. 5. 무임승차하지 않는다. 6. 부득이하게 회의에 참석하지 못하면 사전에 양해를 구한다. 7. 팀 활동에 적극적으로 참여한다. 8. 의견 결정은 팀원의 다수결로 결정하고, 일치되지 않으면 팀장의 결정에 따른다.		
팀 구성원	**역할**	**성명(사인)**	**역할**	**성명(사인)**
	팀장	류○○	기록수	김○○
	서기	이○○	비판자	판○○
	발표자	순○○	시간지킴이	최○○

• 팀 목표 확인하기

캡스톤디자인의 전 과정을 통해 팀이 달성해야 할 목표를 팀원들이 확인하게 한다. 이번 과제가 무엇인지, 어떤 것을 제작하고 언제까지 제작해야 하는지 등과 팀원, 팀 간의 역할과 규칙 등을 인지하고 과제를 수행할 수 있어야 한다. 이러한 팀의 규칙과 목표를 팀원끼리 생산적인 대화방식을 통해 결정할 수 있도록 러닝퍼실리테이터가 학습 팀의 목표, 방법 설정을 적극적으로 지원해 주어야 한다. 팀 활동을 수행하거나 회의를 진행할 때마다 팀 활동일지(회의록)를 작성하여 러닝퍼실리테이터에게 제출하도록 한다.

〈표 3-13〉 팀 활동일지(회의록)

팀 활동일지(회의록)				
팀명		과제명		
일시		장소		
활동(회의) 주제				
활동(회의) 내용				
참석자 서명	소속(학과)	직위(학번)	역할	서명(확인)
현장전문가			멘토	
지도교수			러닝퍼실리테이터	

3) 과제 발굴하기

과제 발굴하기 단계는 과제 현장(산업체, 지자체 등)의 요구 분석과 핵심 과제 발굴 단계로 나뉜다. 과제 현장의 요구 분석은, 첫째, 과제 현장전문 가에게 요구 분석지를 통해 분석한다. 둘째, 과제 현장의 관계자들과 면 담을 통해 분석한다. 셋째, 과거 유사 과제 수행 과정과 결과를 분석한다. 넷째, 과제 현장을 방문하여 현장 실태를 분석한다. 핵심 과제 발견 단계 는 '내가 어떻게 하면 이 과제를 해결할 수 있을까?'라는 문구 등을 통해 자신에게 구체적으로 질문하는 방법을 동원함으로써 문제를 중요한 범위 로 간결하게 할 수 있다.

(1) 학습자 및 러닝퍼실리테이터 역할
현장에서 해결되지 않은 문제를 학교에서 해결할 수 있게 하려면 실제 과제 문제를 탐색하고 이를 문제화할 수 있어야 한다.

학습자 역할	러닝퍼실리테이터 역할
• 과제 현장(산업체, 지자체 등)의 요구 분석 • 과제 현장의 관계자들과 면담 • 과거 유사 과제 수행 과정과 결과 분석 • 과제 현장 방문하여 현장 실태 분석 • 핵심 과제 발굴하기	• 과제 현장의 요구 분석 조력 • 산업체 현장 관계자 인력풀 제공 • 현장 관계자 면담/미팅 주선 • 과제 현장 방문 주선 • 핵심 과제 발굴 조력

(2) 러닝퍼실리테이터 실천적 활동 가이드라인
① 과제 현장 요구 분석하기

이 단계에서 러닝퍼실리테이터는 학습 팀이 해결해야 할 과제를 발굴 하도록 조력해야 한다. 과제를 발굴하는 것은 과제 현장(산업체, 지자체 등)의 요구를 분석한 후, 도출된 다양한 요구 사항 중에 핵심 과제를 발굴하는 과정을 거치게 된다.

과제 현장의 요구를 분석하기 위해서 러닝퍼실리테이터는 학습 팀이 과제 현장의 관계자들을 만나 면담을 할 수 있도록 조력한다. 사전에 위

〈표 3-14〉 과제 현장전문가 요구 분석지

과제 현장전문가 요구 분석지					
일시			소요시간		
장소					
팀명					
팀장	학과		학번		성명
팀원					
현장전문가 정보	기업명			성명	
	부서명			직책	
현장전문가 과제 현장 요구 분석 내용	• 지역기관과 기업체가 요구하는 과제는? (지정 과제) - 산학 공동 기술 개발 과제 - 소규모 기술 혁신 과제 - 기업이나 지자체에서 제시하는 과제 • 공학인으로 개발 가치가 있다고 생각하는 과제는? (자율 과제) - 소비자 요구, 생활 불편 사항 등				
과거 유사 문제 수행 내용과 결과 분석					
핵심 과제 발굴 내용					

※ 실제적인 현장 과제 발굴을 위해 필요한 경우 과제 관련 산업체 현장을 방문할 수 있도록 주선한다.

촉된 산업 현장전문가를 학습 팀과 미팅을 주선하고 과제 발굴하기 단계 시간에 함께 참석할 수 있도록 협조를 요청한다.

학습 팀과 산업 현장전문가와 면담 시 산업 현장전문가의 전문 이력을 제공하고 서로 소통의 시간을 제공한 후 산업 현장의 요구를 분석하도록 안내한다. 요구 분석지를 학습 팀에게 제공하고 요구 분석 내용을 기록하도록 안내한다. 만약 산업 현장전문가의 과제 요구가 없을 때에는 학습 팀에서 전공 또는 관심 있는 분야에 개발 가치가 있다고 생각하는 과제를 현장전문가에게 내용을 설명하고 자문을 얻어 과제를 선정할 수도 있다.

② 핵심 과제 발굴하기

과제 현장의 요구 분석이 끝났으면 분석된 과제들 중에서 해당 전공 분야와 관련되면서 현장 요구를 충족시켜 줄 수 있는 핵심 과제가 무엇인지 발굴할 수 있도록 러닝퍼실리테이터는 조력해야 한다. 이때 러닝퍼실리테이터는 학습자에게 "학습자 여러분이 분석한 결과를 기반으로 여러분의 전공 분야와 관련하여 현장의 요구를 해결할 핵심 과제가 무엇인지 도출해 보세요."와 같은 형식의 촉발 질문을 던짐으로써 학습자가 스스로 주어진 문제를 중요한 범위로 간결하게 할 수 있도록 해야 한다. 필요시 산업 현장의 관련 자료나 기존에 이와 유사한 형태의 문제해결 자료 등을 찾아보도록 안내한다. 〈표 3-15〉는 2020 창의적 종합설계 경진대회 본선에 진출한 과제 목록을 나타낸 것이다.

〈표 3-15〉 2020 창의적 종합설계 경진대회 본선 진출 과제 목록

소속 대학교	팀명	과제명
부산대학교	전전컴	시각장애인을 위한 스마트폰 지팡이
서울대학교	루돌프	깊이 카메라와 ORB SLAM을 이용한 자율주행 삼륜 전동킥보드 설계 및 제작
계명대학교	홍삼조	시선 추적을 이용한 AAC 홍미희
금오공과대	다양한 배열의 수송 로봇	배열을 바꿀 수 있는 군집 수송 로봇
건국대학교	페스트	전선 손상 방지를 위한 전기화재 진압용 복합 캡슐
경남정보대학교	멘탈 메탈	분리막 안정화 기술
동국대학교	그래도 될 때까지	Edge AI 기반 교통단속시스템
동양미래대학교	엠아이티	VR 게임으로 영어를 배우자!
서울과학기술대학교	불나방	군집드론
서울시립대학교	스파크	차량 감지 IoT를 활용한 불법 주차 단속 장치 및 시스템 개발
성균관대학교	집에서 일하는 사람들	SKKU 구석구석
영남대학교	아임닷	휴대용 스마트 점자 인쇄기 & 어플
영남이공대학교	온고지 Tech	PAS 시스템 스마트 인력거
인하대학교	아이디어뱅크	그린 패키징 – 친환경 생분해 포장재를 활용한 자동 포장 장치
인하대학교	오토롤러	PID 제어를 통한 경사면 출력 제어 유모차 전동화 모듈
전북대학교	끝까지 가	코안다 효과를 이용한 창문 일체형 공기 청정 및 환기 장치
제주대학교	사이렌	소방시설 주변의 주정차 금지 알리미 및 소방지원 시스템

창원대학교	사이렌	청각장애인을 위한 딥러닝 기반 위험 소리 감지 및 촉각 피드백 시스템
충북대학교	CBNU MAKE	CRC
한동대학교	해내쓰	영상 기반 자율 주차 시스템
홍익대학교	트레일러	초기 천식 환자들의 흡입기 사용 습관 개선을 위한 보조기구

출처: 공학페스티벌 홈페이지.

4) 과제 분석하기

과제 분석하기 단계는 발굴된 여러 가지 핵심 과제를 모든 가능한 방법으로 내용을 분석하는 단계로, 문제 상황과 관련한 다양한 과제 분석 기법 등을 사용하여 과제를 분석한다.

(1) 학습자 및 러닝퍼실리테이터 역할

현장의 문제가 포함하고 있는 핵심 내용이 무엇인지 확인이 가능할 때 이 문제를 풀어 갈 수 있다.

학습자 역할	러닝퍼실리테이터 역할
• 과제 분석 • 분석된 과제에 대한 사전지식과 사후지식 알기 • 과제 분석 도구 사용하기 • 수행할 과제 선정	• 과제 분석 조력 • 과제 분석 도구 제공 • 학습자의 사전지식 인지 • 학습자의 상태나 역량 파악 • 수행할 과제를 선정토록 안내

(2) 러닝퍼실리테이터 실천적 활동 가이드라인

과제 분석하기 단계에서 러닝퍼실리테이터는 학습 팀이 효율적, 효과적으로 과제를 분석해 낼 수 있도록 조력해야 한다.

과제 분석에 적이한 장소로는 과제와 직접 관련된 현장이다. 이는 과제의 특성에 따라 달라질 수 있으나 캡스톤디자인의 수행 과제들의 성격이 산업체 현장의 문제와 연결되는 것이 대부분이므로 과제 현장이 적이한 것으로 판단된다. 과제 분석은 산업 현장에서 실제로 기술 개발에 필요한 과제를 관련 산업 현장전문가와 미팅을 통해 과제를 분석하도록 조력한다.

이때 과제(제품) 개발에 앞서 사전 조사 분석을 통해 기술 자체의 조사뿐만 아니라 시장과 제품/서비스에 대한 요소를 유기적으로 연결하여 종합적으로 분석하는 것이 필요하다.

또한 발굴된 과제를 과제 분석 단계에서 특허청의 '키프리스'와 같은 사이트에서 유사 특허나 같은 특허가 존재하는지 그리고 관련 논문이 존재하는지 확인하도록 안내한다. 진행 과정에서 이미 특허가 있거나 관련 논문이 있는 경우를 미리 확인하에 수행 과제를 다시 발굴하는 것을 예방하는 것이 중요하다. 만약 발굴한 과제의 분석 단계에서 이미 개발되어 상용화되었거나 특허와 같은 지적재산권이 있으면 과제 발굴 단계에서 다시 시작하도록 안내한다.

〈표 3-16〉 과제 사전 조사 분석지

〈과제 사전 조사 분석지〉			
팀명		**작성자**	

1. 발굴 과제명

2. 발굴 과제와 유사한 특허를 찾아 특허 관련 내용(제목 및 요약 내용, 도면)을 기록하세요.

특허 제목	
특허 내용 요약	
특허 도면(사진)	

3. 발굴 과제와 관련 있는 논문을 찾아 관련 내용을 기록하세요.

논문 제목	
논문 내용 요약	
논문 관련 정보	

이러한 문제가 없으면 현장전문가와 협력하여 도출된 핵심 과제와 관련하여 실제로 발굴 과제 해결에 필요한 문제가 무엇인지를 학습자들이 알 수 있도록 과제와 관련된 산업 현장전문가와 미팅을 통해 과제를 분석할 수 있도록 조력한다.

이때 과제(제품) 개발에 앞서 사전 조사 분석을 통해 기술 자체의 조사뿐만 아니라 시장과 제품/서비스에 대한 요소를 유기적으로 연결하여 종합적으로 분석하는 것이 필요하다.

이와 같은 과제 분석하기 과정을 거쳐서 학습 팀은 분석 결과를 고려하여 수행 과제를 선정하고 수행 과제 중에서 우선순위를 고려하여 실제 수행할 과제를 선정한다.

〈표 3-17〉 수행할 과제 선정하기

연번	핵심(발굴) 과제	분석 결과	수행할 과제	우선 순위

5) 과제 명료화하기

과제 명료화하기 단계는 달성해야 할 과제를 명료화하는 단계로, 과제 해결과 의사결정 과정 동안에 초점을 맞출 명확한 기준점을 제시하는 것이다. 실제로 학습 팀에서 수행해야 할 과제에 대해 모든 학습자가 과제로 받아들이고 그 과제에 대한 관련 정보를 분석, 분류하여 과제의 근본 원인 및 구조를 이해하고 과제를 규정하는 단계이다.

(1) 학습자 및 러닝퍼실리테이터 역할

과제를 명료화한다는 것은 학습 팀이 과제를 수행하는 하나의 명확한 작업 활동, 즉 과업(tasks)를 명확하게 규명하는 것을 의미한다.

학습자 역할	러닝퍼실리테이터 역할
• 수행할 과제 명료화하기 • 아이디어 수렴 도구 활용하기	• 과제 명료화하기 조력 • 아이디어 수렴 도구 제공

(2) 러닝퍼실리테이터 실천적 활동 가이드라인

과제 분석하기를 통해 수행해야 할 과제를 찾았으면 달성해야 할 구체적인 작업활동의 단위과제들을 선별하고 명료화하는 작업이 필요하다. 하나의 작업 안에 달성해야 할 과제들은 다양할 수 있다. 그러나 그 과제들이 모두 유의미하다거나 필요한 것은 아닐 수 있다. 따라서 과제 명료화하기를 통해 해당 과제를 해결하기 위해 반드시 수행해야 할 과제를 선별하는 작업이 요구된다.

이 단계에서 러닝퍼실리테이터는 아이디어 수렴 도구, 반성적 사고 기법, 팀 활동 점검 등 다양한 활동을 통해 학습 팀이 과제를 명료화할 수 있도록 조력해야 한다. 이때 러닝퍼실리테이터는 학습자들이 과제 분석 단계에서 작성한 KWL 결과지 속에서 문제가 명료화될 수 있다는 것을 알려줄 필요가 있다. KWL 결과지 안에는 과제와 관련된 학습 팀의 특성이 들어가 있기 때문에 '과연 무엇이 문제인가?'를 학습 팀이 쉽게 발견할 수 있도록 조력해야 한다.

◐ 과제 명료화하기 단계는 과제를 좀 더 구체적으로 세분화하는 단계로, 수행할 과제를 달성해야 할 구체적인 작업 활동의 단위과제들을 선별하고 명료화하는 작업이 필요합니다.

각 학습 팀의 과제를 명료화하기 위해 아이디어 발산 도구인 브레인스토밍 등의 도구를 사용하여 도출된 세부 과제(문제의 원인)들을 특성에 따라 분류하고, 아이디어 수렴 도구인 어골도를 활용하여 과제를 단순·명료화시키는 활동을 수행해 봅시다.

학습 팀은 인터넷, 현존자료 등을 참고하여 정보를 찾아 보거나 폭넓은 정보 수집 및 분석을 통해 과제의 근본 원인을 찾아 보기 바랍니다. 그러면 문제의 실마리를 찾을 수 있을 것입니다. 학습 팀의 서기(기록수)는 팀 구성원들의 의견을 기록하고 어골도를 작성합니다.

러닝퍼실리테이터는 문제 명료화 단계에서 활발한 팀 토론이 이루어질 수 있도록 다양한 촉발 질문과 격려를 한다. [그림 3-6]은 과제 명료화하기 어골도를 나타낸 것이다.

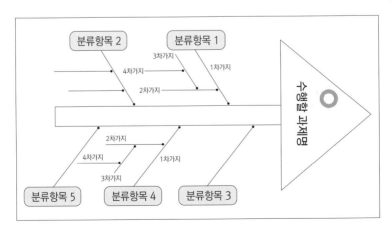

[그림 3-6] 과제 명료화하기(어골도)

6) 과제 해결방안 찾기

과제 해결방안 찾기 단계는 과제 명료화하기 단계에서 선별되고 명료화된 구체적인 단위과제들을 해결하기 위한 단계이다.

구체적인 단위과제를 해결하기 위해서는 과제와 관련된 사항에 대한 연구 및 학습이 필요하며, 이러한 연구 및 학습 결과를 바탕으로 과제 해결방안을 찾을 수 있도록 해야 한다.

해결방안을 찾도록 하기 위해 팀원 간에 다양한 아이디어 도출 기법인 브레인스토밍, 익명그룹기법, 라운드로빈, 브레인라이팅 등을 사용하여 생산적 토론하기를 통해 창의적이고 다양한 과제 해결방안을 가능한 한 많이 찾아내도록 한다.

(1) 학습자 및 러닝퍼실리테이터 역할

명료화된 과제를 창의적으로 해결하기 위하여 학습자와 러닝퍼실리테이터가 담당해야 할 역할이 각기 다르다. 실제로 창의적인 해결방안을 도출해야 하는 것은 학습 팀이지만 학습자들이 창의성을 발현할 수 있도록 분위기를 조성하고 촉진하는 것은 러닝퍼실리테이터의 몫이다.

학습자 역할	러닝퍼실리테이터 역할
• 과제 해결방안을 찾기 위한 학습활동하기	• 과제 해결방안을 찾도록 KWL 용지 제공
• 다양한 해결방안 찾기	• 다양한 과제 해결방안을 찾도록 조력
• 팀원 간에 생산적인 토론하기	• 팀원 간에 생산적인 토론하기 조력

(2) 러닝퍼실리테이터 실천적 활동 가이드라인

러닝퍼실리테이터는 단위과제를 해결하기 위해서 학습 팀이 이미 알고 있는 것과 더 알아야 할 내용이 무엇인지 찾도록 안내한다. 이미 알고 있는 것에 대해 중복 학습을 한다거나 더 알아야 할 내용을 빠뜨리고 학습을 하게 되는 경우를 미리 방지하고 효율적·효과적으로 해당 과제에 대한 학습을 진행하기 위해서이다. 러닝퍼실리테이터는 KWL 차트를 제공하여 내가 이미 알고 있는 것(Know)과 궁금하거나 더 알아야 할 것(Want to know), 새롭게 알게 된 것(Learned)들을 분석하도록 안내하고 조력한다.

〈표 3-18〉 KWL 차트

KWL 차트		
단위과제명		
Know	Want	Learned
내가 이미 알고 있는 것 (과제와 관련하여 알고 있는 것)	궁금하거나 더 알아야 할 것 (과제에 대해 알고 싶은 것)	새롭게 알게 된 것 (과제에 대해 알게 된 것)

KWL 차트에서 궁금한 것, 더 알아야 할 것을 많이 도출하고 이것을 정리하여 과제 해결방안을 찾기 위한 학습과제로 선정하도록 안내하고 학습 팀에서 학습과제를 분담하여 학습해 오도록 한다.

〈표 3-19〉 학습과제 선정 및 분담하기

순위	학습과제	담당자

또한 학습과제 중에서 모든 팀원이 공통적으로 수행할 필요가 있는 것은 공통과제로 정하도록 안내한다. 팀원이 담당한 학습과제를 수행한 후다시 모일 때에는 팀원 전체와 러닝퍼실리테이터 그리고 현장전문가에게도 나눠줄 수 있는 수량을 복사해 오도록 안내한다.

학습 팀에서 학습을 해 오면 서로 발표하고 공유하게 한 후 이것을 기반으로 과제 해결방안을 찾도록 안내한다. 이때 러닝퍼실리테이터는 학습자들이 다양한 토론 도구를 적절히 잘 사용하는지를 관찰하면서 적절한 개입을 통해 안내하도록 한다.

〈표 3-20〉 단위과제 해결방안 도출

순번	단위과제 해결방안	비고

팀 토론활동 촉진을 위한 아이디어 생성 도구, 아이디어 수렴 도구, 아이디어 평가 도구, 원인 분석을 위한 도구에 관한 내용은 러닝퍼실리테이터 입문서를 참고하기 바란다.

팀 활동 시 브레인스토밍으로 회의 진행이 잘 안 된다면 익명그룹기법을 권장하거나, 라운드로빈 방식으로 하도록 안내할 수도 있고, 더 많은 아이디어를 끌어내는 것이 필요하다면 브레인라이팅 방법을 사용하도록 안내하는 것이 필요하다.

〈표 3-21〉 브레인라이팅(예시)

단위과제: 빨리 소모되는 휴대폰 배터리의 문제해결방법?

순서	아이디어 1	아이디어 2	아이디어 3
1	태양열로 충전	운동에너지로 충전	휘발유로 충전
2	전봇대에 충전시설 설치	구입 시 여러 개의 배터리 증정	입김으로 충전되는 배터리 개발
3			
4			

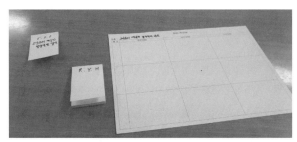

[그림 3-7] 브레인라이팅 실제(용지 및 진행 모습)

또한 러닝퍼실리테이터는 학습자의 학습활동을 수시로 관찰하면서 러닝퍼실리테이터 관찰 평가지에 기록한 다음 평가에 반영한다.

특히 러닝퍼실리테이터는 학습 팀에 적극적으로 개입하지 않아야 하며, 자유로운 분위기, 제한된 시간 등의 기법 등도 적절히 사용해야 한다. 팀원 상호 간에 생산적인 토론이 진행되도록 러닝퍼실리테이터는 끊임없이 팀원 간의 대화를 유도하고 생산적인 토론 후 도출되는 해결방안을 학습 팀 스스로 기록하고 남기도록 안내해야 한다.

> ❖ 각 학습 팀에서는 명료화된 과제를 해결하기 위하여 다양한 아이디어 사고 도구를 활용하여 아이디어를 가능한 한 많이 도출합니다.
>
> 과제를 해결하기 위해 완벽한 아이디어가 아니라 좋은 아이디어가 필요합니다. 아이디어가 많으면 많을수록 좋은 아이디어가 나올 가능성이 큽니다. 쓸모없는 아이디어는 없습니다. 새로운 아이디어를 도출하면 좋겠지만 기존에 있는 것을 벤치마킹할 수도 있습니다. 모방에서 창조가 나옵니다.
>
> 학습 팀이 아이디어를 반복적으로 생성하고 수렴하다 보면 다양하고 구체적인 해결방안을 도출할 수 있습니다.

7) 해결방안 우선순위 도출하기

과제 해결방안 찾기 단계에서 학습 팀이 찾은 과제 해결방안을 모두 적용하기란 어려울 수 있다. 시간적인 여유, 경제적인 이유, 학습 팀원들의 역량과 관련된 이유 등으로 학습 팀이 찾은 과제 해결방안을 모두 실행하는 데 복합적인 요소가 있기 때문이다.

해결방안 우선순위 도출하기 단계는 팀 토론을 통해 도출된 과제 해결방안 중에서 우선순위를 결정하는 단계이다. 학습 팀은 스스로 몇 가지

기준을 정하여 과제 해결방안을 실행하기 위해 해결방안에 대한 우선순위를 부여해야 한다. 이때 가장 일반적인 기준으로 시급성, 중요성, 파급성, 실현가능성, 경제성 및 자원, 비용 대비 효과성, 학습 팀의 역량 등을 고려하여 가능한 해결방안의 우선순위를 결정해야 한다.

(1) 학습자 및 러닝퍼실리테이터 역할

학습자 역할	러닝퍼실리테이터 역할
• 해결방안 우선순위 기준 결정 • 해결방안 우선순위 도출	• 해결방안 우선순위 기준 예시 제공 • 우선순위 결정 워크시트 제공

(2) 러닝퍼실리테이터 실천적 활동 가이드라인

해결방안이 수립되었으면 학습 팀이 실제로 해결방안대로 수행하기 위해 해결방안의 우선순위를 결정해야 한다. 우선순위가 실현가능한 것인지, 중요성에 의한 것인지, 경제성에 의한 것인지, 시급성에 의한 것인지 우선순위 결정 기준을 학습 팀이 결정할 수 있도록 러닝퍼실리테이터는 해결방안 우선순위의 결정방법을 학습 팀에게 설명해 주어야 한다. 그리고 그 우선순위가 결국 최종적으로 과제 현장의 요구, 학습 결과 생산될 시제품에 초점이 맞추어지도록 촉진활동을 해야 한다.

> ◑ 각 학습 팀은 학습 팀이 찾은 과제 해결방안에 대하여 우선순위를 부여할 수 있도록 우선순위 결정 기준을 정합니다.
>
> 우선순위 결정 기준을 정한 후 과제 명료화하기 단계에서 선별되고 명료화된 구체적인 단위과제들을 해결하려는 해결방안들에 대하여 지급한 우선순위 결정 워크시트를 작성하여 점수를 부여하고 합산을 내어 가장 높은 점수부터 우선순위를 부여하여 해결방안을 재배열합니다. 재배열된 해결방안에서 우선순위의 몇 번까지 실제 적용해 볼 것인지를 결정합니다.

다양한 해결방안이 도출된 후 우선순위를 정할 때 사용할 수 있는 도구
인 〈표 3-22〉의 우선순위 정하기 워크시트와 같이 제시된 해결방안에 관
한 질문에 점수를 부여하여 합계 점수가 많은 해결방안을 우선순위로 선
정한다.

〈표 3-22〉 우선순위 정하기 워크시트

우선순위 정하기					
단위과제명					
No.	해결방안	기준	점수	합계	우선순위
1		실현이 가능한가?	1 2 3		
		시급한 것인가?	1 2 3		
		경제성이 있는가?	1 2 3		
2		실현이 가능한가?	1 2 3		
		시급한 것인가?	1 2 3		
		경제성이 있는가?	1 2 3		
3		실현이 가능한가?	1 2 3		
		시급한 것인가?	1 2 3		
		경제성이 있는가?	1 2 3		
4		실현이 가능한가?	1 2 3		
		시급한 것인가?	1 2 3		
		경제성이 있는가?	1 2 3		
5		실현이 가능한가?	1 2 3		
		시급한 것인가?	1 2 3		
		경제성이 있는가?	1 2 3		

모든 단위과제에 대한 해결방안의 우선순위가 결정되면 해결방안을 종합하도록 안내한다.

〈표 3-23〉 단위과제에 대한 해결방안 종합

단위과제	해결방안
단위과제 1	1.
	2.
단위과제 2	1.
	2.
단위과제 3	1.
	2.

해결방안이 종합되면 이를 기반으로 캡스톤디자인의 특성에 따라 해결방안 설계 및 제작하기를 단위과제별로 팀원이 함께할 것인지 아니면 단위과제별로 해결방안 설계 및 제작하기를 팀원이 분담해서 할 것인지를 정하도록 안내한다.

8) 해결방안 설계/제작하기

해결방안 설계/제작하기 단계는 의사결정된 해결방안을 바탕으로 과제물 제작을 위한 설계도를 작성하고 작성된 설계도에 따라 시제품을 제작하는 단계로, 과제 설계안 작성하기와 과제 제작하기로 나눌 수 있다. 과제 설계안 작성하기 단계에서는 개략적인 스케치 및 모형 만들기에서 우수한 모형을 선정하고 이를 기반으로 과제 수행을 위한 구체적인 설계안을 작성한다. 과제 제작하기 단계에서는 구체적인 설계도안을 바탕으로 완성될 시제품을 제작한다.

(1) 학습자 및 러닝퍼실리테이터 역할

학습자 역할	러닝퍼실리테이터 역할
해결방안 설계 단계	
• 개략적인 스케치 및 모형 만들기 • 가장 우수한 모형 선정하기 • 구체적인 설계도안 작성하기	• 전공 분야의 소양을 동원하여 과제 설계안 작성방법을 안내하고 촉진 　- 개략적인 스케치 및 모형 만들기 　- 가장 우수한 모형 선정하기 • 구체적인 설계도안을 작성하도록 안내하기 　- 참고 도면 템플릿 제공 　- 설계에 필요한 도구 지원 　- 기술정보 서비스 제공 사이트 안내 등 • 설계 결과에 따라 제작하기를 실행할 것인지를 현장전문가와 협의하고 학습 팀과 논의
해결방안 제작 단계	
• 과제 제작비용 산출내역서 작성 • 과제 수행계획서 작성 • 팀당 제작비 신청 • 과제 제작을 위한 팀원 간 역할 분담 • 시제품 제작	• 과제 제작비용 산출내역서 작성법 안내 • 과제 수행계획서 작성법 안내 • 과제 제작비용 신청서 행정부서에 제출하여 소요 예산 확보 • 과제 제작을 위한 팀원 간의 역할 분담 안내 • 시제품 제작 조력 　- 시제품 제작 장소 및 도구 사용 사전 협의 • 기술정보 제공

(2) 러닝퍼실리테이터 실천적 활동 가이드라인

① 과제 설계안 작성하기

해결방안이 수립되고 우선순위에 따라 해결방안이 재배열되었으면 이제 실제로 해결방안에 따라 시제품을 설계하고 제작해야 한다.

러닝퍼실리테이터는 전공 분야의 소양을 동원하여 학습 팀이 결정한 해결방안에 대한 시제품을 제작할 수 있도록 과제 설계안 작성방법을 안내하고 촉진한다.

우선 각 팀원이 개략적인 스케치하고 모형을 만들어 보도록 한 후, 이 중에서 가장 우수한 모형을 선택하도록 안내한다. 최종 선택된 모형을 기반으로 구체적인 과제 설계안을 작성하도록 안내한다. 이때 학습 팀이 참고할 만한 설계도면 서식이 있으면 미리 준비하여 학습 팀에 제공하고, 학습 팀이 사용할 도구(하드웨어, 소프트웨어 모두 포함)를 지원할 수 있도록 하며, 과제 설계안 작성을 위한 기술정보 서비스 제공 사이트에서 관련 기술에 대한 정보를 얻을 수 있도록 조력하여 학습 팀이 과제 설계안을 원활히 완성할 수 있도록 해야 한다.

과제 설계안이 완성되면 과제의 특성에 따라 결과물이 설계안으로 끝날 수도 있고 실제 제품의 생산까지 이어질 수도 있다. 이것은 러닝퍼실리테이터가 현장전문가와 협의하고 학습 팀과의 논의를 거쳐 결정해야 할 사항이다. 이 결정에서 가장 중요한 것은 과제 현장의 요구와 수행되는 캡스톤디자인의 전체 특성이다.

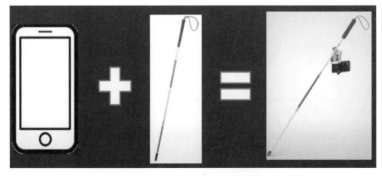

[그림 3-8] 제품 외형 디자인 설계안

출처: 공학페스티벌 홈페이지(부산대학교, 팀명: 전전컴).

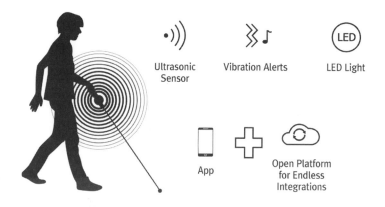

Ultrasonic Sensor

Vibration Alerts

LED Light

App

Open Platform for Endless Integrations

[그림 3-9] 제품 기능 설계안

출처: 공학페스티벌 홈페이지(부산대학교, 팀명: 전전컴).

과제 설계안이 완성되면 설계안에 따른 제작비용을 산출하여 제작비용을 신청하도록 조력하고 제작비 사용법과 주의사항을 전달한다. 학습 팀

📢 더 알아보기 / 기술정보 서비스 제공 사이트

• NTB 기술은행(www.ntb.kr)

국가기술자산 통합관리체계 구축 시스템으로 한국산업기술진흥원이 운영하며, 국가 R&D 성과 기술 및 민간 보유 기술의 정보 DB 구축을 통해 산출된 기술정보를 제공하는 서비스로, 우수 기술 상품화 지원, 기술이전 사업화 협력 네트워크 구축 등 기업의 기술 탐색 및 매칭을 직접 지원하고 있다.

• 미래기술마당(http://rnd.compa.re.kr)

과학기술정보통신부에서 대학 및 공공 연구기관이 보유한 기술 중 사업화 가능성, 시장성, 경제성 등이 분석된 기술에 대한 정보를 제공해 주는 대표적인 온라인 서비스이다.

• 테크브릿지(http://tb.kibo.or.kr)

미래기술마당과 비슷한 서비스로, 기술보증기금이 제공하는 출연 대학, 기업 등이 보유한 기술정보를 제공하고 있다.

이 신청한 제작비용에 대한 적정 여부를 검토하여 행정부서에 신청한다. 이때 과제 수행계획서도 함께 제출한다.

② 과제 제작하기

실제 시제품의 생산까지 해야 한다면 러닝퍼실리테이터는 학습 팀이 설계안에 따른 제작비용을 산출하여 제작비용 산출 내역서와 과제 수행 계획서를 작성하도록 조력한다. 또한 제작비 사용법과 주의사항을 안내하고 학습 팀이 신청한 제작비용에 대한 적정 여부를 검토하여 행정부서에 신청한다.

〈표 3-24〉 과제 제작비용 산출 내역서

과제 제작비용 산출 내역서				
팀명			팀장	
작품명			팀장 연락처	
항목	세부 항목 및 내역			소요비용 (천 원)
재료비				
시제품가공비				
…				
기타 경비				
합계				

〈표 3-25〉 과제 수행 계획서

과제 수행 계획서					
팀명					
과제명					
지도교수			결과물 형태　□ H/W　□ S/W　□ 문서		
산업 현장전문가	기업명				
	성명		전화번호		
	E-mail		직위		
팀장	학과		학번		
	성명		전화번호		
	E-mail		역할		
팀원	학과	학번	이름	역할	연락처
수행기간	20 년 월 일 ～ 20 년 월 일				
과제 요약					
설계안					
과제 제작비용	일금 _____원(과제 제작비용 산출 내역서 첨부)				

본인은 「캡스톤디자인」 과제계획서를 제출합니다.

20 년 월 일

탐장 _____ (인)

설계안에 따른 제작비용 산출 내역서와 과제 수행 계획서가 승인되면 러닝퍼실리테이터는 과제 설계안에 따른 과제 제작을 위한 팀원 간 역할을 분담할 수 있도록 조력하고 팀원 간의 협력을 강조하여 무임승차 팀원이 발생하지 않도록 지도한다. 이 역할 분담은 팀 빌딩에서 수행한 팀원 역할과 다르게 할 수 있다.

〈표 3-26〉 팀원 간 역할 분담

팀원 간 역할 분담		
성명	역할	참여도(%)
합계		100%

또한 시제품을 원활히 제작할 수 있도록 제작과 관련된 안내 정보를 학습 팀에 제공해야 한다. 이를 위한 설명서 등이 가장 적합한 도구가 된다. 또한 제품 제작을 위한 하드웨어나 소프트웨어를 제공하여 학습 팀이 도구와 관련된 이유로 제품을 생산하지 못하는 경우가 없도록 해야 한다. 이 단계에서는 제작과 관련된 현장 장소가 학습환경으로 가장 적합하다. 캡스톤디자인 과제 제작 수행에 필요한 장비가 설치된 학교의 산학협력관이나 공공기관의 시제품 제작 센터를 이용할 수 있도록 사전에 협조해 두고 학습자들에게 이를 이용하도록 안내해야 한다. 특히 지방마다 중소기업청 내에 '시제품 제작소'를 무료로 이용할 수 있다.

[그림 3-10] 부산대학교 창의 공작소

출처: 부산대학교 공학교육혁신센터.

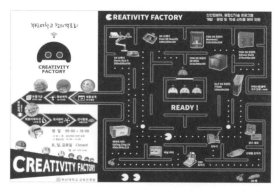

[그림 3-11] 부산대학교 창의 팩토리

출처: 부산대학교 공학교육혁신센터.

[그림 3-12] 제품 하드웨어 제작 과정

출처: 공학페스티벌 홈페이지(부산대학교, 팀명: 전전컴).

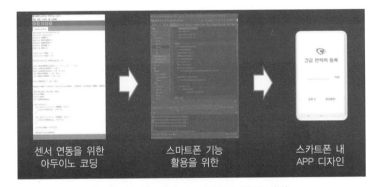

[그림 3-13] 제품 소프트웨어 제작 과정

출처: 공학페스티벌 홈페이지(부산대학교, 팀명: 전전컴).

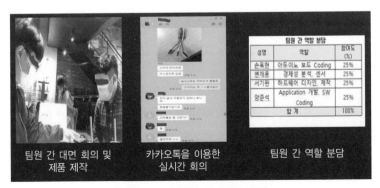

[그림 3-14] 팀원 간 협력 과정

출처: 공학페스티벌 홈페이지(부산대학교, 팀명: 전전컴).

📢 **더 알아보기 / 프로토타입**

> 프로토타입(prototype)은 반복적인 구현과 피드백을 통해 점차 진화하고 개선된 작품이 제작된 시제품(試製品)을 뜻한다. 프로토타입을 만드는 일을 가리켜 프로토타이핑(prototyping)이라고도 한다.
>
> 첫 번째 단계는 아이디어를 시각화하고 형상화하는 과정으로, 간단한 도구를 사용하여 제품 사양 등에 대해 다양한 시도를 해 볼 수 있다.
>
> 두 번째 단계는 첫 단계에서 얻은 피드백과 실패의 교훈을 바탕으로 좀 더 실현가능한 제품을 만드는 과정이다. 최근에는 효율적인 개발을 위해 3D 프린팅 등을 활용하여 빠르게 개선된 제품을 구현하기도 한다.
>
> 세 번째 단계는 반복적인 피드백을 통해 얻은 완성된 제품을 개발하는 단계이다.

9) 결과물 전시/발표하기

결과물 전시/발표하기 단계는 제작된 시제품을 전시하고 시제품과 캡스톤디자인 수행의 전 과정을 발표하는 단계로, 다시 결과물 전시하기, 결과물 발표하기로 나뉜다. 결과물 전시하기는 결과물 전시장을 최대한 미적·공간적·시각적 역량을 충분히 발휘하여 결과물을 전시하는 단계이다. 이를 위해서는 전시장 내에 결과물을 비치하고 전시장을 안내하도록 한다. 결과물 발표하기는 완성된 시제품을 중심으로 캡스톤디자인 전체의 내용, 과정, 결과 순에 따라 발표를 진행한다.

(1) 학습자 및 러닝퍼실리테이터 역할

학습자 역할	러닝퍼실리테이터 역할
• 결과물 전시/발표 • 프리젠테이션 기술 학습 • 캡스톤디자인 수행 전 과정 발표 • 산업체, 공공기관, 대학, 관련 기관과 미팅 및 진로 탐색	• 결과물 전시/발표 준비 조력 - 전시장 확보, 결과물 배치, 전시/발표 안내 등 • 프리젠테이션 기술 학습 조력 • 캡스톤디자인 수행 전 과정 발표 조력 • 캡스톤디자인과 관련된 산업체, 공공기관, 대학, 관련 기관 참여 및 만남 조력 (학교 행정기관과 협조)

(2) 러닝퍼실리테이터 실천적 활동 가이드라인

① 결과물 전시하기

시제품의 설계와 제작이 끝나면 결과물을 전시하거나 발표해야 한다. 러닝퍼실리테이터는 결과물의 전시를 위하여 학습 팀이 전시장을 확보하여 결과물을 배치하고 전시에 고객을 안내하는 전체적인 상황을 지켜보며 조력해야 한다. 특히 캡스톤디자인과 관련된 산업체, 공공기관, 대학 등 관련 기관이 참여할 수 있도록 사전에 섭외한다.

② 결과물 발표하기

결과물 발표를 위해 러닝퍼실리테이터는 학습 팀이 생산한 결과물에 대한 특성과 차별성, 캡스톤디자인의 전체 수행 과정 등을 발표할 수 있도록 프리젠테이션 기술을 조력해야 한다. 이때 학습 팀이 결과물에 대한 정보와 결과, 특성 등을 이해할 수 있도록 지속적으로 확인해야 하며, 발표를 위한 각종 멀티미디어 요소를 지원해야 한다.

한편, 이 단계에서 업체나 대학 등과 다양한 만남이 이루어질 수 있으

므로 학습 팀의 진로나 다음 캡스톤디자인 수행을 위해 러닝퍼실리테이
터는 학습 팀과 방문자와의 가교 역할을 잘 담당해야 한다. 이 단계에서
는 발표나 전시와 관련하여 섭외된 장소가 적합한 학습환경이 된다.

　캡스톤디자인 작품 전시 및 발표 단계에서 아이디어 및 진행 상황에 대
한 중간발표회를 프리젠테이션을 통해 실시하는 방안도 필요하며, 최종
전시발표회에서는 완성품과 함께 프리젠테이션으로 평가하여 상위권 작
품을 교내 캡스톤디자인 경진대회에 출품할 기회를 제공한다.

[그림 3-15] 시각장애인을 위한 스마트폰 지팡이

출처: 공학페스티벌 홈페이지(부산대학교, 팀명: 전전컴).

10) 종합 성찰하기

종합 성찰하기 단계는 캡스톤디자인 수행의 전 과정을 종합적으로 성찰하는 단계로, 다시 제작물 성찰하기, 제작 과정 성찰하기, 자기 돌아보기 과정을 거친다. 제작물 성찰하기는 평가 행렬표, 사용성 평가 등을 통해 제작된 시제품의 결과를 성찰한다. 제작 과정 성찰하기는 캡스톤디자인 수행보고서, 성찰일지 등을 통해 캡스톤디자인 수행 과정 전체를 성찰한다. 끝으로, 자기 돌아보기는 성찰일지를 바탕으로 학습자 스스로 캡스톤디자인 과정 전체를 통해 학습하게 된 내용, 새로 알게 된 내용, 더 알아야 할 내용, 자신이 변화하게 된 점, 수정해야 할 점 등을 중심으로 자기 성찰하기를 한다.

(1) 학습자 및 러닝퍼실리테이터 역할

학습자 역할	러닝퍼실리테이터 역할
• 성찰일지 작성 • 제작물 성찰하기 • 제작 과정 성찰하기 • 자기 돌아보기	• 시제품 자체에 대한 성찰, 캡스톤디자인 수행 과정 성찰, 학습자가 자기 성찰을 수행할 수 있도록 조력 • 캡스톤디자인 수행보고서, 성찰일지 등 제공 및 작성 안내 • 진로와 연계 조력

(2) 러닝퍼실리테이터 실천적 활동 가이드라인

① 제작물 성찰하기

결과물을 전시하고 발표까지 수행하고 나면 일반적으로 캡스톤디자인의 전체 과정이 종결된 것으로 오해하기 쉽다. 캡스톤디자인은 혁신적이

고 지속적으로 발전하는 개념이기 때문에 자기 성찰과 수행된 캡스톤디
자인에 대한 반성이 반드시 수반되어야 한다.

따라서 러닝퍼실리테이터는 학습 팀이 시제품 자체에 대한 성찰, 캡스
톤디자인 수행 과정 성찰, 학습자가 자기 성찰을 수행할 수 있도록 조력
해야 한다. 러닝퍼실리테이터는 학습 팀이 평가 행렬표, 사용성 평가 등
을 통해 제작된 결과물을 성찰할 수 있도록 조력하고 성찰활동의 가이드
라인을 제시해야 한다.

〈표 3-27〉 평가 행렬표

평가 행렬표					
과제명(시제품)					
평가 준거 아이디어	경제성	현실성	효과성	안정성	총점
평가 척도 예: A(10점), B(8점), C(6점), D(4점), E(2점)					

② 제작 과정 성찰하기

학습 팀이 제작 과정을 성찰할 수 있도록 러닝퍼실리테이터는 학습 팀
이 캡스톤디자인 수행 결과 보고서 등을 참고하여 마인드맵 등으로 수행
과정 전체를 성찰할 수 있도록 안내해야 한다.

〈표 3-28〉 캡스톤디자인 수행 결과 보고서

캡스톤디자인 수행 결과 보고서						
팀명						
작품명						
대표 학생	성명		학번		학과	
지도교수 (러닝퍼실리 테이터)	성명			학과		
현장전문가	성명			소속		
참여 학생 및 업무 분담표						
No.	학과	성명	학년	학번	업무 내용	
1						
2						
3						
4						

1. 캡스톤디자인 수행 배경
2. 캡스톤디자인 수행 과정
   2.1 캡스톤디자인 수행 과정에서 전공 지식의 활용 사례
   2.2 캡스톤디자인 수행 과정에서 참고한 문서 자료
   2.3 캡스톤디자인 수행 과정에서 고려한 요구사항과 제안사항
   2.4 캡스톤디자인 수행 과정에서 발생한 문제점과 해결 사례
3. 캡스톤디자인 수행 결과 및 고찰
   3.1 캡스톤디자인 결과물에 대한 설명
   3.2 캡스톤디자인 결과물의 향후 개선사항
4. 수행 후기

③ 자기 돌아보기

학습 팀이 자기 성찰을 수행할 수 있도록 러닝퍼실리테이터는 성찰일지를 작성지 등을 제공하고 캡스톤디자인 과정 전체를 통해 학습자 스스로 학습하게 된 내용, 새로 알게 된 것, 더 알아야 할 것, 자신의 변화 사항을 학습 팀원이 돌아볼 수 있도록 조력한다.

〈표 3-29〉 캡스톤디자인 성찰일지

캡스톤디자인 성찰일지					
팀명		성명	(서명)	역할	
팀 과제					
성찰 내용	1. 캡스톤디자인 수행을 통해 배우고 느낀 점				
	2. 과제를 해결하고 완성하기 위해 노력한 점				
	3. 과제 수행 시 경험한 성공과 실패 요인				
	4. 과제 수행 시 부족했던 점과 더 배워야 될 점				
	5. 과제 수행 결과를 통해 배운 바를 나의 진로와 연계하는 방안				
	6. 과제 수행을 위해 팀원 간 상호작용에 기여한 점				

러닝퍼실리테이터는 이 모든 과정을 통해 학습 팀원이 자신의 진로와 새로운 캡스톤디자인 수행 과정을 계획할 수 있도록 조력해야 한다. 학습자들의 기록활동이 모두 끝나면 각자 돌아가면서 자기 성찰을 해 보도록 안내한다. 이 활동은 학습자의 자기 성찰에도 많은 도움이 되고, 동료들에게도 좋은 피드백을 받을 수 있어 이후 학습활동에서 보다 바람직한 학습자로 성장할 수 있게 된다.

11) 평가하기

평가하기 단계는 자기 평가, 동료 평가, 러닝퍼실리테이터 평가, 현장전문가 평가 등의 활동을 실시하는 등 캡스톤디자인 결과를 평가하고 성찰의 기회를 갖는다.

(1) 학습자 및 러닝퍼실리테이터 역할

학습자 역할	러닝퍼실리테이터 역할
• 자기 자신에 대해 평가하기 • 동료의 활동에 대해 평가하기 • 평가지 평가	• 학습자의 자기 성찰 기회 부여 • 동료 평가 및 팀 평가 기회 부여 • 각종 평가지 제공

(2) 러닝퍼실리테이터 실천적 활동 가이드라인

캡스톤디자인 활동이 끝나면 러닝퍼실리테이터는 평가활동을 해야 하는데, 러닝퍼실리테이터가 직접 평가해야 하는 부분과 학습자 스스로 평가하는 부분, 동료들이 평가하는 부분, 현장전문가가 평가하는 부분이 있다.

① 자기 평가하기

캡스톤디자인 활동이 끝나면 〈표 3-30〉의 자기 평가지를 미리 준비하여 두었다가 학습자들에게 나누어 주고 캡스톤디자인 '성찰하기' 단계의 자기 돌아보기와 연계하여 점수로 자기 평가를 실시하도록 안내한다. 자기 평가 점수는 학점에 반영하지 않으며 평가자가 평가하는 데 참고한다.

〈표 3-30〉 캡스톤디자인 자기 평가지

캡스톤디자인 자기 평가지						
팀명		성명		(서명)	역할	
팀 과제						
평가 내용					배점	점수
1. 캡스톤디자인 활동에 적극적으로 참여하였는가?					10	
2. 캡스톤디자인 활동에 도움이 되는 발언이나 태도를 보였는가?					10	
3. 다른 사람의 발언을 적극적으로 경청하였는가?					10	
4. 제시된 문제를 다각적으로 분석하였는가?					10	
5. 해결방안과 아이디어를 논리적으로 도출하였는가?					10	
6. 비판적이고 창의적인 의견을 제시하였는가?					10	
7. 학습결과물을 충실하게 제시하였는가?					10	
8. 다양한 정보를 수집하고 활용하고자 노력하였는가?					10	
9. 자기 주도적으로 학습을 수행하였는가?					10	
10. 적극적으로 상호작용하였는가?					10	
총점					100	
평가 척도 예: A(10점), B(8점), C(6점), D(4점), E(2점)						

② 동료 평가하기

　팀원들이 자기를 제외한 동료들의 활동 사항을 평가하는 것인데, 러닝
퍼실리테이터는 〈표 3-31〉의 캡스톤디자인 동료 평가표 양식을 참조하
여 평가자가 생각하는 항목들이 있으면 평가지를 재구성하여 작성한 뒤
모든 동료 학습자를 평가할 수 있는 만큼의 평가서를 준비하였다가 나누
어 주고 동료 평가를 하도록 안내한다. 평가가 끝나면 러닝퍼실리테이터

〈표 3-31〉 캡스톤디자인 동료 평가표

캡스톤디자인 동료 평가표							
팀명			평가자				(서명)
팀 과제							
평가 요소	평가 항목	배점	팀원 ( )	팀원 ( )	팀원 ( )	팀원 ( )	팀원 ( )
과제 참여도	과제 수행을 위한 참여 및 팀원 간의 협력 정도	25					
문제해결 능력	과제 수행을 위한 전문적 지식 역량 발휘 정도	25					
준법성/ 책임감	팀 규칙을 잘 준수하고 역할 분담 수행 정도	25					
보고서/ 발표	과제 결과 보고서 작성 및 발표에 기여 정도	25					
합계		100					
〈주관식 평가〉 • 학습자이자 팀원으로서 팀원의 장점은 무엇인가? • 학습자이자 팀원으로서 팀원의 단점은 무엇인가?							
평가 척도 예: A(23〜25점), B(20〜22점), C(17〜19점), D(14〜16점), E(11〜13점)							

가 받아서 정리한다.

동료 평가서는 러닝퍼실리테이터가 평가 성적에 반영할 수도 있고, 동료 평가 결과지를 각 학습자에게 나누어 주어서 다른 동료들이 자신을 어떻게 평가했는지를 객관적으로 성찰해 볼 수 있는 자료로 제공할 수도 있다. 동료 평가는 서로 온정주의 평가를 할 가능성을 배제하기 위해 상대평가를 권장한다.

③ 팀 상호 평가

팀 상호 평가는 캡스톤디자인 결과물에 대하여 자기 팀을 제외하고 동일 과정에 참여한 팀을 대상으로 결과물 전시, 발표 시에 평가하도록 한다. 자기 팀의 결과물에 대해 상대 팀이 어떻게 평가하는지 객관적으로 살펴볼 수 있고, 상대 팀의 결과물을 보고 자기 팀의 결과물에 대한 성찰도 가능하다.

팀 상호 평가를 위한 평가지는 〈표 3-32〉의 교내 캡스톤디자인 결과물 평가지와 〈표 3-34〉의 전국 단위 캡스톤디자인 경진대회에서 사용되는 심사기준을 평가지로 활용할 수 있다.

④ 러닝퍼실리테이터 평가하기
• 캡스톤디자인 결과물 평가

각 팀별로 개발하여 제작한 작품의 수준을 평가해서 성적에 반영할 수 있도록 하는 것인데, 이 활동은 캡스톤디자인 결과물 전시, 발표 시에 평가하는 것이 좋다.

〈표 3-32〉는 교내 캡스톤디자인 결과물을 약식으로 평가할 때 사용할 수 있으며, 〈표 3-34〉는 전국 단위 캡스톤디자인 경진대회에서 사용되는 심사기준(예시)으로 교내 캡스톤디자인 결과물 평가에서도 활용할 수 있다.

〈표 3-32〉 교내 캡스톤디자인 결과물 평가지

교내 캡스톤디자인 결과물 평가지					
팀명		평가자			(서명)
과제명					
구분	평가 요소	평가 배점	점수	소계	합계
전시 평가	디스플레이는 전시 효과가 있는가?	5			
발표 평가	프리젠테이션 자료는 주제와 적합하게 제작되었는가?	5			
	적절한 매체를 선택하여 발표 내용을 잘 표현하고 있는가?	5			
	전체적인 맥락은 적합한가?	5			
	발표 태도와 용어는 적합하게 사용했는가?	5			
작품 평가	경제성이 있는가?	15			
	독창성이 있는가?	15			
	기능성이 있는가?	15			
	시장성이 있는가?	15			
	완성도가 높은가?	15			
평가 척도 예: A(5점, 14~15점), B(4점, 12~13점), C(3점, 10~11점), D(8~9점), E(6~7점)					

• 러닝퍼실리테이터 관찰(과정) 평가

러닝퍼실리테이터는 캡스톤디자인을 시작하기 전에 평가계획을 미리 수립하고 러닝퍼실리테이터 관찰 평가서를 준비하여 매 수업 진행 때마다 학습자들의 활동 과정을 관찰한 후 표시해 두었다가 이를 종합하여 개별 성적에 반영한다.

관찰 평가지를 종합하는 것은 캡스톤디자인이 끝나고 러닝퍼실리테이터가 따로 시간을 내어 종합해서 정리한 후 평가하는 것이 좋다. 〈표 3-33〉은 관찰(과정) 평가지의 평가 요소를 예시로 제시한 것으로, 러닝퍼실리테이터가 평가 요소를 수정하여 사용할 수 있다.

〈표 3-33〉 관찰(과정) 평가지

관찰(과정) 평가지					
팀명			평가자		(서명)
과제명					
평가 요소	배점	팀원			
1. 팀 활동에 적극적으로 참여하였는가?	20				
2. 팀원과 협력하여 과제를 수행하였는가?	20				
3. 과제 해결 과정에서 아이디어를 적절하게 제안하였는가?	20				
4. 팀원으로 담당 역할을 잘 수행하였는가?	20				
5. 팀 분위기에 이바지한 공로가 있는가?	20				
합계	100				
평가 척도 예: A(19~20점), B(17~18점), C(15~16점), D(13~14점), E(11~12점)					

⑤ 현장전문가 평가

현장전문가 평가는 함께 참여하면서 멘토 역할을 한 현장전문가 입장에서 러닝퍼실리테이터 관찰(과정) 평가와 캡스톤디자인 결과물 평가를 함께 실시하는 것으로, 결과물 전시/발표 시에 러닝퍼실리테이터 평가와 동일하게 실시한다.

캡스톤디자인 학습 평가에서는 학업성취도 평가와 같은 이론적인 평가는 실시하지 않는다.

4. 사후관리하기

사후관리활동은 팀 학습 결과에 대한 사후활동으로, 교내 캡스톤디자인 경진대회 참가, 작품 특허출원 및 실용신안 등록, 진로 개발하기가 있다.

1) 캡스톤디자인 사후 관리하기 가이드라인

캡스톤디자인 활동이 끝나면 사후활동을 통하여 정리해야 한다. 캡스톤디자인은 현장 기반의 문제를 해결하고 이를 위한 제품을 직접 생산하기 때문에 각종 경진대회 참가, 작품 특허출원 및 실용신안 등록 등의 활동이 포함될 수 있다. 특히 이공계열의 학습자는 캡스톤디자인 활동을 통하여 진로를 설계하고 개발할 수도 있다.

러닝퍼실리테이터는 캡스톤디자인 활동 후 학습자들의 다양한 진로를 개척할 수 있도록 조력하여야 한다. 우수한 작품은 교내외 캡스톤디자인 경진대회(창의적 종합설계 경진대회)에 참가하도록 추천하고 특허 및 실용실안으로 등록, 창업 및 취업 등의 진로 개발에도 지원한다.

2) 캡스톤디자인 경진대회 참가하기

캡스톤디자인 교과를 수행한 각 학과의 팀 작품 중에서 우수하다고 인정되는 일정 비율의 작품을 교내 캡스톤디자인 경진대회에 참가시킨다. 우수작품의 선정은 평가하기 단계에서 선정된 작품을 러닝퍼실리테이터가 추천하여 참가하는 방안이 적절하다. 하지만 전체의 작품을 캡스톤디자인 경진대회에 참가시키는 방법도 있다. 학과에 따라서는 졸업작품 전시회 형태로 참가시키기도 한다.

(1) 학습자 및 러닝퍼실리테이터 역할

학습자 역할	러닝퍼실리테이터 역할
• 경진대회 참가 신청	• 경진대회 안내 및 우수작품 추천
• 작품 수정 및 보완	• 작품 수정 및 보완 조언
• 전시/발표 계획 수립	• 전시/발표 계획 수립 지원
• 경진대회 참가, 전시/발표	• 경진대회 참가, 전시/발표 지원

(2) 러닝퍼실리테이터 실천적 활동 가이드라인

캡스톤디자인 경진대회에 참가가 확정된 학습 팀은 작품을 보완하여 기한 내에 참가 신청 및 전시/발표 계획을 수립하여 참가한다. 러닝퍼실리테이터는 추천한 작품에 대해 수정 및 보완할 사항을 조언하고 추천한 작품이 좋은 결과를 얻을 수 있도록 적극적으로 지원한다.

교내 캡스톤디자인 경진대회에서의 우수작품을 매년 산업통상자원부에서 주최하는 '공학페스티벌 창의적 종합설계 경진대회'에 학교 대표로 추천한다.

[그림 3-16] 공학페스티벌 홈페이지

출처: http://www.e2festa.kr/ko/capstone

〈표 3-34〉 전국 단위 캡스톤디자인 경진대회 심사기준(예시)

심사 항목	세부 심사 항목	배점	점수	소계
기술성 및 완성도	• 과제 해결방안 및 수행 프로세스의 적절성	5		
	• 개념 설계 과정의 논리적 타당성 및 실현 가능성	5		
	• 세부 설계 및 계산의 적합성	5		
	• 결과물 제작 및 결과물 완성도	5		
창의성 및 차별성	• 아이디어의 창의성, 독창성 및 진보성	10		
	• 기능성, 미적 감각을 반영한 디자인의 우수성	10		
	• 기존 기술(제품)과의 차별성과 도전정신	10		
사업화 가능성	• 산업계 및 지역사회의 수요 반영도 및 영향도	10		
	• 작품(기술)의 실용성, 시장성, 경제성 및 사업화 가능성	10		
	• 지식재산권(특허, 실용신안)의 출원 가능성	10		
보고서 구성 및 전시/ 발표	• 보고서 구성 및 작성의 충실성	5		
	• 발표 및 질의응답의 우수성	5		
	• 팀의 협력 정도 및 참여도	5		
	• 작품의 전시 효과 및 홍보 효과	5		
합계		100		

3) 작품 특허출원 및 실용신안 등록하기

캡스톤디자인 작품 중에서 특허출원 및 실용신안이 가능하다고 인정되는 작품을 특허청에 특허출원 및 실용신안 등록을 하여 지식재산권을 받는다. 특허 및 실용신안 등록을 받은 작품에 대해서는 팀 학습자들이 지식재산권을 갖고 산업체에 지식재산권 판매 및 취업, 창업에 활용한다.

(1) 학습자 및 러닝퍼실리테이터 역할

특허 및 실용신안에 출원하는 학습 팀은 작품을 보완하여 특허청에 특허출원 및 실용신안 등록을 신청한다. 러닝퍼실리테이터는 특허출원 및 실용신안 등록에 필요한 정보 제공 및 비용을 지원한다.

학습자 역할	러닝퍼실리테이터 역할
• 특허출원 및 실용신안 등록 신청	• 특허출원 및 실용신안 등록 정보 제공
• 작품 수정 및 보완	• 작품 수정 및 보완 조언
• 특허 및 실용신안 취득, 판매	• 특허출원 및 실용신안 등록 비용 지원
• 진로 개발에 활용(창업, 취업 등)	• 진로 개발 지원

(2) 러닝퍼실리테이터 실천적 활동 가이드라인

① 러닝퍼실리테이터는 특허출원 및 실용신안 등록에 대한 정보를 제공하고 특허출원 및 실용신안 등록 전에 특허출원 및 실용신안을 등록하고자 하는 제품과 유사한 제품들이 특허출원 및 실용신안이 등록되었는지에 대한 검토를 학습 팀과 함께 조사한다.

② 러닝퍼실리테이터는 특허출원 및 실용신안 등록에 필요한 변리사와 가교 역할 및 제반 비용을 지원하도록 행정부서의 협조를 요청한다.

③ 특허 및 실용신안 등록을 받은 작품에 대한 지식재산권은 팀 학습자들이 공동으로 취득하게 하고, 학생들의 진로 개발에 활용하도록 지원한다.

🔊 **더 알아보기 / 특허와 실용신안 등록의 차이점**

- 특허는 자연법칙을 이용한 기술적 사상의 창작으로서 고도한 것을 보호한다면, 실용신안은 이 가운데 고도성을 요구하지 않는다.
- 실용신안이 특허와 다른 점은 반드시 물품의 형상, 구조 혹은 조합에 관한 것이어야 한다는 점이다.
- 실용신안보다 특허를 선호하는 가장 큰 이유는 홍보 효과라고 볼 수 있다. 특허보다 실용신안은 다소 지명도가 떨어진다.

4) 진로 개발하기

캡스톤디자인에 참가한 학습자가 성과 결과에 따라 진로를 개발할 수 있도록 지원하여야 한다. 작품과 관련된 산업체 현장 관계자와 연계한 취업 알선 및 창업 등 학습자 진로 개발과 연계한다. 특허 및 실용신안 등록을 한 경우에는 지식재산권을 갖고 산업체에 특허 판매 및 취업, 창업에 활용한다.

(1) 학습자 및 러닝퍼실리테이터 역할

학습자는 자기 적성과 캡스톤디자인 작품 전공과 관련된 산업체에 취업 지원 및 창업을 계획하고, 러닝퍼실리테이터는 학습자가 우수한 산업체에 취업할 수 있도록 우수산업체를 발굴하고 지원하며, 창업이 가능한 경우에는 창업할 수 있도록 적극적으로 지원한다.

학습자 역할	러닝퍼실리테이터 역할
• 취업체 정보 검색, 취업 • 창업 계획 수립 및 창업 • 크라우드 펀딩 참여	• 취업체 발굴, 추천 • 창업 지원기관 발표 및 연계 지원 • 크라우드 펀딩 역량 개발 기회 제공

(2) 러닝퍼실리테이터 실천적 활동 가이드라인

① 러닝퍼실리테이터는 취업처에 대한 정보를 제공하고 우수 취업처를 발굴한다.

② 러닝퍼실리테이터는 캡스톤디자인 교과 이수자들의 진로 개발과 연계되도록 현장전문가와의 가교 역할에도 적극적으로 개입한다.

③ 러닝퍼실리테이터는 창업에 필요한 정보를 제공하고 창업을 적극적으로 지원한다.

④ 학생들이 예비 창업자로서 캡스톤디자인 학습을 통해 제작한 제품의 시장성과 초기 창업자금을 확보할 수 있도록 크라우드 펀딩 관련 교육계획을 수립하고 지원한다.

Key Point   진로 개발을 위한 다양한 활동으로 매년 열리는 '산학협력 엑스포' 행사에 참가하도록 지원한다.

- 창업 교육 포럼
- 캡스톤디자인 경진대회 우수작품 모의 투자(옥션마켓)
- 꿈의 기업 입사 프로젝트 "링크루트(LINC+Recruit)"
- LINC + 가족기업 제품 홈쇼핑

[그림 3-17] 산학협력 엑스포 홈페이지

출처: www.uicexpo.org

[그림 3-18] 창업교육 포럼

출처: http://www.uicexpo.org/Pages/ForumProgram/StartupEdu.aspx

[그림 3-19] 대전창조경제혁신센터

출처: https://ccei.creativekorea.or.kr/daejeon

📢 더 알아보기

- 크라우드 펀딩(crowd funding)

대중을 뜻하는 크라우드(crowd)와 자금 조달을 뜻하는 펀딩(funding)을 조합한 용어로, 자금이 필요한 개인, 단체, 기업이 웹이나 모바일 네트워크 등을 이용해 불특정 다수로부터 자금을 모으는 것을 말한다.

- 와디즈 크라우드 펀딩이란? (https://www.wadiz.kr)

와디즈 크라우드 펀딩은 우리나라 여러 펀딩 회사 중 하나로서 현재 활발하게 활동하고 있는 펀딩 회사의 브랜드이다. 서비스 방식은 펀딩한 서포터에게 제품이나 서비스를 제공하는 방식으로, 와디즈 크라우드 펀딩을 하는 이유는 다음과 같다.

- 제품의 제작비용을 미리 확보할 수 있다.
- 제품의 시장성을 미리 판단해 볼 수 있다.
- 고객으로부터 제품에 대한 피드백을 받을 수 있다.
- 나의 브랜드를 사랑해 줄 팬을 모을 수 있다.
- 고객의 욕구를 일찍 파악할 수 있다.
- 펀딩 후 외부에서 연락이 많이 온다.

📖 참고문헌

강인애 외 6인(2006). e-PBL 교수 학습 설계 연수를 위한 퍼실리테이터 안내서. 교육인적자원부.

고현선(2016). 캡스톤디자인 운영사례 및 발전방향 모색. 예술인문사회 융합 멀티미디어 논문지, 6(5), 197-210.

류영호(2008). 공학설계교육 개선을 위한 캡스톤디자인 교수활동 지원 모형 개발. 부산대학교 대학원 박사학위논문.

박수홍, 정주영, 류영호(2008). 창의적 공학교육을 위한 캡스톤디자인(Capstone Design) 교수활동지원모형 개발. 수산해양교육연구, 20(2), 184-200.

박수홍, 안영식, 정주영(2010). 조직 및 지역의 창조적 변화를 이끄는 체계적 액션러닝. 서울: 학지사.

이상수 외 6인(2009). 대학수업에서 협동학습 활용하기. 부산: 부산대학교교수학습지원센터.

이종신(2008). 창의설계입문 교과목 운영 사례. 대전: 충남대학교 공학교육혁신센터.

중앙공무원교육원(2006). 제2기 Facilitator 역량개발과정. 경기: 중앙공무원교육원.

한국기술대학교 능력개발교육원(2007). 2007 하계 기술과정 연수교재(창의적 문제해결을 위한 팀티칭). 한국기술대학교 능력개발교육원.

한순희(2018). 국제표준에 준거한 캡스톤디자인 교수모형 개발: 공학전공 대학생을 중심으로. 부산대학교 대학원 박사학위논문.

Lumsdaine, E., FASME, FRSA (2007). Teaching Creative Problem Solving and Innovation.

2020 산학협력 EXPO www.uicexpo.org
2020 공학페스티벌 http://www.e2festa.kr
대전창조경제혁신센터 https://ccei.creativekorea.or.kr/daejeon/main.do
부산대학교 공학교육혁신센터 https://picee.pusan.ac.kr
창업교육 포럼 http://www.uicexpo.org/Pages/ForumProgram/StartupEdu.aspx
캡스톤디자인 https://cafe.naver.com/designcapstone

목적중심시나리오에서
러닝퍼실리테이터의 실천적 활동

목적중심시나리오는 학습자에게 실제적인 연습을 수행할 수 있는 맥락적 환경을 커버스토리로 제시하여 역할의 임무를 행하는 것을 통해(learning by doing) 자신도 모르는 사이에 필요한 지식과 기술을 습득하게 되는 자연스러운 학습방식을 추구한다. 이 장에서는 목적중심시나리오의 일반적인 구조를 소개하고 각 구성요소에 적용되는 설계 기준에 대해 살펴보고자 한다.

chapter 04

목적중심시나리오에서
러닝퍼실리테이터의 실천적 활동 / 박은희

학습자들은 배운 것을 가지고 무엇을 할 수 있는가? 그것을 써먹지 않으면 학습자들은 십중팔구 잊어버릴 것이다. 지식을 학습자들에게 가치 있게 만드는 것은 그 지식의 장래성을 보여 주는 것이다. 예컨대, 곱셈은 그 자체로는 무의미하다. 그러나 과제의 맥락에서 숫자를 곱할 필요가 발생하면 곱셈이라는 기능의 가치를 학습자들이 이해하게 된다. 학습자들은 이 기능에 대한 지식이 관련 과제를 성취할 수 있게 한다는 것을 배우게 된다.

목적중심시나리오의 기본 아이디어는 기능 학습이 실제 활동 내에서 발생한다는 것이다. 목적중심시나리오는 실제적인 과제(authentic task)를 해결하는 과정에서 복잡한 학습환경에 내재되어 있는 지식과 기술을 획득할 수 있도록 하고, 학습자의 능동적인 참여활동을 강조한다.

목적중심시나리오 수업을 설계하고 개발하려면 전체 목적중심시나리오의 구성 요소에서 각 부분이 수행하는 역할 및 부분이 서로 어떻게 관련되어 있는지 아는 것이 중요하다. 목적중심시나리오는 본질적으로 달성해야 할 명확하고 구체적인 학습목표, 이 학습목표를 달성하기 위해 실행해야 할 일련의 목표기능, 작업할 작업환경인 임무맥락과 임무구조로 구성된다. 목적중심시나리오의 구성 요소는 [그림 4-1]과 같다.

임무맥락은 본질적으로 목적중심시나리오의 주제적 측면의 개발을 다루며, 그 하위 요소는 임무와 커버스토리이다. 임무는 목적중심시나리오의 전반적인 목표이며, 커버스토리는 임무가 추구되는 전제이다. 임무구조는 학습자가 수행할 실제 행동의 집합으로 하위 요소는 임무초점과 시나리오 운영이다. 임무초점은 학습자가 임무를 달성하기 위한 과제에 대한 접근방법이고, 시나리오 운영은 목적중심시나리오에 참여하는 동안에 학습자들이 수행할 실제 활동이다. 즉, 학습자가 수행하는 일련의 작업이 목적중심시나리오를 구성하게 된다.

목적중심시나리오의 수업 설계 절차는 준비, 운영, 평가 단계로 〈표 4-1〉과 같으며, 수업 설계 절차에 따른 세부 내용을 함께 제시한다.

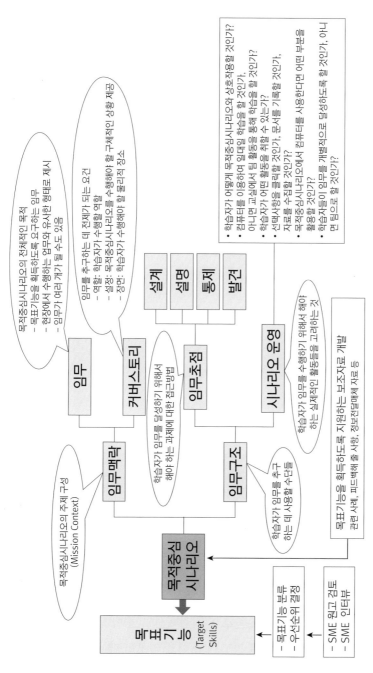

목적중심시나리오의 전체적인 목적
- 목표기능을 획득하도록 요구하는 임무
- 현장에서 수행하는 업무와 유사한 형태로 제시
- 업무가 여러 개가 될 수도 있음

임무를 추구하는 데 전제가 되는 요건
- 역할: 학습자가 수행할 역할
- 설정: 목적중심시나리오를 수행해야 할 구체적인 상황 제공
- 장면: 학습자 수행해야 할 물리적 장소

학습자가 어떻게 목적중심시나리오와 상호작용할 것인가?
컴퓨터를 이용하여 어떻게 학습을 할 것인가,
아니면 교실에서 팀 활동을 통해 학습을 할 것인가?
학습자가 어떤 활동을 취할 수 있는가?
선택사항을 클릭할 것인가, 문서를 기록할 것인가,
자료를 수집할 것인가?
목적중심시나리오에서 컴퓨터를 사용한다면 어떤 부분을
활용할 것인가?
학습자들이 임무를 개별적으로 달성하도록 할 것인가, 아니
면 팀으로 할 것인가?

설계
설명
통제
발견

임무

커버스토리

임무초점

시나리오 운영

학습자가 임무를 달성하기 위해서
해야 하는 과제에 대한 접근방법

학습자가 임무를 수행하기 위해서 해야
하는 실제적인 활동들을 고려하는 것

임무맥락

임무구조

목적중심시나리오의 주제 구성
(Mission Context)

학습자가 임무를 추구
하는 데 사용할수있는

목적중심
시나리오

목표기능을 획득하도록 지원하는 보조자료 개발
관련 사례, 피드백해 줄 사항, 정보전달매체 자료 등

- 목표기능 분류
- 우선순위 결정

- SME 원고 검토
- SME 인터뷰

목표
기능
(Target
Skills)

[그림 4-1] 목적중심시나리오의 구성 요소

출처: 홍진용, 박수홍, 김두규(2019).

〈표 4-1〉 목적중심시나리오 수업 설계 절차

수업 설계 절차	ADDIE 절차	세부 내용
준비 단계	분석 (A)	• 요구 분석 • 학습자 분석 • 학습환경 분석 • 직무 및 과제 분석
	설계 (D)	• 학습목표 및 목표기능 확인 • 평가도구 설계 • 학습활동 및 학습환경 설계
	개발 (D)	• 임무 개발 • 임무초점 설정 • 커버스토리 개발 • 시나리오 운영활동 개발

운영 단계	적용 (I)	• 수업 운영
		  - 임무가 포함된 커버스토리 인식
		  - 역할 및 수행해야 할 일 선정
		  - 수행해야 할 일 분담
		  - 학습자원 선정
		  - 시나리오 운영
		  - 시나리오 운영 결과 발표 및 공유

평가 단계	평가 (E)	• 학습자 평가 • 러닝퍼실리테이터 평가 • 목적중심시나리오 수업 평가

1. 목적중심시나리오 수업 준비하기

목적중심시나리오 수업을 운영하기 위해서는 준비 단계에서 분석, 설계, 개발 절차가 필요하며, 그 방법에 대해 살펴보면 다음과 같다.

1) 분석

분석 단계에서 러닝퍼실테이터는 요구 분석, 학습자 분석, 학습환경 분석, 직무 및 과제 분석 등의 활동을 수행한다.

(1) 요구 분석

학습자가 성취해야 할 목표기능과 현재 학습자들이 지니고 있는 능력 수준 간의 차이를 규명하고 그 결과를 바탕으로 실제 업무 수행에서 요구되는 지식과 기술을 습득하기 위해 학습자들에게 필요한 학습활동을 파악한다.

(2) 학습자 분석

학습자 분석에서는 학습자의 일반적인 특성, 학습내용에 대한 사전지식 수준, 테크놀로지 사용 능력 등을 파악한다.

(3) 학습환경 분석

학습환경 분석에서는 학습자들이 시나리오 운영이 가능한지 판단할 수 있는 강의실 환경, 학습자원 활용 시스템을 파악해야 한다. 강의실 환경은 컴퓨터 및 빔 프로젝트, VCR, 팀 학습을 위한 책상 및 의자 배치, 학습자 활동을 위한 공간의 크기 등이 해당되며, 학습자원 활용 시스템으로는 학습자들이 서적 참조가 가능한지, 동영상 시청이 가능한지, 시나리오의 산출물 제작환경은 어떠한지 등이 해당된다.

(4) 직무 및 과제 분석

직무 및 과제 분석에서는 직무 및 과제의 지식, 기능이 무엇인지 파악하고 그들 간의 관련성을 확인하는 과정이다.

러닝퍼실리테이터는 학습자에게 동기를 부여하고 학습자가 해당 목표를 달성하는 데 필요한 기능을 습득할 수 있도록 하는 코스를 구성해야한다. 이를 위해 러닝퍼실리테이터는 실제 전문가의 수행을 관찰하여 사용되는 지식의 다양한 유형과 기능을 분석한다. 이를 통해 다음 설계 단계에서 학습목표 및 목표기능을 선정할 수 있게 된다.

2) 설계

설계 단계에서 러닝퍼실리테이터는 학습목표 및 목표기능 확인, 평가도구 설계, 학습활동 및 학습환경 설계 활동을 수행한다.

(1) 학습목표 및 목표기능 확인

학습목표 및 목표기능 확인하기는 학습자에게 가르칠 주요 지식과 기능을 선정하는 단계이다.

목적중심시나리오는 학습자가 현재 과제를 완료하기 위해 알아야 할 지식과 기능의 필요성을 발견하면서 학습이 이루어지게 되므로 학생이 배울 수 있는 기능을 기반으로 개발된다. 교수설계모형에서 기능이라는 용어의 사용이 익숙하지 않기 때문에 그 의미가 명확하게 와닿지 않을 수 있다. 기능의 의미를 명확히 설명해 보자면 대체로 기능이란 어떻게 하는지를 아는 것을 말한다. 주어진 X에 대해 'John knows how to X.'라는 문장이 있다면 X가 기능을 의미하는 것이다.

결과적으로 러닝퍼실리테이터는 학생들에게 노출되기를 바라는 주제보다는 학생들이 습득하기를 원하는 기능 측면에서 학습목표를 표현해야한다. 이 단계에서는 목표기능을 선정하고 명확화하기 위해 분석 단계의

학습목표	
목표기능 1	목표기능 2

[그림 4-2] 학습목표 및 목표기능 확인표

과제 및 직무 분석을 통해 실제 전문가의 수행관찰에서 파악된 기능들을 토대로 학습자에게 의미 있는 목표기능을 선정한다.

(2) 평가도구 설계

선정된 학습목표를 확인하는 데 적합한 평가도구를 설계함으로써 학습자의 성취 수준 또는 학습 결과를 측정할 수 있도록 준비해야 한다. 평가도구로 지필검사, 관찰 및 실기 검사, 역할연기 등 다양한 방법이 있으며, 학습자의 시나리오 활동을 평가할 수 있는 활동 참여도 등을 포함해서 평가도구를 설계한다. 또한 평가항목과 평가비율을 설계하여 평가기준을 마련해야 한다.

(3) 학습활동 및 학습환경 설계

① 학습활동 설계

학습활동 설계는 학습자들이 임무를 달성하기 위해 수행하게 될 모든 활동을 계획하는 단계이다. 학습자의 활동을 미리 추측하여 '학습자들은 목적중심시나리오와 어떻게 상호작용할 것인가?' '학습자들은 어떤 활동을 할 수 있는가?' '컴퓨터 활용이 가능해야 하는가?' 등을 고려한다.

② 학습환경 설계

학습환경 설계 단계에서는 목적중심시나리오 수업을 지원하기 위한 학습환경을 구성하는데, 학습자원 및 환경의 지원유형과 지원방법을 설정하고 관련된 주요 사례와 피드백, 정보를 전달할 미디어를 고려한다.

학습자원은 학습자가 맡은 역할에서 직면한 문제를 해결하는 데 적용할 수 있는 단서들이다. 학습자원은 관찰할 수 있는 자료, 문제해결의 실마리를 제공할 수 있는 자료 등을 확인한다. 읽기자료로 PDF, 서적, 웹페이지 등과 시청각 음성 및 동영상 자료가 있으며, 동영상은 유튜브나 러닝퍼실리테이터가 직접 맞춤형 동영상을 제작하여 학습자에게 제공할 수도 있다.

또한 학습자원 매체 활용 방안을 설계한다. 이러한 자료를 학습자에게 제공할 수 있는 방식으로 LMS, 클래스 톡, 카페, 블로그 등 제공할 플랫폼을 확인한다.

3) 개발

개발 단계에서는 앞의 분석 단계에서 확인한 전문가의 수행 과정과 설계 단계의 학습목표 및 목표기능을 바탕으로 임무 개발, 임무초점 설정, 커버스토리 개발(역할, 설정, 장면), 시나리오 운영활동을 개발한다.

〈표 4-2〉 **목적중심시나리오 개발 단계의 세부 내용**

목적중심시나리오 개발 단계	세부 내용
임무 개발	목표기능을 획득할 수 있도록 특정 업적을 명시화하는 임무를 개발함
임무초점 설정	임무가 추구되는 작업환경의 유형을 임무초점이라고 하며, 설명, 통제, 발견, 설계 작업과 같은 접근방식의 조합이 포함됨

커버스토리 개발	커버스토리에는 역할, 설정, 장면의 세 가지 요소가 있으며, 학습자가 수행해야 할 역할, 목적중심시나리오에서 수행해야 할 구체적인 상황, 학습자가 임무 수행을 위해 과제를 수행해야 할 물리적 장소인 장면을 구체적으로 정의함
시나리오 운영활동 개발	시나리오 운영은 목적중심시나리오에 참여하는 동안 학습자가 수행할 실제 활동을 의미하며, 임무가 주어지는 과정에서부터 임무 수행의 각 단계를 현실적으로 제시하고 각 단계에서 문제해결에 필요한 정보자원을 획득할 수 있는 다양한 장치를 마련함

(1) 임무 개발

학습목표를 설정한 후 학습자가 수행해야 하는 임무 혹은 과제를 개발한다. 임무 개발은 학습자의 참여 동기를 자극하고 목표기능을 습득할 수 있는 특정 업적을 명시화하는 단계이다. 임무는 목적중심시나리오의 전반적인 목표이므로 임무는 목적중심시나리오의 나머지 요소들을 설계할 때 지침이 된다.

임무는 학습자들에게 일상에서 일어날 수 있는 상황의 형태로 제시되는데, 성공적인 임무의 수행은 설정된 목표를 성취하는 것을 의미하므로 임무와 목표 간에 긴밀한 의미론적 관련성이 확보되어야 한다. 즉, 임무

학습목표	
목표기능 1	목표기능 2
↓	↓
임무 1	임무 2

[그림 4-3] 임무 개발표

를 수행하는 과정에서 목표가 부지불식간에 달성되도록 만들어야 한다.

(2) 임무초점 설정

임무가 개발되면 그 다음으로 지정해야 하는 목적중심시나리오의 두 번째 구성 요소는 임무초점이다. 임무가 개발되면 이를 구현할 활동의 스타일을 고려해야 하는데, 이것이 임무초점을 선택하는 문제이다. 임무가 추구되는 작업환경의 유형을 임무초점이라고 하며, 임무초점은 나머지 목적중심시나리오를 구성하는 전체 프레임워크를 제공한다. 임무초점에는 설명, 통제, 발견, 설계 작업과 같은 접근방식의 조합이 포함된다.

임무초점의 개념을 명확히 하려는 한 가지 이유는 최선의 경우 학습자가 목표기능을 배울 뿐만 아니라 임무를 추구하는 데 필요한 일반적인 문제해결 기술을 습득하거나 향상시킬 수 있기 때문이다. 일반적인 기능의 본질은 임무초점에 의해 설명되며, 이를 알면 이러한 핵심적인 기능 습득을 지원하는 프로그램을 설계할 수 있다.

〈표 4-3〉 임무초점 유형

임무초점	세부 내용
설명 (explanation)	학습자가 현상을 설명하고 시스템을 진단하고 결과를 예측함
통제 (control)	학습자가 조직을 운영하고 시스템을 운영함
발견 (discovery)	학습자가 운영하는 마이크로월드를 제공하고, 해당 마이크로월드를 규율하는 법률을 추론하고, 활동에 참여할 기회를 알림
설계 (design)	학습자의 주요 활동이 일부 인공물을 생성하고 시스템 구성방법을 지정함

(3) 커버스토리 개발

임무개발과 임무초점 설정 후 목적중심시나리오에서 지정할 다음 구성 요소는 커버스토리이다. 커버스토리는 학습자가 해야 하는 역할, 행동이 일어나는 장면, 목적중심시나리오를 구체화하고 학습자에게 더 그럴듯하고 매력적으로 만드는 기타 세부 사항을 보다 구체적으로 정의한다. 동기를 부여하는 커버스토리를 선택하기 위한 두 가지 힌트는 사람들이 하고 싶어 하는 무언가를 선택하거나 사람들이 실제 생활에서 두려워할 만한 무언가를 선택하는 것이다. 학습자들은 이러한 커버스토리에 강한 매력을 느낀다. 커버스토리는 학습자를 처음부터 과제로 끌어들이는 데 있어 매우 중요하다.

커버스토리는 임무가 추구되는 전제이므로 임무를 포괄하는 커버스토리를 개발하는데, 목표기능이 활용되는 환경과 유사하게 개발되어야 한다. 러닝퍼실리테이터는 커버스토리의 유용한 기능을 습득하고 연습할 수 있는 기회를 포함하는 동시에 학습 중인 기능의 잠재적인 유용성을 학습자들에게 보여 주어야 한다. 커버스토리에는 역할, 설정, 장면의 세 가지 요소가 있으며, 각 임무에서 역할, 설정, 장면의 상황 맥락적 정보들로 커버스토리를 개발한다. 커버스토리는 학습자가 기능 획득 측면에서 전진할 수 있도록 고안되어야 한다. 예를 들어, 트럭 운송 회사를 운영하는 것이 적절한 임무일 수 있다. 그렇다면 운영할 트럭 회사의 세부 사항, 제공할 서비스, 처리해야 하는 경쟁사 및 고객 등은 '트럭 회사 운영' 임무의 커버스토리를 구성하게 된다.

① 역할 개발

커버스토리 속에서 학습자들이 맡게 될 역할을 개발하여 학습자들은 커버스토리 속의 역할에 따라 임무를 수행하게 한다.

역할은 커버스토리와 함께 개발되어야 하는데, 커버스토리상에서 학습자가 수행해야 하는 역할을 정의하고, 임무를 해결해 가는 과정에서 학습자가 커버스토리의 주인공이 되도록 유도함으로써 학습자의 흥미 유발과 학습전이를 촉진하게 된다.

〈표 4-4〉 역할 개발표

역할 1	
역할 2	
역할 3	

② 설정 및 장면 개발

설정(setup)은 목적중심시나리오의 전제에 대한 기타 세부 사항을 제공하는 것이다. 설정을 통해 학습자들에게 임무가 중요한 이유와 협력하여 일할 사람이 설명된다. 학습자가 사용할 수 있는 도구, 용도, 다양한 이벤트가 발생하는 장소, 장애물과 보상을 지정할 수 있다. 설정은 학습자가 어떠한 성취를 얻게 되는 것에 대한 보다 구체적인 상황을 제공하는 것이다.

장면(scenes)은 주어진 커버스토리의 스토리 라인으로 여러 무대 또는 환경이 포함될 수 있다. 따라서 장면은 학습자가 시나리오 작업에 참여할 수 있는 기회를 제공하는데, 커버스토리와 논리적으로 연결되는 특정한 물리적 환경에 지나지 않는다. 장면의 예로는 방송국 스튜디오, 혈액 검사실, 대통령 사무실, 하역장 등이 될 수 있다.

〈표 4-5〉 설정 및 장면 개발표

임무명		커버스토리		
임무1		커버스토리 1	역할	역할 1, 역할 2, 역할 3
			설정	
			장면	
임무2		커버스토리 2	역할	역할 1, 역할 3
			설정	
			장면	

(4) 시나리오 운영활동 개발

지정해야 하는 목적중심시나리오의 마지막 구성 요소는 시나리오 운영 활동 개발이다. 시나리오 운영은 학습자가 임무를 해결해 가는 과정에서 취해야 하는 구체적인 활동을 예상하고 이를 시나리오상에 자연스럽게 배치하는 것이다. 학습자가 수행해야 하는 개별적인 작업을 고려하여 임무가 주어지는 과정에서부터 임무 수행의 각 단계를 현실적으로 제시하고 각 단계에서 문제해결에 필요한 정보자원을 획득할 수 있는 다양한 장치를 마련하게 된다. 예를 들어, 전문가에게 묻기, 신문기사 읽기, 동영상 자료 보기 등이 포함될 수 있다.

또한 임무 수행에 필요한 상세한 정보를 선정한다. 간략한 커버스토리를 기술하고 학습자가 직면한 문제를 해결할 수 있는 관련 사이트로의 링크, 그래픽, 관련 문서 등을 선정하고 개발한다. 또 이렇게 정리된 〈표 4-6〉의 시나리오 운영활동 개발표는 수업 운영 과정에서 학습자가 맡은 역할과 임무를 수행하기 위해 제공하는 학습자원 리스트로 활용된다.

〈표 4-6〉 시나리오 운영활동 개발표

임무명		커버스토리		시나리오 운영활동	
임무1		커버스토리 1		링크	
				그래픽	
				관련 문서	
				휴대용 저장 매체	
				전문가 정보	
임무2		커버스토리 2		링크	
				그래픽	
				관련 문서	
				휴대용 저장 매체	
				전문가 정보	

① 학습자원 개발

학습자가 임무를 수행하기 위하여 필요한 각종 정보를 학습자원의 형태로 개발한다. 임무 수행에 필요한 정보를 사전에 잘 조직화하여 학습자가 필요한 시점에 접근할 수 있도록 해야 한다. 임무 수행에 필요한 충분한 자원이 제시되어야 하고, 특히 시나리오 운영 설계와 연관시켜서 실제성을 높일 수 있는 형태로 제작되어야 한다.

② 피드백 제공 자료 개발

학습을 진행하는 과정에서 겪게 되는 어려움을 해결할 수 있도록 학습자에게 피드백을 제공한다.

학습자는 임무 수행 중에 어려움에 봉착할 수 있고, 이러한 기대 실패

의 순간에 적절한 피드백을 제공하여 학습자의 반성적 성찰 과정을 도와
주는 적절한 피드백이 사전에 설계되고 개발되어 있어야 한다. 이러한 피
드백 역시 러닝퍼실리테이터의 직접적인 설명보다는 유사 사례에서 전문
가들이 취했던 다양한 선택과 그 이유를 제시해 줌으로써 학습자가 보다
현실적이라고 인식할 수 있도록 제시할 필요가 있다.

2. 목적중심시나리오 수업 운영하기

목적중심시나리오 수업 운영 과정을 설명하면 다음과 같다. 학습자들
에게 목표를 부여하기 위해 임무를 제시해 주고, 이 목표에 몰입할 수 있
도록 커버스토리, 역할을 제시해 주며, 임무 달성을 지원하기 위해 학습
자 활동, 학습자료, 피드백을 제공한다. 목적중심시나리오 수업에서는 이

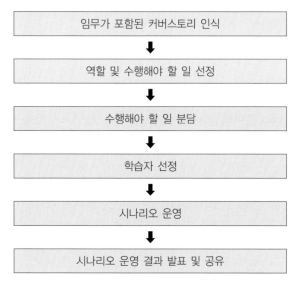

[그림 4-4] 목적중심시나리오 수업 운영 과정

시나리오에 따라 학습자들이 역할놀이(role-paly)를 하듯 주어진 역할을 수행하면서 학습이 일어난다.

1) 임무가 포함된 커버스토리 인식

주어진 커버스토리에 포함된 임무가 무엇인지, 임무를 수행할 역할, 설정, 장면이 어떠한지, 임무초점은 무엇인지를 살펴보는 단계이다.

(1) 학습자 및 러닝퍼실리테이터 역할

학습자 역할	러닝퍼실리테이터 역할
• 임무 파악 • 임무와 관련된 역할 파악 • 임무와 관련된 설정 상황 파악 • 임무를 수행할 장면 파악 • 임무의 초점이 무엇인지 파악	• 커버스토리 제시 • 팀원이 돌아가며 커버스토리를 한 문단씩 읽게 하기 • 커버스토리에 포함된 임무, 역할, 상황, 장면, 임무초점 등을 파악해서 정리해 보도록 안내

(2) 러닝퍼실리테이터 실천적 활동 가이드라인

① 러닝퍼실리테이터는 이미 만들어 놓은 커버스토리를 학습자 수에 맞게 배포하고 학습자들이 한 문단씩 돌아가며 읽도록 안내한다.

> 예 1) "발표자가 제시해 드린 커버스토리를 한번 읽어 보시죠?"
> 예 2) "팀 리더를 중심으로 돌아가면서 한 문단씩 읽어 보시죠?"

② 커버스토리를 다 읽은 후 팀원 각자가 커버스토리에 포함된 임무, 역할, 상황, 장면, 임무초점 등을 파악해서 정리해 보도록 안내한다. 미리 이렇게 정리할 수 있는 시트를 준비해서 제시해 주면 더 좋다.

> 예) "이 커버스토리에 포함된 임무, 역할, 상황, 장면, 임무초점 등을 파악해서 정리해 보세요."

2) 역할 및 수행해야 할 일 선정

목적중심시나리오에 주어진 임무를 수행하기 위한 역할과 수행해야 할 일을 선정하는 단계이다.

(1) 학습자 및 러닝퍼실리테이터 역할

학습자 역할	러닝퍼실리테이터 역할
• 팀 토론을 통해 임무를 수행하기 위한 역할과 수행해야 할 일 선정	• 역할 선정 토론 촉진 • 수행해야 할 일을 선정 및 토론 촉진

(2) 러닝퍼실리테이터 실천적 활동 가이드라인

① 목적중심시나리오 수업을 처음 하는 학습자들일 경우 러닝퍼실리테이터는 다음과 같은 표를 플립차트나 화이트보드 등에 그려서 학습자들의 학습활동이 촉진되도록 하면 좋다. 러닝퍼실리테이터는 학습자들에게 목적중심시나리오에 나타나 있는 임무를 표의 왼쪽 칸에 기록하도록 안내하고, 주어진 역할과 수행해야 할 일을 그 옆 칸에 기술하도록 안내한다.

임무	역할	수행해야 할 일

② 그런 다음 제시된 커버스토리와 관련하여 학습자들이 수행해야 할
학습과제가 무엇인지 기록하도록 안내한다. 학습과제는 임무초점
이 무엇인가에 따라 그 형태가 다를 수 있다. 따라서 러닝퍼실리테
이터는 수업을 진행하기 전에 이에 대한 사항을 미리 파악하고 있어
야 한다. 학습자들이 수행해야 할 일을 여러 가지 도출하면 이를 정
리해서 수행과제로 정하도록 한다.

3) 수행해야 할 일 분담

커버스토리에서 맡은 역할의 임무를 완수하기 위해 수행해야 할 일들
을 나열하고, 이러한 일들에서 공통적으로 수행해야 할 일과 개별적으로
수행해야 할 일로 구분하여 누가 담당할 것인지 결정한다.

(1) 학습자 및 러닝퍼실리테이터 역할

학습자 역할	러닝퍼실리테이터 역할
• 공통 및 개별적으로 수행해야 할 일 분담	• 임무를 완수하기 위해 수행해야 할 일을 나열하게 하고, 공통 및 개별적으로 수행해야 할 일을 분담할 수 있도록 안내

(2) 러닝퍼실리테이터 실천적 활동 가이드라인

① 러닝퍼실리테이터는 임무를 완수하기 위해 수행해야 할 일을 나열
   하게 하고, 이 일들 중 수행해야 할 일이 중복되어 학습자들이 시간
   소모를 하지 않도록 공통 및 개별적으로 수행해야 할 일을 분담할
   수 있게 안내한다.

② 맡은 역할에 따라 수행해야 할 일이 많을 경우 공통 업무는 다른 역
   할을 맡은 학습자가 할 수 있도록 수행해야 할 일들이 적절하게 배
   분되도록 안내한다.

구분	임무	역할	수행해야 할 일
공통			
공통			
개별			
개별			
개별			
개별			
개별			

4) 학습자원 선정

학습자가 맡은 역할과 임무를 수행하는 데 필요한 학습자원을 선정하
는 단계이다. 예컨대, 현장전문가를 찾아가 볼 것인지, 인터넷을 찾아볼
것인지, 현장을 답사해 볼 것인지 등 목적중심시나리오 수업 설계 및 개
발 단계에서 설정한 학습자원을 선정하는 것을 말한다.

(1) 학습자 및 러닝퍼실리테이터 역할

학습자 역할	러닝퍼실리테이터 역할
• 팀 토론을 통해 선택할 학습자원 선정	• 수업 준비 단계에서 개발한 시나리오 운영활동 개발표를 참고하여 학습자원 리스트를 제공하고, 학습자들이 학습자원을 선택할 수 있도록 안내 ※ 〈표 4-6〉 '시나리오 운영활동 개발표' 참조

(2) 러닝퍼실리테이터 실천적 활동 가이드라인

① 러닝퍼실리테이터는 주어진 임무를 달성하기 위해서 수행에 필요한 학습자원 리스트를 학습 팀에 제공하여 학습자들이 스스로 학습자원을 선택할 수 있도록 한다.

② 학습자원 리스트에 포함되어야 할 사항은 임무초점에 따라 다르겠지만 기본적으로 학습할 콘텐츠가 저장되어 있는 장소, 내용전문가의 인적사항, 현장전문가의 인적사항, 학습 관련 인터넷 사이트, 관련 도서 정보, 실제 현장에 관한 정보가 포함된 안내서 등이 포함된다.

구분	임무	역할	수행해야 할 일	학습자원
공통				
공통				
개별				
개별				
개별				
개별				
개별				

5) 시나리오 운영

시나리오 운영하기는 역할 및 수행해야 할 일 선정, 수행할 일 분담하기, 학습자원 확인 활동이 끝나면 각자 흩어져서 역할에 따라 개별 및 팀 활동을 하는 단계이다.

시나리오 운영은 학습자들이 목적중심시나리오에 참여하는 동안 수행하게 될 실제 활동으로 학습목표 달성에 중요한 영향을 미친다. 만약 수행하게 되는 활동이 임무와 관련이 없거나 일관성이 없거나 무의미하거나 너무 복잡하면 학습자의 동기와 관심이 줄어들고 원하는 기능을 배우지 못한다.

이 단계에서는 추상적인 활동 설명보다 학습자가 수행해야 하는 개별 작업을 고려해야 한다. 시나리오 운영은 다이얼로 매개변수 조정하기, 소셜 시뮬레이션에서 지시 내리기, 질문에 답하기, 도구를 사용하여 인공물의 일부분을 만들기, 정보 검색하기, 대안 사이에서 결정하기 등의 활동을 의미한다.

(1) 학습자 및 러닝퍼실리테이터 역할

학습자 역할	러닝퍼실리테이터 역할
• 자신의 역할과 수행할 일에 따른 개별 및 팀 활동 실시	• 개별 또는 팀 학습 중에도 러닝퍼실리테이터와 학습자 간에 소통이 이루어질 수 있는 수단 강구 • 학습자들이 역할에 맞는 수행할 일에 몰입할 수 있도록 격려

(2) 러닝퍼실리테이터 실천적 활동 가이드라인

① 시나리오 운영하기 단계에서는 학습자들이 개별학습을 하기 때문에 러닝퍼실리테이터가 대면으로 러닝퍼실리테이션 활동을 하기가 어렵다. 따라서 SNS(카카오톡, 밴드, 카페)를 통해서 러닝퍼실리테이터와 학습자 간, 학습자와 학습자 간에 소통을 할 수 있는 방안을 강구하고 이를 안내한다.

② 수행한 학습결과물을 공유할 수 있는 공간(구글 드라이브, LMS 플랫폼)을 사전에 알려 주고 이를 탑재하여 학습자가 공유할 수 있도록 하고, 러닝퍼실리테이터는 탑재되는 내용을 모니터링한다.

③ 개별 학습기간 동안에 학습자가 고립감을 느끼지 않도록 SNS, 문자 등 가능한 수단을 통해서 러닝퍼실리테이터가 계속 관심을 가지고 있다는 것을 공감하도록 한다.

Key Point

수행한 학습결과물은 각 학습자가 러닝퍼실리테이터용과 팀원의 숫자만큼 복사해 오도록 강조하며 안내한다. 이렇게 해야 다음에 만나서 토론하고 결과물을 종합하는 활동을 잘 진행할 수 있다.

6) 시나리오 운영 결과 발표 및 공유

학습자들의 시나리오 운영활동이 끝나면 약속된 시간과 장소에서 만나 각자 수행한 학습결과물에 대해 발표를 하고 공유하는 활동을 하는 단계이다.

(1) 학습자 및 러닝퍼실리테이터 역할

학습자 역할	러닝퍼실리테이터 역할
• 자신이 담당한 수행한 일 발표	• 각자 수행한 일의 결과물을 나누어 주고 발표 순서를 정해서 발표하도록 안내 • 발표 중 습득한 지식과 기능이 공유될 수 있도록 질문을 많이 하도록 안내

(2) 러닝퍼실리테이터 실천적 활동 가이드라인

① 학습과제 수행을 완료한 후 학습자 각자가 만들어 온 결과물을 나누어 주도록 안내하고 러닝퍼실리테이터에게도 제출하도록 안내한다.

② 발표 순서를 정하게 한 후 순서대로 발표를 한다. 이때 단순한 내용 발표뿐만 아니라 수행 과정에서 겪었던 어려움이나 느낀 생각 등을 이야기하도록 하여 지식과 기능의 범위를 확장하도록 안내한다.

③ 발표자 이외의 학습자들은 질문을 많이 하도록 분위기를 촉진한다.

3. 목적중심시나리오 수업 평가하기

목적중심시나리오 수업의 평가는 크게 학습자 평가, 러닝퍼실리테이터 평가, 목적중심시나리오 평가로 나누어 살펴볼 수 있다.

1) 학습자 평가

러닝퍼실리테이터는 목적중심시나리오 수업이 학습자 중심 수업임을 고려하여 성취도 평가뿐만 아니라 동료 평가, 산출물에 대한 평가를 포함해야 한다.

첫째, 동료 학습자를 통해 학습자들이 학습목표와 목표기능 달성을 위해 협력했는지에 대한 평가가 이루어져야 한다.

둘째, 학습목표를 달성하였는지에 대한 객관적인 평가가 이루어질 수 있도록 사전에 학습자들에게 평가기준을 명확히 고지해야 하며, 성취도 및 산출물에 대한 평가를 실시한다.

셋째, 러닝퍼실리테이터가 관찰자로서 학습자의 토론 참여, 과제 정보 수집 활동 등을 확인하고 수업 운영 단계별로 관찰 및 기록하여 평가를 실시한다.

2) 러닝퍼실리테이터 평가

목적중심시나리오 수업을 실시한 후 러닝퍼실리테이터는 학습자로부터의 평가 및 자기 평가 결과를 목적중심시나리오 수업을 개선하는 데 활용할 수 있다.

첫째, 수업 첫 시간에 수업 기대 설문조사를 실시하여 학습자가 수업에 기대하는 바를 파악하고, 이를 중간 평가와 학기말 평가로 나누어 실시하여 학습자의 수업 기대에 부응하였는지를 평가한다.

둘째, 한 학기 수업 종료 후 강의 평가 자료를 참고하여 수업에서 만족하는 점, 개선해야 할 점을 평가하여 차기 수업 운영을 위한 계획을 수립한다.

셋째, 러닝퍼실리테이터가 매 수업 후 목적중심시나리오 수업을 운영할 때의 학습자들의 반응, 참여도, 흥미도, 집중도 등을 파악하여 자기 성찰일지를 작성한다. 이를 분석하여 수업 개선 자료로 활용한다.

3) 목적중심시나리오 수업 평가

목적중심시나리오 수업에 대한 평가를 통해 목적중심시나리오 수업방법의 개선점을 도출할 수 있다. '다음 학기에도 이 수업방법으로 진행하는 교과목을 신청하겠다.' '후배에게 이 수업방법으로 진행되는 교과목의 수강 신청을 권유하겠다.' 등의 항목으로 수업방법에 대한 만족도를 평가할 수 있으며, 목적중심시나리오 수업방법에서 어려웠던 점, 좋았던 점을 서술형 문항으로 제시하면 개선점 및 수업방법의 장점을 파악할 수 있다.

Key Point
목적중심시나리오 수업을 처음 하는 학습자들은 이런 수업이 익숙하지 않아서 수행해야 할 일을 찾는 데 어려움이 있을 수 있다. 이때 러닝퍼실리테이터가 진행 과정을 모니터링하면서 이미 설계 때 선정해 놓았던 수행해야 할 일을 제시해 주어 학습자들이 계속 미궁에 빠져 있지 않도록 할 필요가 있다.

📚 참고문헌

박은희(2018). GBS를 활용한 대학생 학습멘토링 기법 교육 프로그램 개발. 부산대
    학교 대학원 박사학위논문.
홍진용, 박수홍, 김두규(2019). 창의적 인적자원개발을 위한 러닝퍼실리테이터 입문. 서
    울: 학지사.

Schank, R. C., Fano, A., Bell, B., & Jona, M. (1994). The design of goal-based
    scenarios. *The journal of the learning sciences*, *3*(4), 305-345.

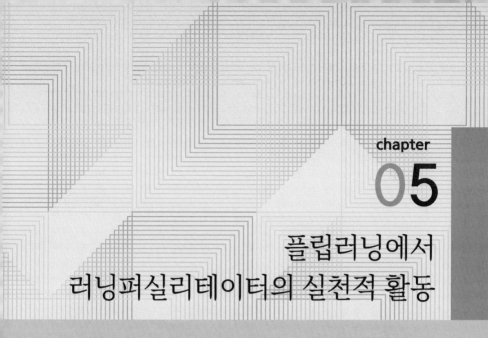

플립러닝에서
러닝퍼실리테이터의 실천적 활동

플립러닝은 학습자가 수업 전 사전학습 콘텐츠로 학습을 한 후, 본수업에서는 다양한 학습자 중심 활동을 수행하며, 사후학습으로 성찰활동, 질의응답, 평가, 학습결과물 탑재 등의 활동을 수행한다. 이때 교수자는 기존의 강의자가 아닌 조언자 및 러닝퍼실리테이터로서 학습자에게 피드백, 조언 등을 제공한다.

이 장에서는 러닝퍼실리테이터 관점에서 플립러닝 수업을 위한 수업 설계 절차를 살펴보고, 플립러닝 수업 준비 단계, 운영 단계, 평가 단계에서 러닝퍼실리테이터가 수행해야 하는 구체적인 실천적 활동들을 살펴보고자 한다.

플립러닝에서 러닝퍼실리테이터의
실천적 활동 / 김두규

플립러닝 수업 설계를 위해서 러닝퍼실리테이터는 체제적 수업 설계 (Instructional Systems Design: ISD)의 가장 대표적인 모형인 ADDIE 모형에 따라 수업을 설계하면 효과적이고 효율적이다.

분석(Analysis), 설계(Design), 개발(Development), 실행(Implementation), 평가(Evaluation)의 절차로 구성되어 있는 ADDIE 모형에 기반하여 플립러닝의 특징을 고려해서 플립러닝 수업 설계를 해야 한다. 플립러닝 수업 설계의 전체적인 과정을 〈표 5-1〉에 정리하였다. 이를 참조하면 플립러닝 수업을 총괄적으로 설계할 수 있을 것이다.

〈표 5-1〉 플립러닝 수업 설계 절차 및 내용

플립러닝 수업 절차	ADDIE 절차	세부 내용	on/off line
준비 단계	분석 (A)	• 요구 분석 • 교과목 내용 분석 • 학습자 분석 • 학습환경 분석	

준비 단계	설계 (D)	• 강의계획서 설계 • 교수학습 전략 설계 • 교수매체 선정 • 평가 전략 설계	
	개발 (D)	• 사전학습 자료 개발 또는 선정 • 수업자료 개발 또는 선정 • 평가자료 개발 • 학습 보조자료 개발 또는 선정	
운영 단계	실행 (I)	• Pre-class 운영 • In-class 운영 • Post-class 운영	on off on
평가 단계	평가 (E)	• 학습자 평가 • 러닝퍼실리테이터 평가 • 플립러닝 수업 평가	

1. 플립러닝 수업 준비하기

수업을 준비할 때 러닝퍼실리테이터가 해야 할 역할을 각 단계별로 살펴보면 다음과 같다.

1) 분석

분석 단계에서는 학습자 분석, 교과목 내용 분석, 요구 분석, 학습환경 분석 등의 활동을 수행한다.

(1) 학습자 분석

학습자 분석을 통해 학습자들의 일반적인 특성과 선수학습능력, 매체 활용능력 등을 파악한다.

(2) 교과목 내용 분석

교과목 내용 분석을 통해 플립러닝 적합 여부, 학습 규모(학생 수, 소집단 학생 수), Pre-class 인정 시수, 학습목표 내용(지식, 이해, 적용, 분석, 종합, 평가) 등을 파악한다.

(3) 요구 분석

학습자가 현재 어떤 수준에 있는지를 분석하여 학습목표 도달을 위해 학습자들에게 필요한 학습활동이 무엇인지 등을 파악하는 요구 분석이 이루어져야 한다.

(4) 학습환경 분석

학습환경 분석에서는 강의실 환경(시청각 교육을 위한 오디오/비디오 환경, 팀 학습을 위한 책상 및 의자 배치, 학습자의 활동을 위한 공간의 크기 등), 교수학습 시스템 환경[학습자들이 동영상 시청은 가능한지, 학습자료를 학습관리 시스템(Learning Management System: LMS)으로 활용할 수 있는지, 강의 동영상 제작 환경은 어떠한지 등]의 러닝퍼실리테이터 및 학습자 멀티미디어 리터러시(러닝퍼실리테이터 및 학습자의 스마트 기기 활용 능력, 러닝퍼실리테이터의 멀티미디어 자료 제작 능력, 학습자의 멀티미디어 활용 능력 등) 등을 파악해야 한다.

2) 설계

설계 단계에서 러닝퍼실리테이터는 수업계획서 설계, 교수학습 전략 설계, 교수매체 선정, 평가 전략 설계 등의 활동을 수행해야 한다.

(1) 수업계획서 설계

수업계획서 설계는 전체 학기 수업계획서, 전체 수업 개발계획서, 주차별 수업계획서 설계로 구분하여 설계가 가능하다.

〈표 5-2〉 전체 학기 수업계획서

전체 학기 수업계획서					
교과목명		러닝퍼실리테이터명		참여 인원	
수업 형태	Pre-class(on-line, ○○시간)/In class(off-line, ○○시간)				
과목 개요					
교육목표					
교재 정보	주교재				
	참고교재				
주요 수업활동 계획					
Pre-class		In-class		Post-class	
•		•		•	
대표 강의 자료		Pre-class와의 연계 활동		과제 및 학습 성찰	
•		•		•	

전략	전략	전략
•	•	•

학습자 평가 설계(총 100%)			
Pre-class 평가 (○○%)	In-class 평가 (○○%)	Post-class 평가 (○○%)	총괄 평가 (○○%)
•	•	•	•

평가기준 설정			
토론	프로젝트	개별 활동	학습 성찰
•	•	•	•

출처: 최정빈(2018).

전체 학기 수업계획서 설계 시에는 〈표 5-2〉에서 보는 바와 같이 수업 참여 인원, 수업 형태, 과목 개요, 교육목표, Pre-class, In-class, Post-class의 주요 수업 활동 계획, 학습자 평가 설계, 평가기준 설정 등의 내용이 포함된다.

〈표 5-3〉 전체 수업 개발계획서

전체 수업 개발계획서					
주차	학습 주제	Pre-class			In-class
		수업 자료원		내용	수업 활동 내용과 자료
		시간 (분)	출처		
1					
2					
3					
4					
5					
6					
7					
8	중간고사				
9					
10					
11					
12					
13					
14					
15	기말고사				

출처: 최정빈(2018).

전체 수업 개발계획서에는 〈표 5-3〉에서 보는 것과 같이 각 주별 학습 주제와 Pre-class에서의 수업 자료원과 내용, In-class에서의 수업 활동 내용과 자료를 설계한다.

〈표 5-4〉 주차별 수업계획서

주차별 수업계획서							
교과목명		러닝퍼실리테이터명		AI(조교)			
단원(차시)		단원 주제		수업 날짜			
학습목표							
단계 선택 ☑		교수/학습 활동				시간	비고
Pre-class (사전학습)	☑ P						
	☑ A						
In-class (강의실)	☑ R						
	☑ T						
	☑ N						
	☑ E						
Post-class (사후활동)	☑ R						
본 차시 교수 전략	주의집중(attention)						
	관련성(relevance)						
	자신감(confidence)						
	만족감(satisfaction)						
평가 전략 (주차별 평가 시에만 기입)	Pre-class						
	In-class						

출처: 최정빈(2018).

주차별 수업계획서에는 〈표 5-4〉와 같이 플립러닝의 Pre-class, In-class, Post-class에서의 교수/학습 활동과 시간을 구체적으로 기록하고, 본차시 교수 전략과 평가 전략을 기록한다.

Pre-class의 P는 Preparation(사전 단계)의 약자로 사전학습용 수업자료(교수자 수업 동영상, OCW, MOOC, 유튜브 자료 등)나 텍스트 자료(PDF, PPT, 신문기사, 수업노트, 읽을거리 등)에 대한 것을 설계하면 되고, A는 Assessment(사전학습 평가)의 약자로 사전학습 평가(퀴즈 풀이, 요약 정리, 질문 개발하기 등) 방안을 설계하면 된다.

In-class의 R은 Relevacnce(사전학습 연계)의 약자로 짝 점검, 서면 테스트, 질의응답 등의 사전학습 연계 전략을 설계하면 되고, T는 Team activity의 약자로 플립러닝의 핵심적인 교수학습 방법을 기술하면 된다. N은 Nub leacture(핵심요약 강의)의 약자로 In-class 활동 중에 거론된 공동 질문에 대한 답과 종합적인 피드백이나 협력학습 활동 후에 핵심요약 강의를 어떻게 제공할 것인지에 대해 설계하면 된다. E는 Evaluation(평가)의 약자로 차시별, 개별 평가 및 팀 평가 계획을 설계하되 수업 형태에 따라 평가의 형태를 다르게 설계하면 된다.

Post-class의 R은 Reflection(성찰)의 약자로 수업 후 학습성과에 대한 개인 성찰활동, 동료 성찰활동, 팀 성찰활동 등의 전략을 설계하면 된다.

(2) 교수학습 전략 설계

교수학습 전략 설계에서는 수업 비율(Pre-class, In-class, Post-class의 비율), 수업 형태(이론, 이론 + 실습, 실습), In class에서 적용가능한 교수학습 방법(토의, 토론, 문제풀이, 문제중심학습, 프로젝트중심학습, 협동학습, 기타) 등을 설계한다.

(3) 교수매체 설계 전략

사전학습 자료 개발 및 선정을 위해 PDF 읽기자료 설계, 동영상 강의 자료 직접 제작방법 설계(캠타시아, 안캠코더, 다음팟인코더, 픽스톤, 오피스 믹스, 파워포인트, 녹음 또는 녹화), 출판사 제공 콘텐츠 또는 동영상 자료, OCW, MOOC, 유튜브 등의 자료 활용 방안을 설계한다.

사전학습 자료의 탑재를 위한 LMS, 페이스북, 카페 등에 대한 설계 전략을 확인한다.

(4) 평가 전략 설계

학습자 평가 설계를 위해 우선 Pre-class, In-class, Post-class의 평가 비율을 설계한다.

Pre-class에서 학습자들이 학습한 내용을 평가하는 방법으로 진위형, 배합형, 선다형, 단답형, 완성형, 논술형, 실습형, 구술형 등의 방법 중 어떤 것을 활용할 것인지 설계한다.

In-class에서 토론, 협동학습, 개별학습 등과 Post-class에서 학습자 성찰활동을 평가할 수 있는 평가기준인 루브릭(Rubric)을 설계한다.

3) 개발

개발 단계에서는 앞의 설계 단계에서 설계한 교수학습 활동 전반에 대한 설계안을 토대로 실제 교수학습 활동에서 활용할 사전학습 자료 개발 또는 선정, 수업자료 개발 또는 선정, 평가자료 개발 등의 활동이 이루어진다.

2. 플립러닝 수업 운영하기

플립러닝 수업은 Pre-class, In-class, Post-class로 구분하여 운영할 수 있다([그림 5-1] 참조).

1) Pre-class 운영

플립러닝 수업에서 Pre-class는 학습자들이 자기 주도적 학습을 할 수 있도록 사전학습 강의자료(러닝퍼실리테이터의 강의 동영상, 유튜브, OCW, MOOC 등)를 제공하거나 사전학습 자료(PDF, PPT, 논문, 신문기사, 책 등)를 제공하고, 자기 주도적 학습활동의 일환으로 요약노트(summary note) 작성, 질문 만들기 등의 활동을 학습자들이 할 수 있도록 운영한다.

사전학습 자료는 다양한 방법으로 개발 또는 선정될 수 있다. 우선 국내외의 다양한 공개 플랫폼에서 공개된 자료들을 검색하여 활용 가능한 자료가 있는지 조사해 볼 필요가 있으며, 이곳에 자료가 없을 경우에는 러닝퍼실리테이터가 직접 개발하여 활용한다.

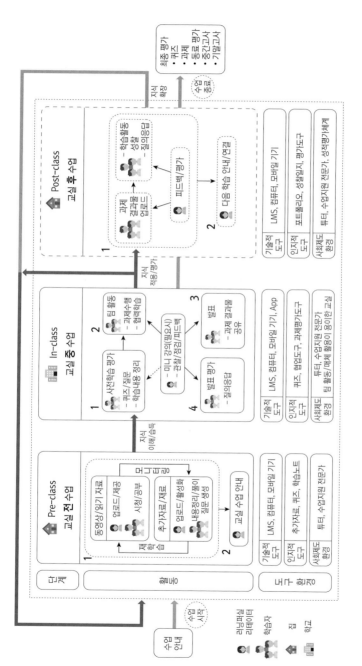

[그림 5-1] 플립러닝 수업 모형

출처: 김연경(2016).

(1) 공개 플랫폼에서 학습자료 검색

① 한국오픈코스웨어(Korea Open Course Ware: KOCW)

- 온라인 무료 강좌
- 대학에서 실제로 진행되는 강의를 온라인을 통해 무료로 청강할 수 있는 플랫폼

출처: http:www.kocw.net

② 유튜브(Youtube)

- 다양한 무료 콘텐츠 활용 가능
- 사용자가 콘텐츠를 직접 제작하여 업로드할 수 있는 플랫폼
- mp4, mpeg, avi 등 다양한 파일 포맷 지원

출처: http:www.youtube.com

③ 무크(Korea Massive Open Online Course: KMOOC)

- 대규모 공개 온라인 강좌
- 수강 인원에 제한이 없음
- 별도의 수업료 없이 수강 가능

출처: http:www.kmooc.kr

(2) 직접 개발

사전학습 자료의 직접 개발 시 활용할 수 있는 도구들을 소개하면 다음과 같다.

① 파워포인트(Power Point)

- 파워포인트의 녹화 기능을 활용하여 동영상 파일 제작이 가능
- mp4 파일로 동영상 파일 저장이 가능

② 안캠코더(Ancamcorder)

- 모니터 화면에 나오는 그대로를 영상으로 담을 수 있음.
- 프리웨어(Freeware)

③ 다음팟인코더(DaumPotEncoder)

- 동영상 편집이 용이하고 인코딩 기능이 있음.
- 프리웨어(Freeware)

④ 노우미아(Knowmia)

- 모바일 저작 도구 제공
- 유튜브 영상, 스크린캐스팅, 화이트보드 등 다양한 유형의 콘텐츠 제작 가능
- 퀴즈 출제 가능

(3) 사전학습 자료 탑재

사전학습 자료는 다음과 같이 학습관리시스템(Learning Management System: LMS)이나 유튜브 등에 탑재하여 학습자들이 사전학습을 할 수 있도록 한다.

① LMS

② 유튜브(Youtube)

(4) 사전학습 정리방법 안내

① 요약노트 작성법

사전학습 자료를 학습한 후 내용을 요약하여 정리한다. 학습의 핵심 내용을 마인드맵, 비주얼 씽킹, 트리 구조도 등을 활용하여 정리하도록 한다.

② 질문 만들기

사전학습 자료를 학습한 후 질문 만들기를 실시한다. 질문은 사전학습 자료를 학습하면서 생긴 궁금한 점이나 사전학습 자료에서 빠진 내용 등으로 구성한다. 이러한 질문은 본학습에서 진행하게 될 토의 주제나 토론 주제로 활용이 가능하고, 추가적인 문제풀이와 토론에 적극적으로 참여하게 만드는 요인이 될 수 있다.

2) In-class 운영

플립러닝 수업의 In-class 수업활동에서 러닝퍼실리테이터는 Pre-class에서 이루어진 사전학습 여부를 먼저 확인해야 한다. 그런 다음 학습자 중심의 교수학습 활동을 실시하여야 한다.

(1) 사전학습 여부 확인

① 확인방법

플립러닝에서 사전학습 여부를 확인하는 것은 매우 중요하다. 러닝퍼실리테이터는 다양한 확인방법을 활용하여 사전학습 여부를 확인함으로써 학습자들이 사전학습을 적극적으로 수행할 수 있도록 유도해야 한다.

첫째, 평가활동을 통한 사전학습 여부 확인방법이다. 진위형, 배합형, 선다형, 단답형, 완성형, 논술형, 실습형, 구술형 등의 평가활동을 통해 사전학습 여부를 확인한다.

둘째, 요약노트를 활용하여 간단하게 사전학습 내용을 발표하게 하거나 요약노트를 제출받아 평가자료로 활용한다.

셋째, 학습자들에게 사전학습 후에 질문을 만들어서 제출하게 하거나 토의 주제를 만들어 오도록 함으로써 사전학습 여부를 확인한다.

② 사전학습 활성화 전략

플립러닝 수업에서 사전학습은 매우 중요하다. 왜냐하면 사전학습이 제대로 이루어지지 않으면 In-class 상황에서 수업이 제대로 이루어지기 힘들기 때문이다. 따라서 러닝퍼실리테이터는 사전학습을 활성화할 수 있는 다음과 같이 다양한 수업 전략을 가지고 있어야 한다.

첫째, 사전학습의 점검을 In-class 수업 2~3일 전에 실시하고, 사전학습이 이루어지지 않은 학습자들에게는 러닝퍼실리테이터가 문자, 카카오톡, 전화, 이메일 등의 다양한 방법을 활용하여 사전학습을 하도록 독려하여 사전학습을 하지 않는 학생을 최소화할 수 있도록 해야 한다.

둘째, 평가 점수에 반영한다. 사전학습 자료를 제시하기 전에 학습자들에게 사전학습 점검 사항이 비중 있게 평가 점수에 반영됨을 공지하고 평가 점수에 반영한다.

셋째, 그럼에도 불구하고 사전학습을 해 오지 않은 학생들에 대해서는 In-class 수업 상황에서 수업 초기 약 10분 내외의 시간(사전학습 시간은 사전학습 내용에 따라 다르게 부여할 수 있음)을 부여하여 사전학습을 할 수 있도록 해야 한다.

넷째, 정통적인 플립러닝은 Pre-class, In-class, Post-class 순으로 수업을 진행하지만 Pre-class의 수업 내용이 교과의 특성상 외부로 반출되면 안 되는 경우에는 Pre-class를 동일 시간의 오프라인 수업 안에 포함시켜 Pre-class, In-class, Post-class로 나누어 플립러닝을 진행할 수도 있다.

(2) 학습자 중심의 교수학습 활동

In-class 수업활동에서 사전학습 여부를 확인한 후 본격적으로 학습자 중심의 교수학습 활동을 수행하게 된다. 이때 교수학습 내용에 따라 토의·토론 수업, 협동학습, 문제풀이, 실험실습 학습 등 다양하게 운영될 수 있다. 여기서는 토의·토론 수업에 초점을 맞추어 살펴보고자 한다.

어떻게 하면 토의·토론 수업을 잘할 수 있을까? 학습자들에게 "지금부터 토의·토론을 활발하게 해 주시기 바랍니다."라고 말하면 학습자들이 토의·토론 수업을 활발하게 진행할 수 있을까? 러닝퍼실리테이터가 토의·토론 수업을 잘 수행하기 위해서는 토의·토론 주제의 선정과 토의·토론 기법의 활용이 무엇보다 중요하다.

우선, 토의 · 토론 주제는 학습내용에 따라 학습자들에게 사전학습 과제로 선정해서 수업 전에 제출하도록 한 후 러닝퍼실리테이터는 그중에서 토의 · 토론 주제를 선정해서 수업을 진행할 수도 있고, 수업 시간에 학습자들의 의견을 모아 토의 · 토론 주제를 선정해도 좋다. 경우에 따라서는 러닝퍼실리테이터가 학습자들의 의견 수렴 과정 없이 토의 · 토론 주제를 제시하는 것도 가능하다. 이렇게 토의 · 토론 주제를 정해 주지 않으면 수업 당일에 우왕좌왕하는 상황이 생길 수 있기 때문에 토의 · 토론 주제를 선정하는 것에 러닝퍼실리테이터는 각별히 신중을 기해야 한다.

그리고 토의 · 토론 수업 시간에 다양한 토의 · 토론 기법을 활용할 수 있어야 한다. 러닝퍼실리테이터가 활용할 수 있는 토의 · 토론 기법으로는, ① PMI 기법, ② 피라미드 기법, ③ 여섯 색깔 사고 모자 기법, ④ 둘 가고 둘 남기 기법, ⑤ 로터스(lotus) 발상 기법, ⑥ 짝 토의 기법 등이 있다. 여기서는 플립러닝의 In-class 수업 중 토의 · 토론 수업을 위해 러닝퍼실리테이터가 이러한 토의 · 토론 기법들을 어떻게 활용하여 수업을 진행할 수 있는지 몇 가지 기법을 중심으로 살펴보고자 한다.

① PMI 기법을 활용한 토의 · 토론 수업 운영방법

• PMI 기법

에드워드 드 보노(Edward de Bono)가 개발한 PMI 기법은 토의 · 토론 주제에 대한 장점, 좋은 점, 편리한 점 등의 긍정적인 면(Plus)과 단점, 고칠 점, 불편한 점 등의 부정적인 면(Minus), 그리고 새로운 점, 창의적인 면, 기발한 점 등의 흥미로운 면(Interesting)에 대해 토의 · 토론을 하도록 함으로써 토

[그림 5-2] Edward de Bono
출처: 위키백과

의·토론을 진행할 수 있는 아주 간단하면서도 매우 효과적인 수업방법이다.

PMI에서는 학습자들이 주로 발견해 낸 의견을 모으는 경험을 하므로 학습자들 사이에 특별한 논쟁은 발생하지 않고 아이디어를 모으는 형태의 토의·토론 수업이 된다.

• 실천적 활동 가이드라인

In-class 수업활동에서 러닝퍼실리테이터가 토의·토론 수업을 위해 PMI 기법을 활용해서 어떻게 수업을 진행해야 하는지에 대해 구체적으로 살펴보도록 하자.

- PMI 토의·토론 수업 전에 러닝퍼실리테이터는 토의·토론 주제를 제시하고 〈표 5-5〉의 팀 학습지와 같은 형태의 개별 학습지를 나누어 준다.
- Pre-class에서 학습자들이 개별 학습지에 토론 주제와 관련된 개인의 의견을 미리 적어서 수업에 참여하도록 안내한다.
- 팀(4~6명 또는 2명도 가능)을 나누고, 리더(또는 사회자)와 기록자를 정하도록 안내한다.
- PMI 토론은 1차와 2차로 나누어 실시하는데, PMI 1차 토론에서 특히 흥미(I)에 대해 토의·토론할 때는 주제에 숨어 있는 흥미로운 점을 찾는 활동을 하도록 하고, PMI 2차 토론에서 흥미(I)에 대해 토의·토론할 때는 단점(M)의 해결을 위한 대안을 찾는 활동을 하도록 안내한다.
- 토론 순서는 장점(P)-단점(M)-흥미(I) 혹은 장점(P)-흥미(I)-단점(M) 또는 흥미(I)-장점(P)-단점(M) 순으로 한 번에 한 가지씩 집중하

여 토론하도록 안내한다.

- 특히 사회자는 장점(P), 단점(M)에 대해서 토의·토론할 때 토론 주제에 대한 기본 정보(장점, 단점)를 찾되, 까닭이나 근거를 제시하도록 안내한다.
- 기록자는 〈표 5-5〉의 워크시트를 활용하여 토의·토론 활동에서 제시되는 의견들을 기록한다. 이때 의견이 중복되거나 좋은지 나쁜지 판단하기 힘든 의견은 적지 않는다.

학습자들이 PMI 기법을 활용한 토의·토론 수업을 할 때 러닝퍼실리테이터는 다음과 같은 활동을 수행해야 한다.

첫째, 토의·토론을 할 때 장점, 단점, 흥미로운 점을 철저히 분리해서 생각하고 말하도록 안내해야 한다.

둘째, 동시에 여러 가지 요인이 혼합되어 작용하는 사고의 상황에서 하나하나씩 단계를 거쳐 보다 냉철한 판단 아래 사고를 전개시킬 수 있도록 안내해야 한다.

셋째, 토의·토론에 소극적으로 참여하는 학습자가 있을 경우 러닝퍼실리테이터는 각 팀의 리더(또는 사회자)에게 학습자들 중 몇몇 사람에게 발언 시간이 치중되는 것을 조정하여 소극적으로 참여하는 학습자에게도 충분한 발언 시간을 부여하도록 촉진해야 한다.

넷째, 특히 P-M-I 단계마다 각 팀이 토의·토론을 수행하여 정확한 판단을 할 수 있도록 안내하고 촉진해야 한다.

다섯째, 모둠별로 걸리는 시간의 차이가 있기 때문에 러닝퍼실리테이터는 타이머를 이용해 단계마다 시간을 통제해 준다.

여섯째, 학습자들이 찾아낸 장점, 단점, 흥미로운 점이 팀 의사결정의 근거가 되도록 안내한다. 그리고 PMI를 활용한 토의·토론 활동을 통해

〈표 5-5〉 PMI 워크시트

토의 · 토론 주제:		
사고 과정: P(장점)-M(단점)-I(흥미로운 점)-최종 아이디어		
P	M	I
해결방안		
최종 아이디어		

학습자들이 토론 주제의 장점과 단점, 그리고 흥미로운 점 등을 따져 보는 경험을 하게 하고, 이러한 경험이 학습자들의 신중하고 후회 없는 의사결정능력 향상에 도움이 되도록 촉진해야 한다.

② 피라미드 기법을 활용한 토의·토론 수업 운영방법
• 피라미드 토의·토론 기법

피라미드(pyramid) 토의·토론 기법은 처음에는 두 사람이 의견을 모으고, 그 다음에는 또 다른 두 사람과 함께 네 명이 의견을 모으고, 또다시 여덟 명이 의견을 모으는 등 마치 피라미드처럼 의견을 모아 나간다고 해서 붙은 이름이다.

피라미드 토의·토론 기법은 모든 학생이 개인적으로 5개의 의견을 내야 하고, 그것으로 두 사람이 토의·토론을 시작한다. 학습자의 수가 늘어나면서 소수일 때와 다수일 때의 토의·토론 경험도 동시에 해 보는 장점이 있다. 아울러 같은 주제로 비슷한 주장을 여러 번 하게 되므로 좀 더

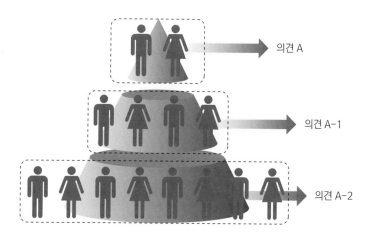

[그림 5-3] 피라미드 토의·토론 기법
출처: http://blog.naver.com/PostView.nhn?blogId=hwooon&logNo=220955966980

쉽게 개선되고 발전된 표현력을 연습하고 기를 수 있다.

• 실천적 활동 가이드라인

러닝퍼실리테이터가 피라미드 토의·토론 기법을 활용해서 어떻게 수업을 진행해야 하는지에 대해 구체적으로 살펴보도록 하자.

- 플립러닝의 In-class에서 피라미드 토의·토론을 진행하려면 수업 전에 미리 러닝퍼실리테이터는 과제를 제시하고 1인당 5장의 포스트잇을 배부한다.
- 개인별로 먼저 5개의 의견을 포스트잇에 적는다.
- 다음으로 두 사람이 토의·토론으로 5개의 의견을 모은다. 중복되는 의견은 빼고 포함 관계인 것은 더 넓은 개념으로 대체하는 등 최종적으로 5개 안을 합의한다.
- 그 후에 네 사람, 여덟 사람 등의 식으로 5개의 의견을 모은다.
- 마지막으로 Class 전체의 최종 의견 5개를 발표한다.

피라미드 기법을 활용한 토의·토론 수업을 할 때 러닝퍼실리테이터가 유의해야 할 사항은 다음과 같다.

첫째, 학급의 학습자 수가 홀수일 때는 부전승 제도를 사용하거나 두 사람이 한 사람인 것처럼 한다.

둘째, 만약 두 사람이 한 사람인 것처럼 할 때는 잘하는 학습자와 다소 부족한 학습자를 한 팀으로 하는 것이 좋다.

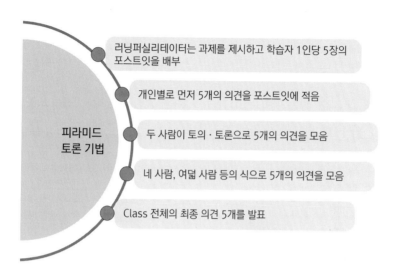

[그림 5-4] 피라미드 토론 기법 순서

③ 여섯 색깔 사고 모자 기법을 활용한 토의 · 토론 수업 운영방법

• 여섯 색깔 사고 모자 기법

플립러닝의 In-class 수업 중 토의 · 토론 수업에서 활용할 수 있는 여섯 색깔 사고 모자 기법은 에드워드 드 보노가 고안하였다. 이 기법은 학습자들이 토의 · 토론을 하면서 감정적인 대립 구도를 피할 수 있고, 팀원들이 같은 방향에서 생각하고 아이디어를 공유함으로써 효율적이고 효과적으로 의사결정 과정을 진행할 수 있는 기법이다.

여섯 가지 색깔 모자에서 하얀 모자는 객관적이고 중립적인 사고를, 노란 모자는 긍정적인 사고를, 검은 모자는 비판적인 사고를, 초록 모자는 창의적인 사고를, 빨간 모자는 감정을, 파란 모자는 전반적인 통제를 나타낸다.

여섯 색깔 사고 모자 기법을 토의 · 토론 수업에 활용할 때 여섯 색깔 모자는 다음과 같은 역할을 한다.

첫째, 모자를 착용함으로써 자아의 손상 없이 자유로운 사고로 토의 · 토론에 참여할 수 있다.

둘째, 모자는 주의를 환기시켜 사고의 주의집중을 유도한다.

셋째, 모자의 색은 다른 사고를 유도하는 상징적인 방법으로 모자를 착용하기만 하면 되므로 사용이 편리하다.

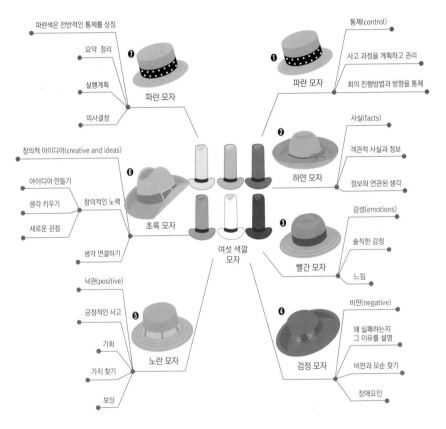

[그림 5-5] 여섯 색깔 모자의 의미

여섯 색깔 사고 모자 기법을 토의·토론 수업에 활용하면 다음과 같은 장점이 있다.

첫째, 사고 양상을 분류해서 의도적으로 한 번에 한 가지만을 사고하도록 할 수 있다.

둘째, 여섯 색깔 모자를 쓰고 토의·토론하면 특정한 사고와 사고 의지를 유발할 수 있다.

셋째, 특정한 주제에 초점을 맞추어 사고하고 토론할 수 있도록 도와준다.

넷째, 여섯 색깔 모자를 쓰고 사고하고 토의·토론함으로써 체계적이고 철저하게 주체를 창의적으로 탐색할 수 있다.

다섯째, 여섯 가지 색은 주제에 관해 각각 다른 차원의 사고를 할 수 있도록 유도한다.

여섯째, 팀원 모두가 같은 색깔의 모자를 쓰고 한 번에 한 가지 관점에서 토의·토론함으로써 감정의 대립으로 발생할 수 있는 감정의 소모를 막을 수 있다.

• 실천적 활동 가이드라인

플립러닝의 In-class 상황에서 여섯 색깔 사고 모자 기법을 활용한 토의·토론 수업을 진행할 때 러닝퍼실리테이터가 수행해야 할 구체적인 내용을 살펴보면 다음과 같다.

- 플립러닝의 Pre-class에서 토의·토론할 주제를 제시하고, 토의·토론 주제에 대한 학습자 개개인의 생각을 〈표 5-6〉의 워크시트에 여섯 색깔 모자의 관점별로 정리해서 수업에 참여하도록 안내한다.
- 러닝퍼실리테이터는 플립러닝의 In-class 수업 시작 전에 5~6명으

로 팀을 편성한다.

- 여섯 색깔의 모자를 준비하여 제공한다. 이때, 모자 대신 여섯 색깔의 가면을 준비해도 좋다.
- 팀원 중 회의 진행자 1명과 서기 1명을 팀에서 뽑도록 촉진한다.
- 회의 진행자가 파란 모자를 쓰고 회의 시작을 선언하도록 안내한다.
- 한 사람씩 돌아가면서 동일한 색깔의 모자를 쓰고 발언하면 서기는 〈표 5-6〉의 워크시트에 종합하여 기록하도록 안내한다. 이때 러닝퍼실리테이터는 토의·토론 주제에 따라 색깔별로 모자를 쓰는 순서를 유연하게 조정하도록 안내한다.

〈표 5-6〉 여섯 색깔 사고 모자 워크시트

여섯 색깔 사고 모자	
주제:	
구분	의견
파란 모자 회의 진행, 사고 정리, 통제	•
빨간 모자 느낌, 직감, 정서, 감정	•
하얀 모자 객관적 · 중립적 사실, 정보	•
노란 모자 긍정적, 강점, 낙관적, 건설적, 실현가능성	•
검은 모자 부정적, 약점, 잠재 위험, 실패 요인	•
초록 모자 창의적, 확산적, 혁신적	•

모자의 색깔별 세부 토의 내용은 다음과 같다.

➡ 1단계: 회의 진행자가 '파란 모자'를 쓰고 회의 시작을 알린 후 회의 진행방법에 대해 안내한다. 단, 회의 진행 중이라도 회의 진행과 관련한 발언을 하고 싶은 사람은 진행자의 동의를 얻어 파란 모자를 쓰고 관련 내용을 발언할 수 있다.

➡ 2단계: 팀원 모두 1명씩 돌아가며 '빨간 모자'를 쓰고 토의·토론 주제와 관련한 각자의 느낌을 나누며 유연한 분위기를 조성한다.

➡ 3단계: 팀원 모두가 1명씩 돌아가며 '하얀 모자'를 쓰고 객관적인 사실이나 정보를 공유한다.

➡ 4단계: 팀원 모두 1명씩 돌아가며 '노란 모자'를 쓰고 공유된 정보들의 긍정적인 측면을 이야기하거나 도움이 되는 부분을 공유한다.

➡ 5단계: 팀원 모두 1명씩 돌아가며 '검은 모자'를 쓰고 토의·토론 주제의 부정적인 측면이나 비판적인 측면을 공유한다.

➡ 6단계: 팀원 모두 1명씩 돌아가며 '초록 모자'를 쓰고 노란 모자의 생

[그림 5-6] 여섯 색깔 사고 모자 기법을 활용한 토의·토론 수업 장면

각을 뛰어넘는 기발한 아이디어를 도출해 본다.

➡ 7단계: 회의 진행자가 '파란 모자'를 쓰고 회의 내용을 정리한 후 마무리한다.

3) Post-class 운영

Post-class는 러닝퍼실리테이터의 선택에 따라 시행하는 단계이다. 러닝퍼실리테이터는 본수업 후에 기대한 학습목표를 달성했다고 판단되는 경우에는 해당 단계를 생략할 수 있다. 이 단계는 수업 내용에 따라 사후 성찰활동이 필요하거나 학습의 결과를 지식의 확장까지 유도할 필요가 있을 경우, 본수업 중에 수업활동이 기대하는 목적을 달성하지 못하여 학습자의 반응을 점검할 필요가 있을 경우 등에 수행한다. 러닝퍼실리테이터는 학습자들이 본수업의 중간 산출물을 온라인상의 학습 공간에 공유하도록 하고, 학습활동 성찰과 질의응답을 유도한다.

러닝퍼실리테이터는 학습자들의 의견과 반응, 상호작용 수준을 확인하고 피드백 및 평가를 진행한다. 이 과정에서 포트폴리오, 성찰일지, 평가 도구가 이용된다.

플립러닝 Post-class 활동에서의 러닝퍼실리테이터의 역할은 다음과 같다(홍진용, 박수홍, 김두규, 2019).

첫째, 학습결과물을 온라인 학습 공간에 탑재하도록 안내한다.

둘째, 성찰일지 양식을 배포하여 배운 점, 학습과정, 학습내용의 적용 가능성, 팀 활동 소감 등을 작성하게 한다.

셋째, 학습자들이 다음 차시의 사전학습 자료를 학습해야 하기 때문에 학습활동 성찰에 너무 많은 시간을 할애하는 것은 피한다.

넷째, 평가 도구를 활용하여 러닝퍼실리테이터 평가를 진행한다.

다섯째, 학습결과물을 포트폴리오 형태로 수집하여 최종 평가에 반영한다.

여섯째, 온라인 학습 공간의 게시글, 학습결과물을 모니터링하면서 학습자의 반응 및 상호작용 수준, 사전수업, 본수업의 애로 사항을 파악한다.

일곱째, 러닝퍼실리테이터의 피드백 및 평가, 질의응답은 다양한 소셜미디어를 활용하여 수행한다.

3. 플립러닝 수업 평가하기

플립러닝 수업의 평가는 크게 학습자 평가, 러닝퍼실리테이터 평가, 플립러닝 수업 평가로 나누어 살펴볼 수 있다.

1) 학습자 평가

러닝퍼실리테이터는 플립러닝 수업에서의 학습자 평가활동은 사전에 학습자들에게 평가 요소들을 확인시켜서 객관적인 평가기준을 제시해야 한다. 그리고 학습자 평가활동은 플립러닝의 수업 단계별로 구체적으로 실시한다.

러닝퍼실리테이터는 플립러닝 학습의 특성상 학습자 주도의 학습이 이루어지므로 학습자들이 학습 경험을 통해 내적인 성장이 어떻게 이루어졌는지를 평가해야 한다. 러닝퍼실리테이터가 수행해야 하는 플립러닝 학습자 평가방법을 구체적으로 살펴보면 다음과 같다.

첫째, 수업성취도 평가를 실시해야 한다. Pre-class에서 사전학습 자료를 이해했는지 퀴즈, 과제물, 요약정리, 질문 만들기, 토론 주제 도출하기 등의 구체적인 방법으로 평가하고, In-class에서 학습자 중심 학습을 하는 동안에 개인 및 팀별 수행 과제 등에 대해 구분하여 평가해야 한다.

둘째, 학습자 자기 평가, 동료 평가, 팀 간 평가 등의 방법을 활용하여 평가를 실시한다.

셋째, 러닝퍼실리테이터가 학습자의 학습과정을 보고 관찰 평가, 실기 평가, 실습 평가, 수업참여도 평가 등을 수행한다.

넷째, 성찰일지를 활용한 평가를 실시한다. 성찰일지에는 배운 점, 느낀 점, 실천할 점, 어떻게 배웠나, 팀 내에서 나의 기여도는 어떠했나, 어떤 점을 보완할 것인가 등의 항목 중에서 선택하여 작성하도록 한다.

2) 러닝퍼실리테이터 평가

플립러닝을 실시한 후 러닝퍼실리테이터는 자기 평가를 통해 플립러닝의 수업 질을 개선하기 위한 자료로 활용해야 한다. 러닝퍼실리테이터가 수행해야 할 평가는 다음과 같다.

첫째, 매주 수업시간에 학습자들이 작성한 성찰일지(이번 수업시간의 좋았던 점, 부족했던 점, 궁금했던 점) 평가를 통해 러닝퍼실리테이터 스스로 수업의 장단점을 파악하고, 다음 수업 시간에 그 결과를 반영함으로써 학습자들의 의견이 수업에 반영될 수 있도록 수업을 운영한다.

둘째, 한 학기 수업이 종료되고 난 후 학습자들에 의한 러닝퍼실리테이터 수업 평가자료를 기반으로 러닝퍼실리테이터의 수업의 장단점을 평가해야 한다.

셋째, 러닝퍼실리테이터의 사후 자기 평가를 통한 수업 성찰과 수업 개선안을 도출해야 한다.

3) 플립러닝 수업 평가

러닝퍼실리테이터는 플립러닝 수업 자체에 대한 평가를 통해 플립러 닝이 수업의 개선점을 도출할 수 있다. 플립러닝 수업 평가방법은 다음과 같다.

첫째, 재참여 희망 여부 조사, 수업 만족도 설문조사 등을 실시하여 학 습자들의 플립러닝 수업에 대한 만족도를 평가할 수 있다.

둘째, Pre-class에서 제공된 자료의 선호도 및 적절성, In-class 수업에 적용한 교수학습 방법의 적절성 등을 평가하여 플립러닝 수업에서의 교 수학습 방법의 적절성을 평가해야 한다.

셋째, 플립러닝을 수행하는 동안 학습환경은 적절했는지에 대한 평가 를 수행해야 한다.

📚 참고문헌

강명희, 강인애, 송상호, 임철일, 조일현, 최수진, 허희옥(2007). 미래를 생각하는 e-러닝 콘텐츠 설계. 경기: 서현사.

구본혁(2015). MOOC를 활용한 플립러닝의 효과성 분석. 공주대학교 대학원 석사학위논문.

김남익, 전보애, 최정임(2014). 대학에서의 거꾸로 학습(Flipped learning) 사례 설계 및 효과성 연구. 한국교육공학회, 30(3), 467-492.

김두규(2010). 현장체험기반 u-PBL 교수지원체제 모형 개발. 부산대학교 대학원 박사학위논문.

김연경(2016). 대학수업을 위한 활동이론 기반 플립드 러닝(flipped learning) 수업 모형 개발. 중앙대학교 대학원 박사학위논문.

이민경, 성민경, 정주영, 김순미, 김재현, 안현효, 박호관, Patrick Travers, 변상출, 배도용, 이규환, 김수철, 차정호, 김은정, 김강연, 이행자, 김선연, 김창숙(2016). 플립러닝의 이해와 실제. 경기: 교육과학사.

최정빈(2018). 플립드 러닝: 교수설계와 수업전략. 서울: 성안당.

홍진용, 박수홍, 김두규(2019). 창의적 인적자원개발을 위한 러닝퍼실리테이터 입문. 서울: 학지사.

앙트러프러너십 역량 강화 코스 (EEC)에서 러닝퍼실리테이터의 실천적 활동

앙트러프러너십(이하 '앙트십')은 4차 산업혁명시대에 필요한 핵심 역량이다. 왜냐하면 기존의 패러다임과 다른 새로운 삶과 세상을 창조하는 데 요구되는 역량이기 때문이다. 이러한 취지에서 이 장에서는 앙트십 역량 강화 코스(Entrepreneurship Enhancing Course: EEC)에서 러닝퍼실리테이터의 실천적 활동을 제시하기 위해 그 절차로서 우선 EEC 설계를 어떻게 해야 하는지를 알아보고, 코스 설계 및 EEC 진행을 효과적으로 하기 위해 무엇을 준비해야 하는지를 알아볼 것이다. 이러한 준비가 끝나고 실제 코스를 진행하기 위한 사전학습, 본학습 및 사후학습에서 러닝퍼실리테이터의 실천적 활동에 대하여 살펴보고자 한다.

chapter 06
앙프러프러너십 역량 강화 코스(EEC)에서
러닝퍼실리테이터의 실천적 활동 / 박수홍

1. 앙트십 역량 강화 코스(EEC) 설계하기

만족할 만한 EEC 설계를 위해 러닝퍼실리테이터는 앙트십 역량이 무엇인가에 관해 정확한 이해가 선행되어야 한다. 이 개념은 창의성(creativity), 발명(invention), 사회적 파급(social impact)을 포괄하는 복합 개념임을 이해해야 한다. 가령, 단순히 기존에 없는 창의적인 아이디어를 기반으로 해결방안(발명품과 같은, artifact)을 만들어 내는 것에서 그치는 것이 아니라 그 해결방안에 기반하여 지속가능하게 문제를 해결해 내고, 그 결과 사회적 파급을 이끌어 내는 역량이다.

또한 이 책에서의 앙트십 개념은 기존의 기업가 정신이라고 번역되어 사용되고 있는 창업과 같은 기업 영역에 국한한 좁은 의미에서 벗어나 사회 모든 영역(정치, 경제, 사회, 교육, 문화 등)에 적용할 수 있는 확장된 개념을 의미한다. 특히 기존의 틀에 얽매여 좀처럼 혁신적 변화를 꺼리는 영역(가령, 관료제를 포함한 기존에 존재하는 것에 관한 근본적 의문을 던지는 것을 금기시하는 모든 영역)을 모두 포함할 수 있다.

따라서 이러한 앙트십 역량을 어떠한 학습 프로세스를 통해서 키워 줄
수 있는지에 관한 고민이 선행되어야 할 것이다. 이 장에서는 〈표 6-1〉
과 같은 학습 프로세스와 그에 따른 러닝퍼실리테이터의 지원활동 구조
를 제안한다. 상황에 따라 적절히 변경하여 사용할 수 있다.

〈표 6-1〉 EEC의 학습 프로세스와 그에 따른 러닝퍼실리테이터의 지원활동 구조

학습 프로세스	러닝퍼실리테이터의 지원활동	비고
사전 학습	• 앙트십 개념 이해를 위한 학습자료 제작(개념, 사례) • 앙트십 학습 프로세스에 대한 이해 자료 • 자신의 앙트십 성향에 관한 사전검사(커리어앵커 검사 실시) 및 검사 결과 해석방법 • 팀 학습을 위한 학습 공간 준비 • 다양한 팀 활동을 촉진하는 학습도구(브레인스토밍 도구, 의사결정 도구 등) 구비	온라인 학습 자원 제공
본 학습	다음의 7가지 하위 과정에 대한 러닝퍼실리테이션 제공 • 공감적 문제 발견하기를 촉진하는 발문, 사례, 학습도구 안내 • 파운딩 팀 구성 및 팀 빌딩을 촉진하는 발문, 사례, 학습도구 안내 • 창의적 문제 이해(문제의 근본적인 원인 분석 및 문제 명료화하기)를 촉진하는 발문, 사례, 학습도구 안내 • 혁신적인 솔루션 개발하기를 촉진하는 발문, 사례, 학습도구 안내 • 구현하기(BMC 작성, 액션플랜 작성, 래피드 프로토타이핑)를 촉진하는 발문, 사례, 학습도구 안내 • 발표 및 피드백하기(발표하기, 피드백하기)를 촉진하는 발문, 사례, 학습도구 안내 • 사회적 파급 이끌기를 촉진하는 발문, 사례, 학습도구 안내	상황에 따라, 공감적 문제 발견 단계와 파운딩 팀 구성 단계의 순서는 바꿀 수 있음 온라인 도구 및 오프라인 도구(구글 스위트) 제공
사후 학습	• 팀 학습결과 및 종합발표를 촉진하는 안내 • 커리어앵커 재검사를 통해 앙트십 향상 여부 평가 • 성찰일지 작성을 촉진하는 안내, 학습도구 제공	경쾌한 음악과 함께 축제 분위기 조성

2. 본학습하기

본학습에 앞서 사전학습에서 충분히 관련 자료와 사례를 통해 앙트십의 기본적인 개념을 파악하고, 이 개념에 깔려 있는 가치 또는 철학적 이해가 전제되어야 한다.

본학습에서 앙트십의 역량 개발 과정은 7단계이다. 공감적 문제 발견하기(1단계), 파운딩 팀 구성 및 팀 빌딩하기(2단계), 창의적으로 문제 이해하기(3단계), 혁신적인 솔루션 개발하기(4단계), 결과 및 성과를 실제로 구현해 보기(5단계), 발표 및 피드백 평가하기(6단계), 마지막으로 사회적 파급 이끌기(7단계)로 구성된다.

어쨌든 본학습의 학습 진행 전개는 현장에서 실제 일어나는 상황과 최대한 유사한 형태로 진행하는 것이 중요하다. 여기서는 EEC에서 러닝퍼실리테이터의 촉진활동에 대한 가이드라인을 제시하는 형태로 각 단계를 살펴보고자 한다.

1) 공감적 문제 발견하기

(1) 기본 개념

앙트십의 공감적 문제 발견(Empathetic problem Finding)이 가장 중요하고 어려운 단계라고 할 수 있다. 평소 공감적 문제를 발견하는 과정에서 문제가 일어나는 상황이나 장소를 자세히 관찰하고 사람들의 말을 경청하면서 질문을 통해 사용자들이 무엇을 원하는지 파악하는 습관이 필요하다.

실제 교수 상황에서는 특정 영역(시스템)에서의 공감적 문제를 발견하

기 위해서 어떤 문제 영역을 시스템적으로 생각할 수 있도록 조력하는 것
이 필요한데, 이때 활용할 수 있는 기법이 CATWOE이다. 가령, 특정 놀
이터의 문제를 파악하기 위해 이 놀이터에는 어떤 세계관(Worldview, 설
계자 또는 공공단체의 책임자의 의도나 가치, 가령 안전이나 재미이냐 등)과 어
떤 과정(Transformational process)을 통해 놀이활동이 이루어지는가, 누
가 이 놀이터 관리의 결정권(Ownership)을 가지고 있는가, 놀이터 시스
템이 원활히 작동되기 위해 필요한 행위자는 누구인가(Actor, 아동, 부모,
관리인 등), 이 놀이터 시스템의 혜택을 보는 사람(Customer)은 누구인가,
그리고 환경적 제약 조건(Environmental constraint)에는 무엇이 있을까와
같은 관점을 통해 문제를 발견할 수 있다. 따라서 러닝퍼실리테이터는
CATWOE에 대한 간략한 개념과 사용방법을 안내할 수 있어야 한다. 다
음은 CATWOE의 하위 개념에 관한 간략한 설명이다.

① Customer: '누구를 위한 문제해결인가?' '문제해결의 혜택은 누구에
   게 돌아가는가?'
② Actor: '문제와 관련되어 있는 사람들은 누구인가?' '문제와 직간접
   적으로 관련되어 있는 사람들은 각각 어느 정도의 깊이로 연관되어
   있는가?'
③ Transformational process: '사람들 간 또는 사람과 사물 간의 관계에
   서 어떤 특별한 상호작용을 관찰할 수 있는가?' '어떤 규칙적인 것
   (routine)을 발견할 수 있는가?'
④ Worldview: '문제에는 어떤 관점들이 개입되어 있는가?'
⑤ Owner: '문제해결의 결정권을 가진 사람이 누구인가?' '그에게 문제
   는 어떤 것인가?'
⑥ Environmental constraint: '환경적 제한 요인은 무엇인가?' '환경 안에

서 확인할 수 있는 물건이나 도구는 무엇인가?' '이 물건이나 도구가 사람들의 행동과 어떤 관계를 갖는가?'

(2) 러닝퍼실리테이터의 실천적 활동 가이드라인

① CATWOE를 활용하여 문제 상황을 시스템적으로 생각할 수 있도록 유도한다.

② 평소에 러닝퍼실리테이터가 자신의 삶에서 고민하거나 고민하고 있는, 타인도 공감할 수 있는 문제를 CATWOE를 활용한 예시를 들어 주고, 학습자들도 자신이 고민하는 문제를 토로할 수 있는 솔직한 분위기를 만들어 낸다.

③ 타인이 공감할 수 있는 문제를 생각해 볼 수 있는 시간을 갖게 한다.

④ 라운드로빈 방식으로 각자의 문제를 포스트잇에 키워드를 작성한 후 간략히 설명하도록 한다.

⑤ 도출된 문제들 중에서 중복되는 것은 묶어서 몇 가지 문제의 군으로 만든다. 학습자의 인원을 고려하여 5~8명 정도를 한 팀으로 구성 한다면 몇 개의 팀이 구성되는지를 확인하여, 문제 수를 결정한다.

⑥ 학습자당 가장 공감하는 문제에 스티커를 붙이도록 안내한다.

2) 파운딩 팀 구성 및 팀 빌딩하기

(1) 기본 개념

일차적으로 앞 단계(공감적 문제 발견)에서 자신들이 가장 공감하는 문제를 중심으로 팀이 구성되는 것이 바람직하며, 가능하면 그 문제를 공감하면서 팀원 각자가 다양한 분야의 지식을 소지하고 있는 다기능 팀이 구성되는 것이 이상적이다.

팀이란 단순히 구성원들이 모인 그룹 이상의 의미를 갖는다. 팀은 공동
의 목적, 실행 목표, 상호 책임, 보완적인 능력을 갖춘 인적 시스템이다.
공유 문제를 중심으로 구성된 팀은 팀 빌딩을 통해 진정한 팀이 되기 전
까지는 그룹에 불과하다. 즉, 진정한 팀이 아니라는 점을 인지해야 한다.
구성원의 개별적 특성, 강점 및 구성원 간의 보완적 관계를 짧은 시간에
파악하기 위해서는 팀원 간에 자신을 소개(전문 분야, 강점, 약점 등)하는
소통의 시간이 필요하다. 이때 필요한 도구가 커리어앵커 진단지라고 할
수 있다. 특히, 커리어앵커 검사에는 8가지 하위 척도가 있는데, 그중에
서 각 구성원의 앙트십 역량을 알아볼 수 있는 하위 척도(창업가)를 포함
한다. 커리어앵커 진단지는 가능하다면 본학습 전에 사전학습 단계에서
학습자들이 미리 검사를 해서 러닝퍼실리테이터에게 제출하도록 하면 좋
다. 그것이 어렵다면 본수업 진행 중에 할 수도 있다.

(2) 러닝퍼실리테이터의 실천적 활동 가이드라인

① 〈표 6-3〉과 같은 커리어앵커 자가진단 검사지를 학습자들에게 나
   누어 주고 학습자들이 커리어앵커 진단활동을 할 수 있도록 다음 사
   항을 참조하여 설명하고 안내한다.

> 커리어앵커란 개인의 전 생애를 통틀어 일과 관련된 과정(career)에서
> 흔들리지 않고 중심을 잡아 주는 내부의 진로 역량을 의미한다. 40개의
> 자가진단 문항 결과에 따라 8가지의 커리어앵커 범주(전문가, 총괄 관리
> 자, 자율성/독립성, 보장성/안정성, 창업가, 봉사/헌신, 순수한 도전, 라
> 이프 스타일)로 개인의 진로 역량을 진단할 수 있다.

〈표 6-2〉 커리어앵커 범주

커리어앵커	성향
전문가적 역량 (TF)	조직에서 전문적인 지식과 기술을 추구하고 발휘하기를 원함. 구성원과 목표설정을 공유할 의지가 있으며, 일의 수행을 위해서는 모든 종류의 자원을 제한 없이 사용하기 원함.
총괄 관리자 역량 (GM)	높은 수준의 책임감이 있고 도전적이고 다양하며 통합적인 일, 리더십을 발휘할 수 있는 기회, 조직의 성공에 기여할 수 있는 기회를 원함.
자율성/독립성 (AU)	조직에서 일을 하더라도 자율적으로 일하고 자신의 계획과 방식에 따라 일을 처리하고 싶어 함.
보장성/안정성 (SE)	조직에서 자신의 역할에 대한 안정감을 느끼고, 조직의 점진적이고 예측가능한 업무를 수행하고 싶어 함.
창업가 역량 (EC)	창조적인 아이디어를 조직이나 생산품 등으로 구체화하여 가치를 창출해 내고자 하는 욕구를 가짐.
봉사/헌신 (SV)	어떤 동기나 가치에 집중하여 그 가치 실현을 지향함.
순수한 도전 (CH)	불가능해 보이거나 해결하기 어려운 문제를 극복하는 도전 자체에 의미를 두고 끊임없이 도전을 추구함.
라이프 스타일 (LS)	조직을 위해 기꺼이 일하기 원하고, 규칙과 규제를 받아들이지만 일과 삶의 조화를 추구함.

〈표 6-3〉은 커리어앵커 자가진단 검사지 양식으로, 문항 내용, 채점 방식 및 결과가 제시되어 있다.

〈표 6-3〉 커리어앵커 자가진단 검사지

커리어앵커 자가진단 검사지

- 가능한 한 정직하고 신속하게 답하십시오. 특정 문항에서 고민되는 경우를 제외하고는 가급적이면 극단적인 선택을 자제해 주십시오.
- 다음에 제시된 40개의 문항을 읽고 1~5까지 점수를 매겨 자신에게 해당되는 것을 선택하십시오. 숫자가 클수록 자신의 경우와 일치함을 뜻합니다.

해당하는 곳에 ✓ 표시를 하여 주십시오.

번호	문항	등급				
		1	2	3	4	5
		전혀 아니다	가끔 그렇다	보통 그렇다	자주 그렇다	항상 그렇다
1	내가 맡고 있는 일을 매우 잘해서 다른 사람들에게 전문적인 조언을 해 주고 싶다.					
2	다른 사람의 일을 총괄하고 지휘할 수 있을 때 성취감을 느낀다.					
3	내 방식과 스케줄에 따라 일할 수 있는 충분한 결정권이 있는 일을 하고 싶다.					
4	나는 항상 내 사업을 하기 위한 아이디어를 구상한다.					
5	보장성과 안정성이 자유와 자율보다 더 중요하다.					
6	개인적이거나 가족과 관련된 일에 지장을 초래하는 업무를 맡게 되면 차라리 그 일을 그만두겠다.					
7	사회를 위해 실질적인 기여를 했다고 느낄 때에만 내 일에서 성공했다고 느낀다.					
8	어려운 문제를 던져 주고 그 문제에 도전하도록 하는 일을 하고 싶다.					
9	내가 가진 전문적 능력을 최고 수준에 올려 놓아야만 성공했다고 느낀다.					
10	나는 조직 전체의 총괄 책임자가 되고 싶다.					
11	나는 업무, 스케줄 및 진행 절차 등을 전적으로 자유롭게 정할 수 있는 일을 하고 싶다.					

12	조직 내에서 나의 안전을 위협하는 일을 해야 한다면 그 조직을 떠나겠다.				
13	타인 소유의 조직에서 최고 경영자의 위치에 오르기보다는 내 사업을 키워 나가는 것이 더 중요하다.				
14	일을 하면서 나의 재능을 타인을 위해 사용할 때 가장 큰 성취감을 느낀다.				
15	나는 매우 어려운 도전에 직면하면 극복해서 성취감을 맛볼 때 커리어에서 성공했음을 느낀다.				
16	나는 나 자신과 가족 그리고 나의 생활에서 균형을 이룰 수 있는 직업을 원한다.				
17	나의 관심 분야에서 전문가가 되는 것이 여러 분야의 총괄 관리자가 되는 것보다 더 매력적이라고 생각한다.				
18	나는 일에서 전적으로 자유와 자율이 주어진 상황에서 목표를 달성했을 때 더 큰 성취감을 느낀다.				
19	나는 무엇보다도 보장성과 안정성이 높은 조직에서 일하고 싶다.				
20	나의 능력과 노력의 결과로 무엇인가를 이루었을 때 성취감을 만끽한다.				
21	나는 한 조직의 모든 일을 총괄하는 관리자가 되어야만 성공했다고 생각한다.				
22	보다 나은 세상을 만들기 위해 나의 기술을 활용하는 것이 내 커리어 선택을 하는 데 있어 가장 중요한 가치이다.				
23	나는 해결할 수 없을 것 같은 문제를 해결하고 불가능해 보이는 것을 가능하게 만들었을 때 성취감을 느낀다.				
24	나는 개인, 가족 그리고 일을 추구하는 데 있어 적절한 균형을 유지하는 것이 진정한 의미의 성공적인 인생이라고 생각한다.				
25	나는 보장성과 안정성을 느낄 수 있는 일을 희망한다.				
26	나의 전문 분야가 아닌 일을 맡게 된다면 차라리 조직을 떠나겠다.				
27	최고 경영인이 되기보다는 개인적인 삶과 직업 생활을 균형 있게 유지하는 것이 더 중요하다.				

28	나는 인류와 사회에 실질적으로 기여할 수 있는 직업을 갖고 싶다.					
29	온 힘을 다해 나의 아이디어로 무엇인가를 개발하거나 생산품을 만들어 내는 일을 하기 원하며, 그 속에서 성공을 거둘 때 가장 큰 성취감을 느낀다.					
30	나의 전문 분야에서 깊이 있는 전문가가 되기보다는 여러 분야를 넓게 아우르는 총괄 관리자가 되기를 더 희망한다.					
31	나는 규칙과 제약에 얽매이지 않고 내 방식대로 일할 수 있는 것이 매우 중요하다고 생각한다.					
32	나는 문제해결능력을 강하게 요구하는 일을 하고 싶다.					
33	나는 개인 사업을 꿈꾼다.					
34	나는 그 무엇보다도 다른 사람에게 봉사하고 다른 사람을 돕는 일을 할 수 있기를 바라며, 다른 사람에게 스트레스를 주는 일을 맡을 바에는 조직을 떠나겠다.					
35	나의 전문적 기술과 재능을 활용할 수 있는 일을 할 때 가장 큰 성취감을 맛볼 수 있다.					
36	나는 사장과 같은 조직의 총괄 관리자가 될 수 있는 경력에서 멀어지는 일을 맡을 바에는 차라리 조직을 떠나겠다.					
37	나는 재정적으로나 직업적으로 내게 완벽한 안정감을 줄 때만 일에 더 몰입할 수 있고, 더욱 많은 성취감을 느끼게 된다.					
38	나는 자율과 자유가 보장되지 않는 일을 하느니 차라리 조직을 떠나겠다.					
39	나는 언제나 개인이나 가족 문제에 최대한 지장을 주지 않는 직업을 찾으려고 한다.					
40	고위 관리직을 맡게 되는 것보다는 해결하기 힘든 문제와 씨름하여 일을 마무리하는 것이 내게는 더 중요하다.					

* 40문항 중에서 자신을 가장 잘 표현하는 문항 5개를 찾아 번호에 ○표 해 보세요(점수가 가장 높은 문항 중에서 고르시면 됩니다. 이들 문항은 다음의 채점표를 기록할 때 각 문항에 5점을 더해서 점수를 계산합니다).

② 학습자들에게 〈표 6-4〉와 같은 양식을 나누어 주고 채점을 하도록 안내한다. [그림 6-1]은 점수를 시각화해 주는 양식이다.

〈표 6-4〉 커리어앵커 자가진단 검사지 채점표

커리어앵커 자가진단 검사지 채점표

1. 각 문항에 표시한 점수를 점수표에 옮겨 적으십시오.
2. 각 열의 점수를 더해 총점을 계산합니다. 40문항 중에서 자신을 가장 잘 표현하는 문항 5개를 찾아 5점씩 더한 뒤, 각 열의 점수를 더해 총점을 계산합니다.

TF	GM	AU	SE	EC	SV	CH	LS
전문가적 역량	총괄 관리자 역량	자율성/ 독립성	보장성/ 안정성	창업가 역량	봉사/ 헌신	순수한 도전	라이프 스타일
1	2	3	5	4	7	8	6
9	10	11	12	13	14	15	16
17	21	18	19	20	22	23	24
26	30	31	25	29	28	32	27
35	36	38	37	33	34	40	39
합계							

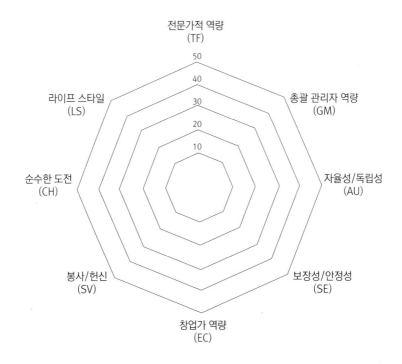

[그림 6-1] 커리어앵커 자가진단

③ 기본적인 팀 빌딩 절차는 러닝퍼실리테이터 입문서를 참조해서 실시하고, 〈표 6-5〉 양식에서 추가로 되어 있는 부분은 양식을 활용하여 추가 활동을 하도록 설명하고 안내한다. 팀 빌딩 활동지 작성이 완료되면 팀별로 발표하게 한다.

〈표 6-5〉 파운딩 팀 빌딩 활동지

파운딩 팀 빌딩 20 년 월 일 실행자:		
팀명		
팀 목표		
팀 규칙		
팀 구호		
팀원 이름	할 일	커리어앵커

3) 창의적으로 문제 이해하기

(1) 기본 개념

창의적으로 문제 이해하기 과정은 다시 창의적 원인 분석 하위 과정과 문제 명료화 하위 과정으로 나눌 수 있다. 먼저, 창의적 원인 분석 과정에서는 눈에 보이는 피상적인 원인들을 나열하는 것을 넘어서 문제의 근본 원인이 무엇인가를 집요하게 생각하면서 다양한 원인을 도출해 내는 것이 핵심이다. 문제 명료화 과정은 다양하게 도출된 원인을 구조화시켜서 전체 문제를 일으키는 구조를 파악하여 문제 상황 전반을 이해하는 것이 핵심이다. 문제가 소재하는 현장 방문 및 문제에 대한 이해당사자와의 인터뷰 등의 사전활동이 긴요하다.

이 과정에서는 브레인스토밍 도구가 활용되는 것이 필수적이다. 다양한 도구 중에서 와이파이(Why Pie) 도구의 활용방법에 대하여 알아보자. 와이파이는 문제의 심층적인 원인 분석을 위해 '왜 그러한 일이 발생했는가?'라는 질문을 반복적으로 제시함으로써 원인을 심층적으로 논의할 수 있도록 제안한 도구이다. 연화도법의 경우에는 72가지의 아이디어를 발상해야 하는 부담과 긴 시간이 소요된다는 단점에서 벗어나, 비교적 짧은 시간에 문제의 원인을 분석할 수 있는 도구가 와이파이이다. 와이파이는 처음에는 주제에 대하여 네 가지의 원인을, 이후에는 두 단계에 걸쳐 각각 두 가지의 원인을 추가하도록 하였다. 즉, 처음에는 현상의 원인 네 가지에 대하여 각각 두 가지의 원인을 추가하고, 다시 이들 원인에 대해 하위 원인 두 가지씩을 추가한다. 총 세 단계의 원인 탐색을 통해 심층적인 원인 분석이 가능하도록 하였다.

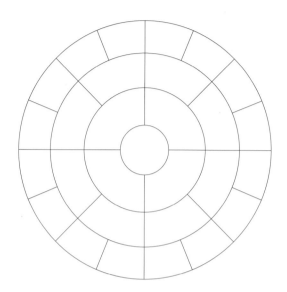

[그림 6-2] 와이파이 발상법 활동지

[그림 6-3] 와이파이 발상법 활용 사례

출처: 기업교육 프로그램에 동기부여가 되지 않는 원인(P대학 대학원 수업 자료, 2018).

📢 **더 알아보기 / 와이파이 작성법 안내**

① 중심 주제어: 동심원의 중앙에 중심 문제나 주제가 기입된 포스트잇을 붙이도록 한다.

② 관련 아이디어: 중심 주제어 주위로 원인이 되는 4가지의 관련된 아이디어를 쓴다.

③ 하위 아이디어: 하위 주제어에 대한 하위 아이디어(원인) 2가지를 쓴다. 그리고 나서 다시 이들의 하위 아이디어(원인) 2가지를 쓴다.

④ 활동지가 모두 채워지면 아이디어를 평가하고 선별하여 활동 결과를 발표할 수 있도록 한다.

(2) 러닝퍼실리테이터의 실천적 활동 가이드라인

① 앞의 기본 개념을 참조하여 창의적 원인 분석 활동을 할 수 있는 도구와 사용법을 제안하고 설명한다.

② 앞의 기본 개념을 참조하여 문제 명료화 활동을 할 수 있는 도구와 사용법을 제안하고 설명한다.

4) 혁신적인 솔루션 개발하기

(1) 기본 개념

혁신적인 솔루션 개발은 원인 분석을 통해 문제에 대한 충분한 이해에 도달한 후 문제를 해결하기 위한 방안을 도출하는 단계이다. 여기서는 실현가능한 창의적인 아이디어를 도출하기 위해 브레인스토밍이나 익명그룹기법과 같은 다양한 아이디어 도출방법을 활용한다. 그리고 다양한 아이디어가 도출되면 유형별로 분류한 후 팀 토의를 통해 시급성, 효과성, 실현가능성 등을 고려하여 최종 해결방안을 결정한다.

(2) 러닝퍼실리테이터의 실천적 활동 가이드라인

① 최종 해결방안이 비즈니스 모델로 성공하기 위해서는 기존의 해결
  방안들과는 차별성이 있어야 한다. 따라서 학습자들에게 기존의 솔
  루션에 대해 조사하게 하고 이들과의 차별화된 해결방안을 제시할
  수 있도록 안내한다. 요약하면 혁신적인 솔루션을 개발하는 과정은
  추상적이며 모호한(fuzzy) 솔루션 스케치 단계에서 점점 구체적인
  솔루션으로 점진적으로 진화시키는 것이다.

② 솔루션 스케치 단계에서는 전통적으로 사용하는 익명그룹기법이나
  마인드맵을 활용할 수 있도록 안내한다.

③ 다양한 솔루션 중에서 우선순위를 결정하기 위하여 의사결정 그리
  드(Decision Grid)를 활용할 수 있도록 안내한다.

④ 최상의 솔루션을 선정하고 나면 검색 엔진을 활용하여 유사한 솔루
  션을 찾아낸 후, 기존의 유사한 솔루션과 본 과정에서 도출된 솔루
  션의 차별화를 만들어 내도록 [그림 6-4]와 같은 전략 캔버스의 사
  용법에 대해 안내한다.

⑤ 최종적으로 제시한 전략 캔버스에 대해 학습 팀이 성찰하도록 하고,
  그 팀의 아이디어가 기존의 경쟁 대상과 비교하여 기존의 경쟁 요소
  는 피하면서 경쟁력을 가진 새로운 요소를 가지고 있는지를 검토하
  도록 안내한다.

📣 더 알아보기 / 전략 캔버스를 활용한 차별화 방법

제안한 아이디어가 경쟁력을 갖추기 위해서는 기존의 유사한 분야와는 차별화되는 전략을 제시해야 한다. 이를 위해 특허 정보를 검색하고 기존의 솔루션과의 중복 여부를 확인해 보았다면 이제는 유사한 기존의 솔루션과 비교하여 학습 팀에서 고안한 솔루션이 보다 새롭도록 해야 한다. 즉, 전략 캔버스는 팀에서 고안한 솔루션과 특정 개인이나 조직이 기개발한 솔루션과 비교하여 차별화된 솔루션을 만드는 데 도움을 주는 전략적인 도구이다.

전략 캔버스를 효과적으로 작성하기 위해서는 우선 경쟁 솔루션을 선정한 후, [그림 6-4]와 같이 상단에 경쟁 대상과 학습 팀의 솔루션을 각각 표기한다. 다음으로 경쟁 대상이자 기존의 상품(서비스)에 대한 주요 경쟁 요소를 3~5개 정도 선정한다. 경쟁 요소로 제시할 수 있는 내용은 가격, 기술 지원 서비스, 납품 소요 시간, 재고량 등 기존의 상품이 제공하는 서비스가 가지고 있는 경쟁력이 될 수 있는 부분을 제시하는 것이 좋다. 다음으로 팀에서 제시하고자 하는 아이디어를 주요 경쟁 요소에 따라 평가한다. 이제 전략적으로 이 아이디어가 경쟁력을 가질 수 있는 경쟁 요소를 팀원들의 토의를 통해 3~5개 정도 제시한다. 그리고 제시한 경쟁 요소를 기준으로 기존의 경쟁 대상과 새로운 아이디어를 비교한다. 최종적으로 제시한 전략 캔버스에 대해 성찰하고 그 팀의 아이디어가 기존의 경쟁 대상과 비교하여 기존의 경쟁 요소는 피하면서 경쟁력을 가진 새로운 요소를 가지고 있는지 검토하도록 한다.

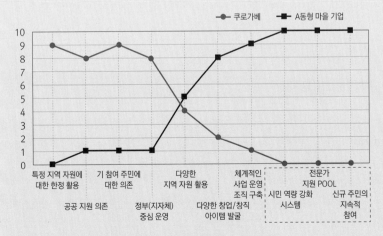

[그림 6-4] 전략 캔버스 사용 예시

5) 결과 및 성과를 실제로 구현해 보기

(1) 기본 개념

결과 및 성과를 실제로 구현해 보기 과정은 다시 비즈니스 모델 캔버스 (BMC) 작성 과정과 실행계획 세우기(AP) 과정으로 나뉜다. BMC 작성 과 정은 앞 단계에서 작성한 일개의 솔루션을 지속가능한 솔루션으로 진화 시키기 위해 필요한 단계이며, 이 단계에서 보통 사업 머리라고 할 수 있 는 비즈니스 사고가 요구된다. AP 과정은 BMC 모델을 실행하기 위한 육 하원칙이 포함된 절차적인 실행계획서라고 보면 된다.

(2) 러닝퍼실리테이터의 실천적 활동 가이드라인

① 다음의 BMC 작성하기 내용을 숙지하여 [그림 6-5]와 같은 BMC 작 성법을 설명하고 학습 팀이 올바른 BMC를 작성할 수 있도록 지도 한다.

> 앙트십 역량 개발 프로세스에 사용할 BMC는 기존의 BMC에 린 캔버스 의 '핵심 문제(key problem)'와 '핵심 해결책(key solution)'을 추가하여 11개의 블록으로 구성하였다. 11개의 요소를 기획해 나가는 순서는 [그 림 6-5]와 같이 총 네 개의 범주로 나누어 동심원을 그리듯 확장해 나가 면 수월하게 구성할 수 있다. 첫 단계는 핵심 문제와 함께 이를 해결하기 위해 표방할 독특한 가치 제안과 초기 해결책을 제시하면서 초안 설계를 시작한다. 다음은 좌측의 공급자 요소와 우측의 수요자 요소에 대해 차 례로 세밀한 계획을 세워 나간다. 마지막으로 하단의 비용과 수익 요소 까지 고려한 비즈니스 모델을 구축하면 보다 실행가능한 사업 아이디어 구상이 이루어진다.

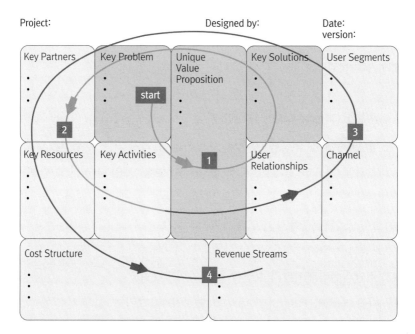

[그림 6-5] 앙트십 개발 프로세스에 사용할 BMC

11개 블록의 상세 내용은 다음과 같다.

• 핵심 문제(Key Problem: KP)

해당 사업이 해결해야 하는 핵심 문제를 정의한 것이다. 공감적 이해를 바탕으로 해결해야 할 문제를 명확히 정의하는 것은 문제해결의 첫걸음이다. 첫 단추가 잘못 꿰어지면 사상누각이니 문제 정의에 충분한 노력을 기울여야 한다.

• 앙트러프러너적 가치 제안(Unique Value Proposition: UVP)

해당 사업을 통해 이루고자 하는 유무형의 핵심 가치로서 핵심 문제를 해결하는 핵심 해결책이 가져야 하는 차별화된 가치이다. UVP는 전체 사업 구상과 실천에 있어 나침반 역할을 한다. 이는 CATWOE 중 World View에 해당한다.

- 핵심 해결책(Key Solution: KS)

핵심 문제를 해결할 솔루션이다. 문제와 그 근본적 원인을 창의적으로 분석하고 확산적인 사고의 결과로 도출한 혁신적인 해결책이 성공의 관건이다.

- 사용자 그룹(User Segments: US)

해당 사업이 누구를 위한 것인지, 누가 우리의 제품과 서비스의 이용자인지를 명확히 해야 한다. User Mind를 가지고 고객지향적인 사고를 할 때에만 진정한 혁신적인 솔루션을 창출할 수 있다. 이는 CATWOE 중 Customer에 해당한다.

- 채널(Channel: CH)

해당 사업이 사용자와 만나는 접점이다. 고안한 제품과 서비스를 어떻게 제공해야 효과적이고 효율적인지 고려해야 한다. 온라인 혹은 오프라인 등 다양한 시공간이 가능하다.

- 사용자와의 관계(User Relationships: UR)

해당 사업의 사용자가 지속적으로 사용할 수 있도록 홍보 및 피드백을 하는 방법이다. 뉴스레터, 이벤트, SNS 홍보, 문자서비스 등이 가능하다. 개인 맞춤형 피드백과 소셜 커뮤니티 형성이 관건이 될 것이다.

• 수익원(Revenue Streams: RS)

사업이 공공서비스일지라도 유형과 무형의 수익은 해당 사업의 지속가
능성을 담보한다. 수익의 형태는 판매료, 사용료, 수수료, 대여료, 가입비
등 유형의 수입은 물론 신뢰, 행복 등 '사회자본' 같은 무형의 수익도 가능
하다.

• 핵심 파트너십(Key Partners: KP)

해당 사업의 상품이나 서비스를 제작 및 운영하는 데 필요한 공급자 및
협력자이다. 미래의 사업은 융합과 신속성을 특징으로 한다. 모든 파트를
하나의 큰 조직 내에서 모두 해결하는 것은 효과적이지도 효율적이지도
못하다. 사업에 필요한 파트너를 접촉하고 협업할 수 있어야 한다. 이는
CATWOE 중 Actor에 해당한다.

• 핵심 자원(Key Resources: KR)

사업을 진행하는 데 필요한 물적 · 인적 · 기술적 · 지적 자원이다. 사업
의 주체가 직접 보유하거나 혹은 파트너가 보유한 것일 수 있다.

• 핵심 활동(Key Activities: KA)

사업을 진행하는 데 있어 꼭 해야 하는 활동으로 개발, 생산, 컨설팅, 운
영, 관리 등이 포함된다.

• 비용 구조(Cost Structure: CS)

사업 운영에서 발생하는 모든 지출을 의미한다. 고정비용, 변동비용 등
을 고려해야 하며 비용의 최소화가 원칙이지만 고부가가치 서비스 등 가
치 주도적인 비즈니스 모델은 비용보다는 가치에 초점을 맞춘다.

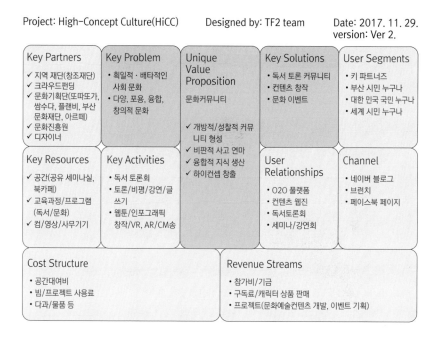

Project: High-Concept Culture(HiCC)   Designed by: TF2 team   Date: 2017. 11. 29.
version: Ver 2.

Key Partners	Key Problem	Unique Value Proposition	Key Solutions	User Segments
✓ 지역 재단(창조재단) ✓ 크라우드펀딩 ✓ 문화기획단(또따또가, 쌈수다, 플랜비, 부산문화재단, 아르떼) ✓ 문화진흥원 ✓ 디자이너	• 획일적·배타적인 사회 문화 • 다양, 포용, 융합, 창의적 문화	문화커뮤니티 ✓ 개방적/성찰적 커뮤니티 형성 ✓ 비판적 사고 연마 ✓ 융합적 지식 생산 ✓ 하이컨셉 창출	• 독서 토론 커뮤니티 • 컨텐츠 창작 • 문화 이벤트	• 키 파트너즈 • 부산 시민 누구나 • 대한 민국 국민 누구나 • 세계 시민 누구나

Key Resources	Key Activities		User Relationships	Channel
✓ 공간(공유 세미나실, 북카페) ✓ 교육과정/프로그램 (독서/문화) ✓ 컴/영상/사무기기	• 독서 토론회 • 토론/비평/강연/글 쓰기 • 웹툰/인포그래픽 창작/VR, AR/CM송		• O2O 플랫폼 • 컨텐츠 웹진 • 독서토론회 • 세미나/강연회	• 네이버 블로그 • 브런치 • 페이스북 페이지

Cost Structure	Revenue Streams
• 공간대여비 • 빔/프로젝트 사용료 • 다과/물품 등	• 참가비/기금 • 구독료/캐릭터 상품 판매 • 프로젝트(문화예술컨텐츠 개발, 이벤트 기획)

[그림 6-6] BMC 작성 사례

② 〈표 6-6〉의 실행계획서(액션플랜) 작성하기 내용을 숙지하여 액션
플랜이 잘 작성되도록 관련 도구와 자료를 제공하고 설명하는 등의
안내활동을 한다.

실행의 전체 밑그림이 그려졌으면 해결방안의 우선순위에 따라 구
체적인 실천 계획을 수립해야 한다. 액션플랜을 작성할 때는 사전-
실행-사후 단계별로 구체적인 계획을 작성한다. 사전 단계는 기반
및 환경 조성으로, 문제해결을 위한 준비 단계이다. 사전에 설문조
사를 통한 정보수집과 핵심 이해관계자의 동의를 구하는 등의 계획
이 필요하다. 실행 단계에서는 문제해결방안을 순서대로 계획한다.
사후 단계에서는 성찰을 통해 좋았던 점, 아쉬운 점, 나아갈 방향에

대해 논의한 후 기록하여 피드백할 수 있도록 한다.

액션플랜을 수립할 때는 무엇을(what), 왜(why), 누가(who), 언제(when), 어떻게(how), 어디서(where) 할 것인지를 명확히 지정해야 실행력이 높아진다. 또한 누구라도 보고 그대로 실행할 수 있도록 상세하게 작성되어야 한다. 단위 활동별, 과업 단계별로 간트 차트(gantt chart)를 사용하는 것도 효율적이다.

액션플랜 작성 시 러닝퍼실리테이터가 안내해야 할 사항
• 액션플랜의 기능을 간단히 설명한다. 설명의 핵심은 액션플랜은 육하원칙(누가, 언제, 어디서, 무엇을, 어떻게, 왜 하는지)에 의거하여 작성이 되므로 실행(실천)하기에 유용해야 한다. • 포스트잇을 사용하면 수정하거나 순서 바꾸기가 편리함을 안내한다. • 포스트잇에 핵심어를 가독성이 높게 크게 작성하도록 한다. • 학습자당 가장 공감하는 문제에 스티커를 붙이도록 안내한다.

〈표 6-6〉 액션플랜 작성 표

액션플랜(blueprint)			Team :			Date : version:	
1. Solution(what) name:							
Why:							
2. Action step							
	Step (how)			Who	Where	When	check
Pre							
Main							
Post							

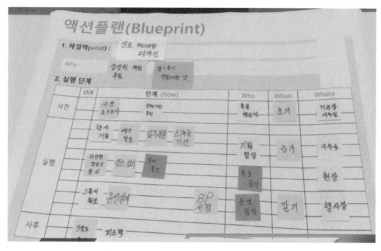

[그림 6-7] 액션 플랜 작성 사례

③ 다음 내용을 참조하여 학습 팀에서 래피드 프로토타이핑을 작성하
도록 안내한다.

실행 계획을 세웠으면 빠른 시간 내에 고안한 제품과 서비스의 시안
을 만들어 시험해 봐야 한다. 개발 초기의 아직 구체화되지 않은 제
품이나 서비스의 사용성 이슈를 검토하기 위해 시제품(프로토타입)
을 보여 주고 피드백을 반영하여 다시 재설계하는 과정을 반복하는
것을 프로토타이핑이라고 한다. 프로토타이핑은 팀원과 고객 간의
아이디어와 소통을 돕고, 설계 중인 모델의 효과를 검증받음으로써
시간과 노력을 절감하고 시행착오를 줄이는 좋은 방법이다.

프로토타이핑을 할 때는 처음부터 구현 충실도를 높이려고 하지
말고 낮은 단계에서 재빠르게 하는 것이 중요하다. 프로토타이핑
은 저수준 프로토타이핑과 고수준 프로토타이핑으로 두 가지 종
류인데, 낮은 충실도(Low Fidelity: Lo-fi)의 저수준 프로토타이핑에

는 스케치, 페이퍼 프로토타입, 종이 박스 프로토타입, 와이어프레임, 스토리보드, 시나리오 등이 있고, 높은 충실도(High Fidelity: Hi-fi)의 고수준 프로토타이핑에는 디지털 프로토타입이 있다. 여기서는 다양한 프로토타이핑 기법 중에서 몇 가지 방법에 대하여 알아보자.

• 페이퍼 프로토타입

종이로 해당 제품과 서비스를 간단하게 만들어 실제 구현되는 것처럼 시험하는 방법이다. 평면적인 스케치와 달리 각 단계나 순간을 담은 여러 장의 종이 스케치를 움직여 실제 구현 장면을 연출해 볼 수 있다. 포스트잇을 사용하는 것도 좋은 방법이다.

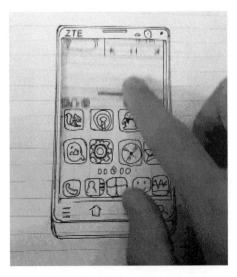

[그림 6-8] 페이퍼 프로토타입 예시

• 종이 박스 프로토타입

페이퍼 프로토타입이 2차원으로 프로토타입을 시각화하는 기법이라면, 종이 박스 프로토타입은 빈 박스에 색종이를 입혀 3차원적으로 초기 원안을 시각하는 기법이라고 할 수 있다.

[그림 6-9] 종이 박스 프로토타이핑 활동 장면

✎ 더 알아보기 / 종이 박스 프로토타이핑 시 러닝퍼실리테이터가 안내해야 할 사항

- 종이 박스 프로토타이핑 활동 시 사전에 다양한 크기의 빈 종이 박스, 스카치테이프, 가위 등을 준비하게 한다.
- 말 그대로 거친 프로토타입을 만들기 때문에 완벽하게 할 필요가 없으며, 상대방에게 솔루션의 기능을 이해시킬 수 있는 정도면 충분하다고 안내한다.

6) 발표 및 피드백 평가하기

(1) 발표

발표는 지금까지 우리가 만들어 온 비즈니스 모델에 대해 대중에게 처음 알리는 자리이다. 그러나 단순히 발표라고 생각하지 말자. 나의 비즈니스 플랜을 들은 누군가는 미래의 수익성에 대해 확신을 가지고 투자자가 될지도 모른다.

발표에 앞서 점수를 따기 위한 일련의 행위를 넘어서서 학습 팀이 구상한 사업을 실제 하려고 하고 있고 투자금이 절실하다고 상상해 보자. 나의 청중은 투자자이며 미래의 비즈니스 파트너가 될지 누가 알겠는가?

사람의 성격이 천차만별이듯, 발표의 방식도 천차만별일 것이다. 그러나 핵심은 누구에게나 동일하다. 우리가 왜 이 사업을 하려고 하며, 이 사업을 통해 소비자, 투자자 그리고 사회에 어떤 영향을 미칠 것인지 효율적이고 효과적으로 전달할 수 있어야 한다.

(2) 피드백과 평가

피드백과 평가에 있어 냉철하고 이성적으로 판단하되 사업과 무관한 사항에 대한 피드백과 평가는 되도록 피하자. 우리는 같은 길을 가고 있는 동료로서 상대방의 비즈니스 모델을 보았을 때, 개선하면 좋을 점과 발표자가 미처 생각하지 못했던 장점을 발견하는 데 초점을 두는 것이 좋다.

피드백과 평가에 있어 중요한 것은 앙트십의 기준에 근거하여 피드백과 평가를 실시해야 함을 잊지 말아야 한다는 것이다. 앞서 우리는 앙트십 육성 과정의 세부 내용들에 대하여 알아보았다. 공감적 문제(empathetic problem)를 발견하였다면 혁신적인 솔루션에 대한 아이디어(innovative and creative idea)를 중심으로 해결방안을 만들어 냄(making artifact)으로써 사회적 파급(social impact)을 유도해야 한다.

〈표 6-7〉에 제시한 체크리스트는 피드백과 평가를 위한 것으로, 실제 사용 국면에서는 상황에 맞게 수정하여 사용할 수 있다.

〈표 6-7〉 피드백과 평가를 위한 체크리스트

	문항	그렇지 않다	보통 이다	그렇다
공감적 문제 발견	발표자는 문제의 원인에 대해 파악하고 있는가?			
	발표자는 문제의 이해관계자들을 파악하고 있는가?			
	대중은 문제에 대해 문제로 인식하고 있는가?			
	이 문제로 인해 사회적으로 인적인 측면에서 손해 또는 피해의 정도가 큰가?			
	이 문제로 인해 사회적으로 물적인 측면에서 손해 또는 피해의 정도가 큰가?			
창의성	기존의 방법과 차별성이 있는가?			
	아이디어는 목표하는 문제를 해결할 수 있는 아이디어인가?			
	사회적으로 수용될 수 있는 아이디어인가?			
구현성	발표자는 아이디어를 구체화하기 위한 자원들을 파악하고 있는가?			
	발표자는 아이디어 실현을 위해 어떤 활동을 해야 하는지 알고 있는가?			
	발표자는 실현방법에 대한 지식이 있는가?			
	실현과 관련한 비용에 대해 고려하였는가?			
	실현 후 수익 창출방법에 대해 고려하였는가?			
사회적 변혁	목표하는 소비자층은 적절한가?			
	비즈니스를 통해 목표하는 문제가 해결 가능한가?			
	비즈니스 모델이 확장성을 가지는가?			
	비즈니스 모델이 지속가능성을 가지는가?			
	목표하는 가치를 창출해 낼 수 있는가?			
	소비자와의 소통을 위한 의사소통 경로가 적절한가?			
	소비자와의 관계를 지속적으로 이어갈 방안은 적절한가?			

7) 사회적 파급 이끌기

앙트러프러너는 자신이 발견한 공감적 문제에 근거하여 그 문제에 상응하는 혁신적인 솔루션에 대한 아이디어를 고안하고, 그것을 여러 사람이 관찰하고 평가할 수 있는 구현물(artifact)을 만든다. 또한 이 구현물을 토대로 발표, 피드백과 평가, 프로토타입 인터뷰를 하고, 이러한 과정을 통해 도출된 최종 솔루션의 사업계획서를 만들어 사회적 파급을 이끌어 내야 한다. 아이디어를 실제로 구현하여 사회적 파급을 이끌어 내는 것이 앙트십과 지금까지 살펴본 앙트십 역량 개발 과정의 핵심이라고 볼 수 있다. 특히 앙트십 역량 개발 프로세스의 첫 번째 단계로서 여러 사람이 공감할 수 있는 문제에서 출발한 것이 사회적 파급을 이끌어 내는 첫걸음이될 것이다. 하지만 프로토타입을 만들고 그에 따른 비즈니스 모델이 여러 대중의 관심을 끌도록 만들기 위해서는 실제 만들어서 시장에 내놓는 것이 중요하다. 이런 과정은 아주 거시적이고 긴 과정으로 개별 사례마다 다양하게 나타날 수 있다.

앙트십 역량 개발의 과정에서 시도해 볼 수 있는 것으로는 다음의 두 가지로 제시할 수 있다. 첫 번째는 크라우드 펀딩을 통한 사회적 파급 이끌기이다. 아이디어를 실현하기 위한 첫 단추로는 투자자(혹은 소액 투자자, 크라우드 투자자)들의 투자 여부를 확인해 보아야 한다. 관심이 있는 투자자들이 많이 생겨서 원하는 투자자금이 생기면 그제서야 생산, 유통, 판매라는 사회적 파급을 이끌어 낼 수 있게 된다. 즉, 투자자금의 확보 가능 여부가 앙트십의 마지막 과정인 사회적 파급을 이끄는 신호가 되는 것이다. 투자자금을 확보하기 위해서는 엔젤투자자(가족, 친구, 지인 등)에게 투자를 받거나 다양한 펀딩 조직에 사업계획서를 공식적으로 제안하여 투자자금을 받는 등의 여러 가지 방법이 있다. 그중 크라우드 펀딩 사이트를 제안해서 자금을 확보하는 것은 앙트십 역량 개발의 과정에 있는 참여자에게 부담이 적은 계획된 위험 감수 방법의 하나로써 추천할 수 있다.

두 번째는 공모전이나 경진대회에 최종 아이디어를 지원하여 검증을 받고 실현하는 방법이다. 요즘 대학가와 많은 공기업, 사기업, 공공기관에서 창업 아이디어를 무궁무진하게 발굴해 내고 있다. 이러한 경진대회를 적극 활용 및 지원하여 아이디어가 정말로 사회에 파급을 이끌어 낼 수 있는 것인지 검증이 가능하다. 더욱이 수상을 하게 된다면 다양한 혜택을 통하여 실제 삶에 실현시켜서 사회적 파급을 이끌어 낼 수 있게 될 것이다.

[그림 6-10] 와디즈 펀딩 사이트 화면

출처: https://www.wadiz.kr/web/main

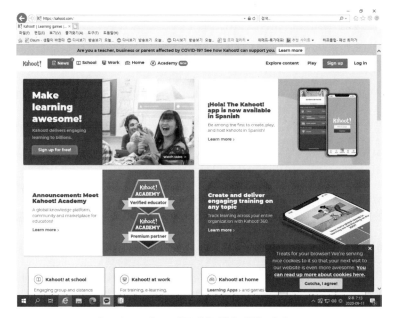

[그림 6-11] 모의투자용 학습게임 사이트

출처: https://www.kahoot.com

🎉 더 알아보기 / 크라우드 펀딩 계획서를 작성할 경우, 러닝퍼실리테이터가
　　　　　　　　안내해야 할 사항

- 크라우드 펀딩에 대한 간략한 설명을 제공하여 학습자들이 앞으로 무슨 활동을
  할 것인지를 알 수 있도록 한다.
- 와디즈 크라우드 펀딩 홈페이지에서 유사한 업로드 사례(다양한 유형 중 학습자
  의 솔루션과 유사한 항목 사례)를 훑어보도록 한다.
- '프로젝트 오픈 신청하기'를 클릭하여 실제 작성방법과 업로드 방법을 파악하도록
  한다.
- 가능하면 많은 투자자가 관심을 가지도록 내용을 파격적이며 흥미롭게 작성하도
  록 한다.

3. 사후학습하기

사후학습활동으로는 팀 학습 결과 종합 발표하기와 성찰일지 쓰기가 있다.

1) 팀 학습 결과 종합 발표하기

EEC 팀별 활동이 끝나면 러닝퍼실리테이터는 모든 팀이 한 장소에 모여서 팀 학습 결과를 발표하도록 안내한다. 구체적인 러닝퍼실리테이터의 역할은 다음과 같다.

- 종합 발표내용 공유 및 전이 촉진
  ※ 내용전문가 참여
- 개인별 발표 참여 촉진
- 계획된 학습과제 제시

2) 성찰일지 쓰기

성찰일지 쓰기는 ECC를 마무리하는 단계로서 학습자들이 자신의 학습활동 결과를 돌아보면서 지식과 경험을 더욱 심화할 수 있도록 돕는 활동이다.

(1) 학습자 및 러닝퍼실리테이터 역할

학습자 역할	러닝퍼실리테이터 역할
• 성찰일지 쓰기	• 질문지를 제시하고 성찰일지를 쓰도록 안내

출처: 홍진용, 박수홍, 김두규(2019).

(2) 러닝퍼실리테이터 실천적 활동 가이드라인

① 러닝퍼실리테이터는 학습자들에게 다음과 같은 성찰일지를 제시한 후 학습자들이 전체적인 학습을 성찰하도록 안내한다.

② 성찰일지의 형태는 러닝퍼실리테이터의 판단에 따라 다르게 구성할 수 있다.

성찰일지

질문1 팀 토론과정은 어떠하였는가?
장점:

단점:

질문2 개별 학습과정은 어떠하였는가?
장점:

단점:

질문3 본 EEC를 통해서 앙트십과 관련된 역량 개발은 어떠하였는가?
장점:

단점:

📚 참고문헌

박수홍, 안영식, 정주영(2010). 조직 및 지역의 창조적 변화를 이끄는 체계적 액션러닝. 서울: 학지사.

박수홍, 장재혁, 조영재, 김태헌, 이승민, 장명호, 김민선, 오슬기, 정주훈(2017). 4차 산업혁명 시대의 교육시스템 디자인. 부산: 아이엠쿱.

박수홍, 조영재, 문영진, 김미호, 김효정, 배진호, 오동주, 배유나(2019). 기업가정신 No 앙트러프러너십 Yes. 서울: 학지사.

이민화(2016). 기업가정신 2.0. 서울: 창조경제연구회.

조영수(2016.05.29.). 한 번 쯤 들어봤던 화면설계 & 프로토타이핑 툴 총정리. 웹기획. Retrieved from https://brunch.co.kr/@cysstory/103

조영재, 박수홍(2017). 지식창조시대 교육디자이너의 앙트러프러너십 역량증진 프로그램 개발의 출발점 분석. 교육혁신연구, 27(1), 21-44.

홍진용, 박수홍, 김두규(2019). 창의적 인적자원개발을 위한 러닝퍼실리테이터 입문. 서울: 학지사.

Osterwalder, A., & Pigneur, Y. (2010). *Business model generation: A handbook forvisionaries, game changers and challengers.* New Jersey, Hoboken: John Wiley and Sons, Inc.

Schein, E. H. (2014). 내 생애 커리어앵커를 찾아서(박수홍 역). 서울: 학지사. (원서는 2013년에 출판).

학습자 중심 참여형 교수법의
특성 분석 및 응용법

이번 장을 통해 앞 장에서 제시한 각 학습자 중심 참여형 교수법에서 러닝퍼실리테이터의 실천적 활동들이 어떤 차이가 있고, 어떤 상황에서 활용하는 것이 가장 바람직한지, 그리고 이러한 교수법들을 서로 혼합하여 활용하는 방법, 러닝퍼실리테이터 관리 조직 체계 정립법, 러닝퍼실리테이터가 경계해야 할 사항, 러닝퍼실리테이터가 가져야 할 신념 등을 알 수 있다.

chapter 07
학습자 중심 참여형 교수법의 특성 분석 및 응용법 / 홍진용

1. 학습자 중심 참여형 교수법의 특성 분석

학습자 중심 참여형 교수법들의 특성을 분석하기 위해 먼저 분석할 분야를 정하고 각 분야별로 어떤 특성과 차이가 있는지를 밝히고자 한다. 따라서 분석할 분야는 활동 초점, 주제 선정, 적용 분야, 사전학습 요구, 학습시간 특성, 수업 또는 프로그램 설계, 팀 빌딩의 필요성, 학습 영역, 결과물, 진행 절차 차이점, 학습환경, 실패 위험성, 오리엔테이션, 평가하기 등을 특성 분석 대상 분야로 선정하였다.

1) 활동 초점

(1) 문제중심학습
문제중심학습에서의 러닝퍼실리테이터의 활동 초점은 문제해결보다 문제해결 과정을 통해 학습자들이 관련된 지식과 기술을 통합적으로 습득하도록 하면서 창의력, 문제해결능력, 협업능력, 소통능력 등을 증진하도록 하는 데 있다. 따라서 제시한 문제가 해결되면 좋지만 해결되지 않았더라도 학습목표를 달성했다고 판단되면 종료할 수 있다.

(2) 액션러닝

액션러닝에서의 러닝퍼실리테이터의 활동 초점은 현장의 실제적인 문제해결에 있다. 따라서 문제를 해결하도록 하는 데 더 초점을 두어야 하며 문제가 해결되면 종료할 수 있다. 또한 이러한 문제를 해결하는 과정에서 학습자들에게 관련된 지식과 기술, 창의력, 문제해결능력, 협업능력, 소통능력 등이 증진되도록 한다.

(3) 캡스톤디자인

캡스톤디자인에서 러닝퍼실리테이터의 활동 초점은 학습자들이 그동안 배웠던 지식과 기술을 기반으로 제품을 설계하고 개발하도록 하여 지식과 기술을 활용하는 역량을 더 심화시키도록 한다. 이러한 과정에서 학습자들에게 관련된 지식과 기술을 심화하고 창의력, 문제해결능력, 협업능력, 소통능력 등이 증진되도록 한다.

(4) 목적중심시나리오

목적중심시나리오에서 러닝퍼실리테이터의 활동 초점은 주어진 커버스토리를 기반으로 하여 학습목표로 설정된 지식과 기능을 달성할 수 있도록 하는 데 있으며, 이러한 활동 과정에서 창의력, 문제해결능력, 협업능력, 소통능력 등이 증진되도록 한다.

(5) 플립러닝

플립러닝에서 러닝퍼실리테이터의 활동 초점은 학습자들에게 사전학습 자료를 주어서 학습해 오도록 한 후 이를 기반으로 수업 중에 토론학습 등의 적절한 교수법을 활용하여 학습자 중심으로 진행함으로써 학습의 효율성을 더 높이도록 하며, 이러한 활동 과정에서 창의력, 문제해결능력, 협업능력, 소통능력 등이 증진되도록 한다.

(6) EEC

EEC에서 러닝퍼실리테이터의 활동 초점은 학습자들이 공감적 문제를 발견하고 혁신적인 솔루션을 개발하고 실행하여 사회적 파급 효과를 이끌어 내서 최종적으로 조직과 지역 공동체의 혁신을 이루어 내도록 하는데 있다. 이러한 혁신 활동 과정에서 관련된 지식과 기술을 익히고 창의력, 문제해결능력, 협업능력, 소통능력, 혁신정신, 도전정신 등이 증진되도록 한다.

2) 주제 선정

(1) 문제중심학습

문제중심학습을 위한 주제, 즉 문제 선정은 현장에서 일어났던 실제적인 문제 중에서 해당 교과목과의 연계성 정도를 판단하여 선정한다. 그리고 학습이 주 목적이기 때문에 문제의 구성도 단일한 정답이 나오도록 하면 안 되고, 해결방안도 다양하게 나오도록 비구조화된 문제 상황을 구성하여 다양한 학습을 할 수 있도록 한다.

(2) 액션러닝

액션러닝을 위한 주제, 즉 문제해결 과제 또는 상황은 해당 조직에 현재 실존하는 문제를 발굴하여 해당 조직과 협의한 후 최종적으로 과제기술서를 작성해야 한다. 이를 위해 해당 조직과 과제 선정방법에 대한 워크숍도 필요하고, 과제기술서에 대한 평가 및 우선순위를 정하여 과제 조인식을 할 수 있도록 준비해야 한다.

(3) 캡스톤디자인

캡스톤디자인을 위한 주제, 즉 제품 개발을 위한 과제는 산학 통합 미팅을 통해 상호 협의하여 기업 현장에 필요한 실제적인 과제를 정하는 것이 좋다. 그러나 적절한 실제적인 과제가 없다면 기존에 개발되었던 사례를 과제로 하여 개선된 제품을 개발해 보도록 하는 것도 하나의 대안으로 활용할 수 있다.

(4) 목적중심시나리오

목적중심시나리오를 위한 주제, 즉 커버스토리는 현장에서 일어났던 실제같은 상황을 선정하되 사전에 설정된 교육과정에서 요구되는 지식과 기능을 습득할 수 있는 상황인지 여부를 판단하여 선정해야 한다.

(5) 플립러닝

플립러닝을 위한 주제는 교과목의 학습목표를 달성할 수 있는 주제여야 한다. 사전학습용으로 제공하는 학습자료는 학교에서 진행할 토론학습 등의 주제와 연계하여 제공함으로써 학교에서 학습자 중심으로 활발한 학습활동이 일어나도록 하는 것이 좋다.

(6) EEC

EEC 개발을 위한 주제는 조직과 지역 공동체의 혁신을 위한 공감적 문제 발견이다. 공감적 문제를 기반으로 관심을 가지는 학습자를 중심으로 이를 해결해 나갈 팀 빌딩을 할 수도 있고, 팀 빌딩을 먼저 한 다음 팀에서 공감적 문제를 발견하도록 진행할 수도 있다.

3) 적용 분야

(1) 문제중심학습

문제중심학습의 적용 분야는 현장에서의 수행 업무가 가설 추론적인 역량이 필요한 교과목인 경우에 더 적합하다. 예컨대, 진단을 하고 처방을 해야 하는 의료 업무, 장비 고장의 원인을 알아내어 수리를 해야 하는 정비사 업무 등 가설 또는 해결방안을 선정하고 처방을 하는 능력을 길러주기 위한 지식과 기술을 습득하도록 하는 교과 분야에 가장 적합하나 가설 추론적이지 않더라도 문제중심학습 프로세스를 조금 수정하면 일반적인 교과목에도 활용이 가능하다.

(2) 액션러닝

조직에서 해결해야 할 현존하는 실제적인 문제가 있는 경우, 해당 조직에서 이러한 문제를 액션러닝으로 해결할 필요성을 느낄 때 적용이 가능하다. 그래서 대부분의 기업이나 공공기관에 현존하는 문제를 해결하는 데 많이 활용해 왔으며, 이것이 정통적인 적용방법이다. 그러나 이를 응용하여 학교교육에도 활용하기도 하는데, 일부는 잘못 활용하는 경우도 있다. 예컨대, 활동적으로 수업을 진행하는 것을 액션러닝이라고 부르면서 액션러닝의 정통적인 본질을 흐트려 상업적으로 잘못 활용하는 경우도 발생하고 있다.

(3) 캡스톤디자인

캡스톤디자인의 적용 분야는 그동안 익혔던 지식과 기술을 응용하여 실제적인 공학적 설계 및 제품을 개발할 수 있도록 하는 데 있기 때문에 산업 현장에 실제적인 소요가 있으면 산학이 협동하여 적용할 수 있으며, 새로운 소요가 없으면 이미 개발된 제품을 개선하는 설계/개발이라든지 여러 가지 적용 분야를 고려해 볼 수 있다.

(4) 목적중심시나리오

임무가 포함된 커버스토리를 기반으로 사례기반추론(Case Based Reasioning) 수업을 진행할 수 있으며, 이를 통해 요구되는 지식과 기능을 익힐 수 있다면 모든 교과목에 적용할 수 있다.

(5) 플립러닝

플립러닝은 사전학습을 기반으로 수업에서 팀 기반의 토론학습 등 학습자 중심 학습을 하도록 하는 방법이므로 모든 교과목에 적용할 수 있다.

(6) EEC

EEC는 조직과 지역 공동체 혁신에 필요한 공감적 문제를 발견할 수 있는 모든 교과목 수업과 창업 활동, 조직의 혁신 분야에 적용할 수 있다.

4) 사전학습 요구

(1) 문제중심학습

문제중심학습은 문제를 통해 문제와 관련된 지식과 기술을 익히는 데 있기 때문에 사전학습이 필요하지 않다.

(2) 액션러닝

액션러닝은 현장의 실제적인 문제를 해결해 나가는 과정에서 관련된 지식과 기술을 익히기 때문에 사전학습이 필요하지 않다.

(3) 캡스톤디자인

캡스톤디자인은 공학과 관련된 기초이론을 먼저 교육한 후 학교교육 과정의 마무리 단계에서 공학적 설계/개발을 목적으로 하기 때문에 사전학습이 먼저 이루어진다고 볼 수 있다. 그러나 최근에는 지식 및 기술의 변화가 빠른 교과내용일 경우에는 사전학습 없이 교육과정의 초기 단계에서부터 적용하여 여러 번 경험을 갖도록 하는 방식의 교육을 할 수도 있다.

(4) 목적중심시나리오

목적중심시나리오는 커버스토리에 내포된 임무를 달성하기 위해 수행해야 할 일을 중심으로 수업을 진행하기 때문에 사전학습이 필요하지 않다.

(5) 플립러닝

플립러닝은 사전학습을 기반으로 수업을 진행하는 방식이므로 반드시 사전학습이 필요하다. 사전학습 방식은 학교나 조직의 특성에 따라 여러 가지로 할 수 있다. 예컨대, 집에서 사전학습을 하고 학교에서 본학습을 하는 형태로 할 수도 있고, 교과목의 특성상 조직의 외부에서 사전학습을 할 수 없을 경우에는 학교 수업 시간에 사전학습 자료를 제공하여 사전학습을 하도록 한 후 이를 중심으로 학습자 중심 참여형 수업을 진행할 수도 있다.

(6) EEC

EEC는 공감적 문제 발견을 기반으로 조직과 지역 공동체를 혁신해 나가는 과정 속에서 관련된 지식과 기술을 습득하므로 사전학습이 필요하지 않다.

5) 학습시간 특성

(1) 문제중심학습

문제중심학습은 현장의 실제적인 문제 사례를 학교교육에 가져와서 이것을 중심으로 문제를 해결하는 과정에서 관련된 지식과 기술을 익히기 때문에 실제 현장에서처럼 실시간으로 진단하고 처방할 수는 없으나, 시간적 여유를 가지고 문제를 다양한 측면에서 다루면서 학습을 할 수 있으므로 다루고자 하는 문제의 특성이나 난이도에 따라서 학습시간이 짧거나 길 수 있다.

(2) 액션러닝

액션러닝은 현장의 실제적인 문제를 해결해 나가는 과정에서 관련된 지식과 기술을 익히기 때문에 문제해결 시간과 학습시간이 비례한다고 볼 수 있다.

(3) 캡스톤디자인

캡스톤디자인은 공학과 관련된 기초이론을 먼저 교육한 후에 학교교육과정의 마무리 단계에서 공학적 설계/개발을 목적으로 하기 때문에 제품의 설계/개발 시간과 학습시간이 비례한다고 볼 수 있다.

(4) 목적중심시나리오

목적중심시나리오는 커버스토리에 내포된 임무를 달성하기 위해 수행해야 할 일을 중심으로 학습을 하기 때문에 현장에서 실제 당면하는 상황보다 시간적 여유를 가지고 학습을 할 수 있다.

(5) 플립러닝

플립러닝은 기존의 교과내용을 강의하는 데 소요되는 시간을 대신해서 사전학습과 교실에서의 수업, 그리고 사후학습으로 나누어서 진행하기 때문에 기존의 강의 수업시간과 별다른 차이가 없다.

(6) EEC

EEC는 공감적 문제 발견을 기반으로 조직과 지역 공동체를 혁신해 나가는 과정 속에서 관련된 지식과 기술을 습득하므로 공감적 문제를 해결해 나가는 과정의 난이도에 따라서 소요되는 시간과 학습시간이 비례한다고 볼 수 있다. 하지만 단순히 수업 목적으로 할 것인지 실제 사회적 혁신을 목적으로 프로세스를 진행할 것인지에 따라 학습시간은 달라질 수 있다.

6) 수업 또는 프로그램 설계

(1) 문제중심학습

문제중심학습은 철저한 수업 설계가 요구된다. 러닝퍼실리테이터가 단순히 문제만 제시하는 역할을 하고 학습자들이 알아서 하도록 하는 것이 아니라 학습활동이 잘 일어날 수 있도록 학습자 분석, 문제 개발, 학습자원 개발, 학습환경 구성, 팀 빌딩 등 철저한 수업 준비가 필요하다. 철저한 수업 설계를 해 놓으면 수업을 70% 이상 한 것과 다름없다.

(2) 액션러닝

액션러닝은 수업 설계를 한다기보다는 현장의 실제적인 문제를 잘 해결하기 위해 액션러닝 팀이 발굴한 문제의 상황에 맞게 액션러닝의 프로세스를 원활히 진행할 수 있도록 관련된 사항을 준비하는 것이 필요하다. 액션러닝의 기본적인 진행 프로세스는 같을 수 있지만 문제를 해결하기 위해 소요되는 활동 자원들은 각 상황에 따라서 다를 수 있다. 따라서 러닝퍼실리테이터는 액션러닝 팀의 문제해결을 촉진하기 위한 활동계획 수립이 필요하다.

(3) 캡스톤디자인

캡스톤디자인은 그동안 배웠던 교과내용을 기반으로 제품을 설계하고 개발하는 것이 주 목적이기 때문에 수업 설계라기보다는 프로젝트를 진행하는 데 필요한 지원 사항에 대한 준비 및 촉진 활동 계획을 수립하는 것이 필요하다.

(4) 목적중심시나리오

목적중심시나리오를 기반으로 수업을 하려면 교과내용에서 다루고자 하는 지식과 기능이 무엇인지를 분석하는 것부터 시작해서 이러한 학습목표를 달성하는 데 필요한 커버스토리를 작성하고 학습자원을 준비하는 등 학습자들이 팀 학습을 효과적으로 할 수 있는 철저한 수업 설계가 필요하다.

(5) 플립러닝

플립러닝을 기반으로 수업을 하고자 하면 플립러닝을 통해서 달성해야할 학습목표 설정에서부터 사전학습 자료를 어떻게 어느 만큼 제공할 것인지 그리고 사전학습을 기반으로 수업을 어떻게 진행할 것이며, 사후학습 관리를 어떻게 할 것인지 등에 대한 철저한 수업 설계가 필요하다.

(6) EEC

EEC는 조직과 지역 공동체의 혁신에 필요한 공감적 문제 발견을 기반으로 이를 해결해 나가기 위한 교육 프로그램을 진행하는 과정에서 다양한 수업방법을 동원할 수 있고, 다루어야 할 문제 사안에 따라 설계해야할 사항이 다를 수도 있다. 전체적인 교육 프로그램의 방향과 진행 과정에서 협력해야 할 전문가를 사전에 섭외할 필요도 있을 것이고, 각 교육 프로그램의 프로세스를 어떻게 진행할 것인지에 대한 철저한 설계가 필요하다.

7) 팀 빌딩의 필요성

(1) 문제중심학습

문제중심학습은 기본적으로 팀을 기반으로 진행하는 수업이기 때문 팀 빌딩을 하는 것이 필요하다. 문제중심학습을 처음 하는 학습자일 경우에는 더욱 그러하다. 그러나 문제중심학습을 많이 해 본 학습자일 경우에는 사회자(리더)와 서기만 정해 줘도 알아서 잘한다.

(2) 액션러닝

액션러닝은 현장의 실제적인 문제를 해결하기 위해 조직 내부의 인력으로 팀을 구성하여 진행하기 때문에 팀 빌딩을 잘하는 것이 필요하다. 이 때의 팀은 문제해결에 필요한 인력으로 편성하여 팀 빌딩을 해야 한다.

(3) 캡스톤디자인

캡스톤디자인은 대부분 팀 기반으로 진행하는 팀 프로젝트이기 때문에 팀 빌딩이 필요하다. 다만 개별 프로젝트 형태로 진행할 때는 팀 빌딩이 필요하지 않을 수도 있다.

(4) 목적중심시나리오

목적중심시나리오를 기반으로 진행하는 수업은 팀을 기반으로 수업을 진행하기 때문에 팀 빌딩이 필요하다.

(5) 플립러닝

플립러닝 기반의 수업은 개별 학습과 팀 학습이 블랜딩되어서 진행된다. 따라서 기본적으로 팀 빌딩이 필요하다.

(6) EEC

학교 수업인지 아니면 실제 창업 또는 창직에 관련된 활동인지, 조직의 혁신을 위한 활동인지에 따라 다를 수 있다. 학교 수업 중심이라면 기본적으로 팀 기반으로 활동하는 것이 바람직하고, 실제 창업 또는 창직활동에 관련된 사안일 경우에는 사회적 혁신을 위한 공감적 문제를 발견하고 이를 해결해 나가는 과정을 팀 기반으로 하여 활동할 것인지 개별적인 활동을 할 것인지에 따라 다를 수 있다. 경우에 따라서 다른 개별 창업·창직 혁신활동가와 팀 기반 학습활동이 필요한 경우도 있다.

8) 학습 영역

(1) 문제중심학습

문제중심학습에서의 학습 영역은 문제해결 과정에 필요한 학습의 내용과 그 문제를 가지고 다루고자 하는 러닝퍼실리테이터의 학습목표에 따라 다르다. 즉, 문제 자체가 문제를 해결하는 데 많은 관련 지식과 기술을 필요로 할 수도 있고 그렇지 않을 수도 있으며, 문제 자체가 다른 교과 분야의 학습 영역까지 포괄하는 것일 수도 있다. 이럴 경우에 러닝퍼실리테이터가 문제를 만들 때 문제 속에 제한 조건이나 추가 정보를 주어서 학습 영역을 조절할 수 있다.

(2) 액션러닝

액션러닝은 현장의 실제적인 문제를 해결하는 과정 안에서 관련된 지식과 기술을 습득하므로 현장에 존재하는 실제적인 문제의 특성에 따라 학습 영역이 다르다.

(3) 캡스톤디자인

캡스톤디자인은 제품의 설계와 개발 과정 속에서 심화된 지식과 기술을 습득하므로 다루고자 하는 프로젝트의 특성에 따라 학습 영역이 다르다.

(4) 목적중심시나리오

목적중심시나리오는 러닝퍼실리테이터가 교과내용을 사전에 분석하여 필요한 지식과 기능을 정해 놓고 이를 달성할 수 있는 커버스토리와 학습 자원 등을 개발하기 때문에 학습 영역을 사전에 설정해 놓고 수업을 진행할 수 있다.

(5) 플립러닝

플립러닝은 이미 결정되어 있는 교과내용을 기반으로 수업을 진행하기 때문에 학습 영역을 사전에 설정해 놓고 진행할 수 있다.

(6) EEC

EEC는 조직과 지역 공동체 혁신에 필요한 공감적 문제 발견의 영역에 따라 학습 영역이 다를 수 있다.

9) 결과물

(1) 문제중심학습

문제중심학습을 통해 얻을 수 있는 결과물은 문제 해결방안, 문제와 관련된 지식과 기술 습득, 창의력 · 문제해결능력 · 협업능력 · 의사소통능력 증진 등이 있다.

(2) 액션러닝

액션러닝을 통해 얻을 수 있는 결과물은 현장의 실제적인 문제해결과 실행 결과, 그리고 문제와 관련된 지식과 기술 습득, 창의력 · 문제해결능력 · 협업능력 · 의사소통능력 증진 등이 있다.

(3) 캡스톤디자인

캡스톤디자인 기반 학습을 통해 얻을 수 있는 결과물은 제품 설계서 및 개발된 제품, 제품 개발과 관련된 지식과 기술 습득, 창의력 · 문제해결능력 · 협업능력 · 의사소통능력 증진 등이 있다.

(4) 목적중심시나리오

목적중심시나리오 기반 학습을 통해 얻을 수 있는 결과물은 임무 수행 결과물, 임무와 관련된 지식과 기능 습득, 창의력 · 문제해결능력 · 협업능력 · 의사소통능력 증진 등이 있다.

(5) 플립러닝

플립러닝 기반 학습을 통해 얻을 수 있는 결과물은 교과목에 내포된 지식과 기술 습득, 창의력 · 문제해결능력 · 협업능력 · 의사소통능력 증진 등이 있다.

(6) EEC

EEC를 통해 얻을 수 있는 결과물은 조직과 지역 공동체 혁신을 위한 공감적 문제를 발견하고 이를 해결하여 사회적 파급 효과로 이끄는 것과 이러한 혁신 활동 과정을 통해서 관련된 지식과 기술 습득, 창의력 · 문제해결능력 · 협업능력 · 의사소통능력 증진, 혁신가 정신 · 도전정신 함양 등이 있다.

10) 진행 절차 차이점

진행 절차의 차이점은 문제중심학습의 진행 절차를 기준으로 다른 부분만 언급하고자 한다.

(1) 문제중심학습

문제중심학습의 절차는 일반적으로 팀 빌딩, 문제 제시, 가설 선정, 학습과제 선정, 우선순위 선정, 학습과제 담당자 선정, 학습자원 선정, 학습

과제 수행, 가설 검증, 학습 결과 발표 및 공유, 평가 및 성찰 순으로 이루어진다.

(2) 액션러닝

액션러닝의 진행 절차가 문제중심학습과 다른 부분은 현장의 실제적인 과제를 선정하는 과제 선정 절차가 필요하고, 이 과제를 수행하는 데 있어서 위험성도 감수해야 하며, 조직의 적극적인 지원도 필요하기 때문에 스폰서와 과제 조인식도 필요하다는 점이다.

그리고 주어진 과제 명료화하기, 가능한 해결방안 찾기, 가능한 해결방안에 대한 액션플랜 수립하기, 해결책 실행하기, 평가하기 등 문제중심학습보다 현장과 실제성을 가지고 진행하고, 문제중심학습에서와 같이 가설 선정하기, 가설 검증하기라는 표현은 잘 사용하지 않는다.

(3) 캡스톤디자인

캡스톤디자인 진행 절차가 문제중심학습과 다른 부분은 산업체의 요구와 학교 교육과정의 목표에 맞는 과제를 선정하기 위해서 산학 통합 미팅이 필요하고, 발굴된 과제 분석하기, 과제 명료화하기, 과제 해결방안 찾기, 해결방안 설계 및 제작하기, 결과물 전시 및 발표하기 과정이 있다는 점이다. 그리고 가설 선정하기, 가설 검증하기라는 표현은 잘 사용하지 않는다.

(4) 목적중심시나리오

목적중심시나리오 진행 절차가 문제중심학습과 다른 부분은 임무가 포함된 커버스토리를 제시하는 것으로 시작하고, 임무 수행을 위한 학습 과제를 선정하여 이를 중심으로 학습을 진행하며, 학습 결과를 종합할 때 임무초점에 따라 발표하는 양식과 형태가 다를 수 있다는 차이가 있으며,

가설 선정하기, 가설 검증하기라는 표현은 잘 사용하지 않는다.

(5) 플립러닝

플립러닝 진행 절차가 문제중심학습과 다른 부분은 문제를 중심으로 수업을 진행하는 것이 아니라 이미 결정되어 있는 교과내용을 중심으로 사전학습을 수행하게 하고, 수업에서는 사전학습을 기반으로 다양한 교수법으로 수업을 진행하며, 필요시 사후학습을 하게 한다는 점이다. 문제중심학습에서처럼 가설 선정하기, 가설 검증하기라는 절차는 없다.

(6) EEC

EEC는 공감적 문제 발견하기, 파운딩 팀 구성 및 팀 빌딩하기, 창의적으로 문제 이해하기, 혁신적인 솔루션 개발하기, 결과 및 성과를 실제로 구현해 보기, 발표 및 피드백 평가하기, 사회적 파급 이끌기라는 절차로 진행된다는 차이가 있다.

11) 학습환경

(1) 문제중심학습

문제중심학습은 주어진 문제를 팀 기반으로 분석하고, 가설 선정 및 학습과제를 선정하여 분담하는 등의 활동과 학습 결과에 대한 가설 검증을 위한 토론 및 학습 결과 발표 등의 팀 활동을 효과적으로 지원할 수 있는 교실환경이 필요하며, 개별학습 과제를 수행하는 동안에도 학습자와 학습자 및 학습자와 러닝퍼실리테이터 간에 정보를 공유하고 소통할 수 있는 온라인 공간이 필요하다.

또한 문제해결에 필요한 학습자원을 효과적으로 지원할 수 있는 온라인 공간과 인적·물적 자원의 지원이 필요하다.

(2) 액션러닝

액션러닝에서의 학습환경은 기업 또는 조직 현장에서 팀 활동을 효과적으로 할 수 있는 학습 공간과 학교에서 팀 학습을 할 수 있는 활동 공간이 필요하며, 개별 과제를 수행하는 동안에도 과제수행자와 과제수행자 및 과제수행자와 러닝퍼실리테이터 간에 정보를 공유하고 소통할 수 있는 온라인 공간이 필요하다.

또한 현장의 실제적인 문제해결 과정 및 해결방안 실행, 평가 그리고 필요한 학습자원을 효과적으로 지원할 수 있는 온라인 공간과 인적·물적 자원의 지원이 필요하다.

(3) 캡스톤디자인

캡스톤디자인에서의 학습환경은 기업 현장에서 팀 활동을 효과적으로 할 수 있는 학습 공간과 학교에서 팀 학습을 할 수 있는 공간이 필요하며, 개별 과제를 수행하는 동안에도 학습자와 학습자 및 학습자와 러닝퍼실리테이터 간에 정보를 공유하고 소통할 수 있는 온라인 공간이 필요하다.

또한 제품 설계 및 개발 과정에 필요한 학습자원을 효과적으로 지원할 수 있는 온라인 공간과 인적·물적 자원의 지원이 필요하다.

(4) 목적중심시나리오

목적중심시나리오에서의 학습환경은 주어진 커버스토리를 팀 기반으로 분석하고 임무 수행을 위해 수행해야 할 일을 선정하여 분담하는 등의 활동과 학습 결과 토론 및 발표 등의 팀 활동을 효과적으로 지원할 수 있는 교실환경이 필요하며, 개별적으로 담당한 개별 과제를 수행하는 동안에도 학습자와 학습자 및 학습자와 러닝퍼실리테이터 간에 정보를 공유하고 소통할 수 있는 온라인 공간이 필요하다.

또한 임무 수행에 필요한 학습자원을 효과적으로 지원할 수 있는 온라인 공간과 인적·물적 자원의 지원이 필요하다.

(5) 플립러닝

플립러닝에서의 학습환경은 학습자가 사전학습과 사후학습을 효과적으로 수행할 수 있는 온라인 공간이 필요하고, 사전학습 결과를 기반으로 학교에서 다양한 교수법으로 팀 학습을 효과적으로 할 수 있는 공간이 필요하다.

(6) EEC

EEC에서의 학습 공간은 팀 활동을 효과적으로 할 수 있는 팀 학습 공간이 필요하며, 개별 학습 공간도 필요하다. 공감적 문제를 발견하고 해결해 나가는 과정에서 학습자와 러닝퍼실리테이터 간에 정보를 공유하고 소통할 수 있는 온라인 공간이 필요하며, 창업활동에 필요한 학습자원을 효과적으로 지원할 수 있는 온라인 공간과 인적·물적 자원의 지원이 필요하다.

12) 실패 위험성

(1) 문제중심학습

문제중심학습은 주어진 문제해결 과정을 통해 문제해결능력을 기르고 관련된 지식과 기술을 습득하는 데 주 목적이 있기 때문에 실패의 위험성이 없다. 문제가 해결되지 않아도 문제해결 과정 속에서 학습목표를 달성하였다고 판단되면 종료할 수 있다.

(2) 액션러닝

액션러닝은 기업이나 조직에 현존하는 실제적인 문제를 해결하는 데 주 목적이 있으며, 해결방안을 도출해서 실행하고 평가하는 활동까지 하기 때문에 실패의 위험성이 있다.

(3) 캡스톤디자인

캡스톤디자인은 그동안 익혔던 지식과 기술을 기반으로 제품을 설계하고 개발하는 활동을 하기 때문에 기업이 요구하는 실제 프로젝트를 진행하는 경우에 실패의 위험성이 있다. 그러나 개인의 아이디어를 시제품 개념으로 구현해 보는 차원이라면 실패의 위험성이 없을 수 있다.

(4) 목적중심시나리오

목적중심시나리오는 정해진 교과내용의 학습목표를 달성하는 데 필요한 커버스토리의 임무 수행에 필요한 학습자원을 기반으로 학습활동을 하기 때문에 실패의 위험성이 적다.

(5) 플립러닝

플립러닝은 정해진 교과내용의 학습목표를 달성하는 데 필요한 사전학습과 본학습의 내용을 기반으로 학습활동을 하고 사후학습을 하기 때문에 실패의 위험성이 없다.

(6) EEC

EEC에서의 학습 결과는 실제 조직 및 지역 공동체의 혁신이 주 목표이면 실패의 위험성이 있고, 학교 수업에서 앙트십 역량을 길러 주는 교육이 주 목표이면 위험성이 없을 수 있다.

13) 오리엔테이션

(1) 문제중심학습

문제중심학습을 처음 하는 학습자에게는 문제중심학습 이해 및 진행 절차에 대한 이해를 돕기 위한 오리엔테이션이 필요하다. 그러나 문제중심학습을 경험해 본 학습자에게는 문제중심학습 이해 및 진행 절차에 대한 이해를 돕기 위한 오리엔테이션을 별도로 할 필요가 없다.

(2) 액션러닝

액션러닝을 처음 하는 학습자에게는 액션러닝 이해 및 진행 절차에 대한 이해를 돕기 위한 오리엔테이션이 필요하다. 그러나 액션러닝을 경험해 본 학습자에게는 액션러닝 이해 및 진행 절차에 대한 이해를 돕기 위한 오리엔테이션은 별도로 할 필요가 없다.

(3) 캡스톤디자인

캡스톤디자인을 처음 하는 학습자에게는 캡스톤디자인 이해 및 진행 절차에 대한 이해를 돕기 위한 오리엔테이션이 필요하다. 그러나 캡스톤디자인을 경험해 본 학습자에게는 캡스톤디자인 이해 및 진행 절차에 대한 이해를 돕기 위한 오리엔테이션은 별도로 할 필요가 없다.

(4) 목적중심시나리오

목적중심시나리오를 처음 하는 학습자에게는 목적중심시나리오 이해 및 진행 절차에 대한 이해를 돕기 위한 오리엔테이션이 필요하다. 그러나 목적중심시나리오를 경험해 본 학습자에게는 목적중심시나리오 이해 및 진행 절차에 대한 이해를 돕기 위한 오리엔테이션은 별도로 할 필요가 없다.

(5) 플립러닝

플립러닝을 처음 하는 학습자에게는 플립러닝 이해 및 진행 절차에 대한 이해를 돕기 위한 오리엔테이션이 필요하다. 그러나 플립러닝을 경험해 본 학습자에게는 플립러닝 이해 및 진행 절차에 대한 이해를 돕기 위한 오리엔테이션은 별도로 할 필요가 없다.

(6) EEC

EEC를 처음 하는 모든 대상자에게는 앙트십에 대한 이해 및 진행 절차에 대한 이해를 돕기 위한 오리엔테이션이 필요하다.

l4) 평가하기

(1) 문제중심학습

문제중심학습에서는 자기 평가, 출석 평가, 동료 평가, 학습결과물 평가, 러닝퍼실리테이터 관찰 평가, 학업성취도 평가 등을 할 수 있는데, 수업 시작 전에 평가기준에 대해 명확히 해 주는 것이 좋다.

(2) 액션러닝

액션러닝에서는 자기 평가, 동료 평가, 문제해결 결과 평가 등을 할 수 있는데, 액션러닝의 궁극적인 목표는 문제해결에 있으므로 문제해결방안을 시행한 결과를 평가하는 것이 가장 중요하다.

(3) 캡스톤디자인

캡스톤디자인에서는 자기 평가, 출석 평가, 동료 평가, 제품 설계 및 개발 결과 평가, 러닝퍼실리테이터 관찰 평가, 현장전문가 평가 등을 할 수 있는데, 수업 시작 전에 평가기준에 대해 명확히 해 주는 것이 좋다.

(4) 목적중심시나리오

목적중심시나리오에서는 자기 평가, 출석 평가, 동료 평가, 학습결과물 평가, 러닝퍼실리테이터 관찰 평가, 학업성취도 평가 등을 할 수 있는데, 수업 시작 전에 평가기준에 대해 명확히 해 주는 것이 좋다.

(5) 플립러닝

플립러닝에서는 자기 평가, 출석 평가, 동료 평가, 러닝퍼실리테이터 관찰 평가, 학업성취도 평가 등을 할 수 있는데, 수업 시작 전에 평가기준에 대해 명확히 해 주는 것이 좋다.

(6) EEC

EEC에서는 자기 평가, 출석 평가, 동료 평가, 러닝퍼실리테이터 관찰 평가, 창업 결과(해결방안 실행 결과) 평가 등을 할 수 있지만 가장 중요한 것은 조직 및 지역 공동체의 혁신을 위한 사회적 파급 효과 이끌기 결과에 대한 평가가 중요하다.

〈표 7-1〉 학습자 중심 참여형 교수법의 특성 비교표

분석 분야	문제중심학습	액션러닝	캡스톤디자인	목적중심시나리오	플립러닝	앙트러프러너십 역량 강화 교수(EEC)
활동 초점	문제해결 < 학습	문제해결 > 학습	제품 설계/개발 > 학습	임무 달성 < 학습	학습	창의적 조직, 공동체 구축 > 학습
주제 선정	• 현장에서 일어났던 실제적인 문제 • 해결방안이 다양하게 나오도록 문제 구성	현장에 현존하는 실제 문제	현장에 필요한 실제적인 제품 개발 소요	현장에서 일어났던 실제적인 상황	교과목 학습목표 중심 주제	공감적 문제(혁신 아이템)
적용 분야	가설 추론적 능력이 필요한 교과목이 최적이나 일반 교과목에도 응용하여 활용이 가능	현장에 현존하는 실제 문제해결에 필요한 소요가 있을 경우	공학적 설계 및 제품 개발이 필요한 소요가 있을 경우	임무가 포함된 커버스토리를 기반으로 사례 기반주로 수업을 진행할 수 있는 모든 교과목	모든 교과목	조직과 지역 공동체 혁신 및 도전을 위한 공감적 문제가 있는 경우
사전학습 요구	불필요	불필요	필요	불필요	필요	불필요
학습시간 특성	현장에서 당면하는 실제 문제 상황보다 학 수업에서 맞이하는 문제이기 때문에 시간적 여유를 가지고 진행할 수 있으며, 문제에 따라 학습시간이 짧거나 길 수 있음	문제해결과 학습시간 비례	제품 개발과 학습시간 비례	현장에서 당면하는 실제 문제 상황보다 학교 수업에서 맞이하는 커버스토리이기 때문에 시간적 여유를 가지고 진행할 수 있으며, 임무 특성에 따라 학습시간이 짧거나 길 수 있음	강의식 수업시간을 Pre-class, In-class, Post-class로 나누어 할 수 있음	공감적 문제해결을 위한 학신활동에 소요되는 시간과 비례

분석 분야	문제중심학습	액션러닝	캡스톤디자인	목적중심시나리오	플립러닝	앙트러프러너십 역량 강화 코스(EEC)
수업 또는 프로그램 설계	철저한 수업 설계 필요 수업 준비 및 설계가 수업 완성의 70% 이상을 차지함	문제해결이 주 목적이기 때문에 수업 설계라기보다는 문제해결을 촉진하기 위한 활동계획 수립 필요	제품 설계 및 개발이 주 목적이기 때문에 수업 설계라기 보다는 프로젝트를 진행하는 데 필요한 지원 사항에 대한 준비 및 촉진 활동 계획 수립 필요	철저한 수업 설계 필요	철저한 수업 설계 필요	코스 진행을 위한 철저한 설계 필요
팀 빌딩의 필요성	필요	필요	• 팀 프로젝트 시 필요 • 개별 프로젝트 진행 시 불필요	필요	필요	• 학교 수업 또는 조직이나 지역 공동체의 문제해결일 경우 필요 • 팀 중심 창업, 창직일 경우에는 필요하나 개별 창업, 창직일 경우에는 상황에 따라 필요할 수도 있고 불필요한 경우도 있음
학습 영역	문제해결 과정에 필요한 학습이 내용과 그 범위를 가지고 다루고자 하는 교수자의 학습목표에 따라 다름	현장에 현존하는 실제적 문제의 특성에 따라 학습 영역이 다름	프로젝트의 특성에 따라 학습 영역이 다름	교수자가 학습영역을 사전에 설정해 놓고 진행할 수 있음	교수자가 학습영역을 사전에 설정해 놓고 진행할 수 있음	공감적 문제의 특성에 따라 학습 영역이 다름

분석 분야	문제중심학습	액션러닝	캡스톤디자인	목적중심시나리오	플립러닝	앙트러프러너십 역량 강화 교수(EEC)
결과물	• 문제해결방안 • 문제해결 과정과 관련된 지식, 기술 • 창의력 • 문제해결능력 • 협업능력 • 의사소통능력	• 실제적인 문제해결 시행 결과 • 과제와 관련된 지식, 기술 • 창의력 • 문제해결능력 • 협업능력 • 의사소통능력	• 제품설계서 및 개발된 제품 • 제품 개발과 관련된 지식, 기술 • 창의력 • 제품개발능력 • 협업능력 • 의사소통능력	• 임무 수행 결과 • 임무 수행과 관련된 지식, 기능 • 창의력 • 문제해결능력 • 협업능력 • 의사소통능력	• 교과목의 지식, 기술 • 창의력 • 문제해결능력 • 협업능력 • 의사소통능력	• 혁신적 창업, 창직 • 창업, 창직과 관련된 지식, 기술 • 창의력 • 문제해결능력 • 협업능력 • 의사소통능력 • 혁신적 사고 • 도전정신 • 공감적 문제해결과의 사회적 파급 효과
진행 절차 차이점(PBL 기준으로 차이점만 기술함)	• 팀 빌딩 • 문제 제시 • 가설 선정 • 학습과제 선정 • 우선순위 선정 • 학습과제 담당자 선정 • 학습자원 선정 • 학습과제 수행 • 가설 검증 • 학습 결과 발표 및 공유 • 성찰	• 문제(과제) 선정 • 스폰서와 문제 조인식 • 과제 명료화하기 • 가능한 해결방안 찾기 • 해결방안 수립하기 • 해결방안 실행하기 • 평가하기 ※ 가설 선정하기, 가설 검증하기라는 표현은 사용하지 않음	• 산학 통합 미팅 • 과제 분석하기 • 과제 명료화하기 • 과제 해결방안 찾기 • 해결방안 설계/제작하기 • 결과물 전시/발표하기 ※ 가설 선정하기, 가설 검증하기라는 표현은 사용하지 않음	• 임무가 포함된 커버스토리 제시 • 임무 수행을 위한 역할 및 시나리오 선정 • 임무 수행할 일 선정 • 수행해야 할 일 묶음 • 학습자원 선정 • 시나리오 운영 • 수행 결과 발표 및 공유 ※ 가설 선정하기, 가설 검증하기라는 표현은 사용하지 않음	• 사전학습 수행 • 교실 수업: 사전학습을 기반으로 다양한 교수 범을 활용하여 수행 • 사후학습 수행	• 공감적 문제 발견하기 • 파운딩 팀 구성 및 팀 빌딩하기 • 창의적 문제 이해하기 • 혁신적인 솔루션 개발하기 • 구현하기 • 발표 및 피드백하기 • 사회적 파급 이끌기

분석 분야		문제중심학습	액션러닝	캡스톤디자인	목적중심시나리오	플립러닝	앙트러프러너십 역량 강화 교육(EEC)
학습환경		• 팀: 팀 학습을 지원할 수 있는 교실 • 개별: 개별 학습 결과를 공유하고 소통할 수 있는 온라인 공간 • 학습자원: 문제해결에 필요한 온라인 학습자원 및 인적·물적 자원	• 팀: 팀 학습을 지원할 수 있는 학교 및 현장의 학습 공간 • 개별: 개별 학습 결과를 공유하고 소통할 수 있는 온라인 공간 • 학습자원: 현장의 실제적인 문제해결 과정 및 해결방안 실행에 필요한 온라인 학습자원 및 인적·물적 자원	• 팀: 팀 학습을 지원할 수 있는 학교 및 현장의 학습 공간 • 개별: 개별 학습 결과를 공유하고 소통할 수 있는 온라인 공간 • 학습자원: 프로젝트 수행에 필요한 온라인 학습자원 및 인적·물적 자원	• 팀: 팀 학습을 지원할 수 있는 교실 • 개별: 개별 학습 결과를 공유하고 소통할 수 있는 온라인 공간 • 학습자원: 임무 수행에 필요한 온라인 학습자원 및 인적·물적 자원	• 팀: 팀 학습을 지원할 수 있는 교실 • 개별: 사전 및 사후 학습을 효과적으로 지원할 수 있는 온라인 공간	• 팀: 팀 학습을 지원할 수 있는 교실 • 개별: 개별 학습 결과를 공유하고 소통할 수 있는 온라인 공간 • 학습자원: 혁신적 창업·창직 활동에 필요한 온라인 학습 지원 및 인적·물적 자원
실패 위험성		• 없음(문제가 해결되지 않아도 학습목표가 달성되면 됨)	• 있음	• 기업이 요구하는 실제 프로젝트인 경우: 위험성 있음 • 학습자 개인의 아이디어 구현 경우: 위험성 없음	• 없음	• 없음	• 조직 및 지역 공동체의 실제적인 혁신이 주 목표이면 위험성 있음 • 앙트러십 역량 개발을 위한 학교 수업이 주 목표이면 위험성 없음

분석 분야	문제중심학습	액션러닝	캡스톤디자인	목적중심시나리오	플립러닝	앙트러프러너십 역량 강화 코스(EEC)
오리엔테이션	문제중심학습을 처음 하는 학습자에게는 문제중심학습 수업 이해 및 진행 절차에 대한 이해를 돕기 위해 필요	액션러닝을 처음 하는 학습자에게는 액션러 닝 이해 및 진행 절차 에 대한 이해를 돕기 위해 필요	캡스톤디자인을 처음 하는 학습자에게는 캡 스톤디자인 이해 및 진행 절차에 대한 이 해를 돕기 위해 필요	목적중심시나리오를 처음 하는 학습자에게 는 목적중심시나리오 이해 및 진행 절차에 대한 이해를 돕기 위 해 필요	플립러닝을 처음 하는 학습자에게는 플립러 닝 이해 및 진행 절차 에 대한 이해를 돕기 위해 필요	활동 참여자들에게 EEC에 대한 이해 및 진행 절차에 대한 이해를 돕기 위해 필요
평가하기	• 자기 평가 • 동료 평가 • 학습결과물 평가 • 러닝퍼실리테이터 관찰 평가 • 학업성취도 평가	• 자기 평가 • 동료 평가 • 문제해결 결과 평가	• 자기 평가 • 동료 평가 • 제품 설계 및 개발 결과 평가 • 러닝퍼실리테이터 관찰 평가 • 현장전문가 평가	• 자기 평가 • 동료 평가 • 학습결과물 평가 • 러닝퍼실리테이터 관찰 평가 • 학업성취도 평가	• 자기 평가 • 동료 평가 • 러닝퍼실리테이터 관찰 평가 • 학업성취도 평가	• 자기 평가 • 동료 평가 • 러닝퍼실리테이터 관찰 평가 • 창업 결과 평가

2. 학습자 중심 참여형 교수법의 응용법

학습자 중심 참여형 교수법의 응용방법에서는 학습자 중심 참여형 교수법의 혼합 활용법과 러닝퍼실리테이터가 경계해야 할 사항이 무엇인지 그리고 어떤 신념을 가지고 수업에 임해야 하는지에 대해 알아볼 것이다.

1) 학습자 중심 참여형 교수법의 혼합 활용법

모든 교과목은 고유의 학습목표와 교과내용의 특성을 가지고 있기 때문에 한 가지의 교수법만으로 수업을 할 수 있는 교과목이 있을 수도 있지만 모든 교과목에 한 가지 교수법만 적용을 한다는 것은 무리가 있고, 한 교과목 내에서도 여러 가지 교수법을 혼합하여 수업을 설계할 수도 있다. 이렇게 수업을 잘 설계하고 진행하기 위해서는 러닝퍼실리테이터가 각 교수법의 특성을 잘 이해하여 이를 혼합해서 적용할 수 있는 역량을 길러야 한다.

이 책에서 학습자 중심 참여형 교수법으로 제시하지 않았지만 직소 (Jigsaw) 등의 토론식 수업도 혼합할 수 있고, 하부르타식 수업을 혼합할 수도 있으며, 때에 따라서는 보충 설명을 위한 약간의 강의도 필요하다. 혼합 활용법은 교육과정과 교과내용의 특성에 따라 여러 가지가 있을 수 있겠지만 몇 가지 예시를 제시하면 다음과 같다.

(1) 플립러닝 + 목적중심시나리오 + 토론식 수업 + 보충 강의

교육과정 중 일부 교과내용은 플립러닝으로 진행하고, 일부 교과내용은 목적중심시나리오를 기반으로 진행한 후에 토론식 수업을 한다. 이렇

게 수업을 한 후 학습목표 달성에 부족한 부분이 있다고 판단이 되면 러닝
퍼실리테이터가 내용전문가일 경우 직접 부족한 부분을 보충 강의를 하여
마무리할 수 있고, 내용전문가가 아닐 경우 팀별로 마지막 종합 정리하여
발표할 때 내용전문가를 초빙해서 보충 설명을 하게 할 수도 있다.

(2) 플립러닝 + 캡스톤디자인 + 토론식 수업 + 보충 강의

교육과정 중 기본 이론 및 지식 습득을 위한 교과내용은 플립러닝으로
진행하고, 이를 기반으로 실제적인 설계 및 제품 개발 활동은 캡스톤디자
인으로 진행한 후에 토론식 수업을 한다. 이렇게 수업을 한 후 학습목표
달성에 부족한 부분이 있다고 판단이 되면 러닝퍼실리테이터가 내용전문
가일 경우 직접 부족한 부분을 보충 강의를 하여 마무리할 수 있고, 내용
전문가가 아닐 경우 팀별로 마지막 종합 정리하여 발표할 때 내용전문가
를 초빙해서 보충 설명을 하게 할 수도 있다.

(3) 문제중심학습 + 보충 강의

교과내용이 대부분 가설 추론적인 내용일 경우 교육과정 전체를 처음
부터 문제중심학습으로만 진행하여 관련된 지식과 기술을 습득하도록 할
수 있다. 그러나 각 문제중심학습을 마무리하는 단계에서 학습목표 달성
에 부족한 부분이 있다고 판단이 되면 러닝퍼실리테이터가 내용전문가일
경우 직접 보충 설명하여 마무리할 수 있고, 내용전문가가 아닐 경우 팀
별로 마지막 종합 발표를 할 때 내용전문가를 초빙하여 보충 설명하여 마
무리할 수 있다.

(4) 문제중심학습 + 캡스톤디자인 + 토론식 수업 + 보충 강의

진단 및 처방적인 지식과 기술을 습득하는 분야는 문제중심학습으로

습득하게 하고, 제품의 설계 및 개발 역량을 육성해야 하는 분야는 캡스톤디자인으로 진행한 후에 토론식 수업과 보충 강의로 마무리할 수도 있다. 결국은 교육과정에서 학습자에게 어떤 역량을 육성시켜 줄 것인가에 따라 달라질 수 있다.

(5) 캡스톤디자인 + 보충 강의

교과내용이 변화가 빠른 내용이라면 제품 개발에 필요한 이론과 기술 자체를 제품 설계와 개발을 하는 과정 속에서 익히도록 할 수 있다. 따라서 변화에 민감한 교과내용은 처음부터 캡스톤디자인 기반으로 수업을 진행하는 것이 효과적일 수도 있으며, 각 캡스톤디자인 수업이 끝날 때 부족한 부분은 보충 강의로 마무리할 수 있다.

2) 학습자 중심 참여형 교수법을 효과적으로 도입하기 위한 관리조직체계 정립

앞서 제시한 예시 이외에도 러닝퍼실리테이터가 수업을 설계할 때 여러 가지 교수법을 혼합하여 수업을 진행할 수 있다. 중요한 것은 이렇게 하기 위해서는 학교나 조직의 특성에 따라 학습자 중심 참여형 교수법 기반으로 교육과정 설계와 수업 설계를 할 수 있는 관리조직이 있어야 한다. 예를 들어, 특급 러닝퍼실리테이터, 1급 러닝퍼실리테이터, 2급 러닝퍼실리테이터 등으로 역량을 구분하여 다년간 여러 교수법에 통달한 특급 러닝퍼실리테이터 중심으로 학교 또는 학과의 수업을 전문적 안목과 일관성을 가지고 학습자 중심 참여형 수업을 진행하도록 지도할 수 있는 조직을 갖추어 나가야 하며, 이러한 조직을 잘 갖추어 나가기 위해서는 초기에는 경험이 많고 역량을 갖춘 외부 러닝퍼실리테이터 전문가로부터 컨설팅을 받아서 체계를 갖추어 나가면 실패의 위험성을 줄일 수 있다.

3) 학습자 중심 참여형 교수법 활용 시 경계해야 할 사항

학습자 중심 참여형 교수법의 혼합 활용법에서 제시한 것처럼 여러 가지 교수법을 정확하게 이해하고 교과내용의 특성에 맞게 잘 활용하는 것이 중요하다. 그런데 학습자 중심 참여형 수업의 기본 역량이 부족한 많은 교수자가 이러한 점을 간과하여 학습자 중심 참여형 교수법을 수업에 적용하면서 오류를 범하거나 포기하는 사례가 생기고 있다.

이러한 결과에 대한 피해는 학습자에게 돌아간다. 교수자는 학습자들이 좋은 학습을 받을 수 있는 학습권을 보장해 줄 수 있어야 한다. 따라서 교수자들이 경계해야 할 몇 가지 사항을 제시하고자 한다.

(1) 한 가지 교수법이 만병통치약이 아니다

일반적으로 많은 교수자가 한 가지 교수법만 가지고 수업에 활용하려는 시도를 많이 하고 있고, 한 가지 교수법에 익숙한 교수자는 마치 그 교수법이 만병통치약인 것처럼 퍼뜨리는 경향이 있다. 예컨대, 각 교수법은 그 태동부터 명확한 목적과 효과적인 적용 분야가 있다. 그런데 어떤 교수자들은 이를 간과하여 자신이 잘 아는 교수법 한 가지만 지나치게 만병통치약처럼 활용하려는 경향이 있으므로 이를 경계해야 한다.

(2) 교수법의 테크닉에만 관심을 가지지 말라

학습자 중심 참여형 교수법을 활용함에 있어서 매우 중요한 것은 교수자가 왜 학습자 중심 참여형 수업을 해야 하는지에 대한 필요성 인식과 공감이 먼저 있어야 하고, 러닝퍼실리테이터로서 학습자 중심으로 수업이 잘 진행되도록 유지·관리하는 러닝퍼실리테이터 기본 역량을 갖추는 것이 더 중요하다. 이러한 역량을 기반으로 각 교수법의 프로세스에 따라 수업을 진행하면 큰 효과를 볼 수 있을 것이다. 그런데 이런 필요성 인식과 기본 역량을 갖추지 않은 상태에서 각 교수법에서 제시하는 프로세스적인 테크닉에만 관심을 가지고 수업을 진행하게 되면 학습자 중심 참여형 수업의 본질이 무너지게 되고 오래가지 못하게 되며 체계적인 경험의 축적도 어렵게 된다. 따라서 이 책을 읽기 전에 러닝퍼실리테이터 입문서를 읽어 보기를 권하고, 여건이 허락한다면 러닝퍼실리테이터 기본 과정과 러닝퍼실리테이터 전문가 과정 연수교육에 참여할 것을 권장한다. 왜냐하면 책에서 표현할 수 없는 묵시적 지식을 이러한 연수교육 과정을 통해 스스로 깨달을 수 있기 때문이다.

(3) 교수법을 무리하게 변형하여 사용하지 말라

학습자 중심 참여형 교수법을 임의로 변형하여 임상실험용으로 무리하게 사용하지 않기를 권고한다. 우리 학교에 맞게 하는 것도 필요하겠지만 연구와 실험을 통해 검증된 교수법을 사용하는 것이 좋다. 검증되지 않은 교수법을 가지고 임상실험용식으로 활용한 결과에 대한 피해자는 바로 학습자들이다.

예컨대, 액션러닝의 본질을 정확히 모르는 사람들이 지나치게 변형하여 활동을 하다 보니 액션러닝에 대한 기본지식이 없는 일반적인 교수자들이 액티브(active)하게 수업을 하면 모두 액션러닝인 것처럼 지식과 기술이 잘못 인식되고 활용되는 현상이 나타나는 사례가 있다. 문제중심학습도 마찬가지이다. 문제중심학습의 태동적인 목적을 정확하게 이해하고 이를 교과 특성에 맞게 활용하면 좋은데, 모든 교과목에 무리하게 적용하여 그 태동적인 목적을 달성하는 데 어려움이 있게 되고 문제중심학습에 대한 부정적인 인식이 생겨나는 현상이 나타날 수 있다.

(4) 끊임없는 수업 개선 활동을 통해 자기 것으로 만들라

러닝퍼실리테이터로서 학습자 중심 참여형 교수법을 활용하여 수업을 진행하는 것은 결코 만만하지 않다. 기존의 강의 중심으로만 수업을 해 온 교수자들에게는 고통일 수 있고 새로움을 받아들여야 하는 어려움이 따를 수 있다. 교수자뿐만 아니라 학습자들에게도 마찬가지이다. 학습자 중심 참여형 수업에 참가하는 학습자들은 많은 사고와 창의력, 협업능력 그리고 의사소통능력을 발휘해야 한다. 이렇게 수업을 받아 오지 않은 학습자들에게는 처음에는 어렵고 힘든 수업이 될 수도 있다.

그럼에도 불구하고 4차 산업혁명시대라는 새로운 시대에 적응하기 위해 창의적인 인재로 거듭 태어나지 않으면 개인이나 국가 모두가 경쟁력을 확보하기 어려운 시기이고, 이러한 어려움을 극복하기 위해서는 창의적인 인재로 태어나고 육성할 수 있도록 교수자와 학습자 모두가 함께 노력해야 한다.

훌륭한 부모는 아이한테 달콤한 사탕을 계속 주지 않는다. 달콤하기는 하지만 많이 먹으면 몸에 좋지 않다는 것을 알기 때문이다. 그러나 아이가 잘 먹지 않으려고 하는 쓴 약은 억지로라도 먹이려고 한다. 그것은 그 약이 아이에게 보약이 되고 아이의 건강을 이롭게 한다는 것을 알기 때문이다.

이와 같이 학습자 중심 참여형 교수법을 활용하는 수업도 교수자나 학습자 모두에게 처음에는 쓴 약처럼 받아들일 수 있으나 이것을 보약이라고 생각하고 긍정적으로 받아들이는 자세가 필요하다. 따라서 좋은 평가나 인기를 얻기 위해 교수법을 지나치게 변형해서 사탕발림식으로 수업에 활용해서는 안 되고, 각 교수법별로 지니고 있는 고유한 태동의 목적을 살리면서 수업을 진행할 수 있는 역량을 기르는 것이 필요하다.

(5) 학습자 만족도 조사만으로 교수자를 평가하지 말라

교수자들은 좋은 평가를 받기 위해서 달콤한 수업에만 치중해서는 안 된다. 학습자 중심 참여형 교수법을 적용한 러닝퍼실리테이션 기반 수업이 결코 달콤한 수업은 아니다. 그렇지만 학습자들에게 필요한 지식과 기술을 익히게 할 뿐만 아니라 새로운 시대에서 요구하는 창의력과 문제해결능력, 의사소통능력, 협업능력 등을 키우는 데 보약인 것은 틀림없다.

따라서 학습자들이 쓰다고 하더라도 이를 잘 활용하기 위한 노력이 필요하고, 학습자 역시 이에 대한 인식이 필요하며, 학습자의 만족도 기준으로 교수자를 평가하는 교수자 평가방법도 바꾸어야 한다. 교, 강사를 관리하는 관리자 입장에서는 이 방법이 편하고 좋을 수 있으나 이것이 수업의 효과성, 효율성으로 나타나지는 않는다.

따라서 교, 강사를 관리하는 기관의 HRD 담당자들이 먼저 학습자 중심 참여형 교수법에 대한 이해와 전문 역량을 갖출 필요가 있다. 이러한 역량을 기반으로 교수자에 대한 평가방법이 바뀌어야 교수자들이 진정한 러닝퍼실리테이터로서 소신을 갖고 학습자들에게 보약 같은 수업을 할 것이다.

시대에 맞는 좋은 교수학습 문화를 정착시키는 것이 결코 쉬운 일은 아니다. 이러한 문화를 정착하기 위해서는 정부, 학교, 학부모, 학원, 학생 모두가 참여하여 어려움을 감내하고 새로운 시대로 나아가고자 하는 의지가 필요하다. 새로운 시대에 맞는 인재 강국이 될 때 이것이 결국 기술 강국으로 이어지고, 경제·군사 강국으로 이어지며, 살기 좋은 나라로 이어지는 지름길임을 모두가 인식해야 한다.

4) 러닝퍼실리테이터가 가져야 할 신념

러닝퍼실리테이터가 가져야 할 신념은 여러 가지가 있겠지만 가장 잘 되지 않는 두 가지, 즉 인내심을 가지는 것과 학습자를 믿는 것이다.

(1) 학습자 중심 참여형 수업에서 인내심을 가지라

러닝퍼실리테이터에게 요구되는 기본 역량 중 매우 큰 역량은 인내심이다. 그런데 이 인내심은 연수교육으로 해결하기에 어려움이 있다. 강의 중심으로 수업을 진행하는 대부분의 많은 교수자가 자신이 질문하고 자신이 답변을 하는 식으로 수업을 진행하는 경향이 많다. 그런데 이러한 수업에 익숙한 교수자들이 학습자 중심 참여형 수업에서 매우 어려워하는 부분은 질문을 해 놓고 인내심을 가지고 기다리지 못한다는 것이다.

질문을 던져 놓고 학습자들이 아무 반응이 없으면 갑갑하고 불안하기도 하다. 그러나 인내심을 가지고 기다리면 누군가 말을 하게 되어 있고 말문이 트이면 능동적인 학습활동이 일어난다. 하지만 인내심을 가지고 기다리지 못하고 자신이 질문하고 답변을 하는 식으로 진행하면 학습자는 수동적인 학습자가 되어 버린다. 인내심을 가지고 기다려 주는 것은 학습자를 능동적인 학습자로 만들어 가는 하나의 과정일 수 있다.

(2) 학습자를 믿으라

많은 교수자가 학습자를 믿지 못한다. 내가 가르쳐 주지 않으면 학습자들이 학습을 잘하지 못할 것이라고 생각한다. 저학년일수록 더 믿음이 가지 않을 것이다. 그래서 자꾸 일방적으로 지식을 집어넣어 주려고 한다.

그러나 학습자 중심 참여형 수업을 위한 러닝퍼실리테이터로서 기본 역량을 기르고 철저한 수업 설계와 학습환경을 구성해서 팀 빌딩까지 잘

해 주고, 학습 팀에서 능동적인 학습활동이 일어날 것이라는 신념을 가지고 수업을 진행하면 학습자들에게서 놀랄 만큼 능동적인 학습활동이 일어나는 것을 경험할 것이다.

러닝퍼실리테이터는 학습 팀에서 능동적인 학습활동이 반드시 일어날 것이라는 것을 믿고 신뢰해 주는 것이 중요하다. 저학년일수록 믿음이 가지 않겠지만 현실은 반대로 나타난다. 저학년일수록 사고의 유연성이 높아 오히려 더 능동적인 학습활동이 잘 일어난다. 이렇게 되도록 하기 위해서는 철저한 수업 설계 및 준비가 필요하며, 실제 수업에서는 학습자가 주인이 되도록 수업 분위기를 만들어 가는 것이 중요하다.

책을 마치며

   이 책은 4차 산업혁명시대에 요구되는 창의력, 문제해결능력, 협업능력, 의사소통능력을 갖춘 창의혁신적 인재 육성을 위한 목적으로 출판한 『창의적 인적자원개발을 위한 러닝퍼실리테이터 입문』의 후속책으로, 해당 교수법에서의 전문가 6명이 의견을 모으고 집필을 진행하였다. 이론서가 아니라 교수자들이 학습자 중심 참여형 교수법을 적용하는 데 실천적 지침서가 되도록 집필하기 위해 심혈을 기울였다.

   교수법마다 특성이 있기 때문에 6명의 공동 저자가 각자 해당 분야의 교수법 특성을 잘 나타내도록 집필하면서도 전체적으로 맥락성과 조화로움이 있도록 하기 위해 여러 번의 회의와 토론을 거치면서 집필을 진행하였다. 또한 6명의 공동 저자가 집필한 내용을 다른 저자가 서로 피드백을 주면서 수정 및 보완을 하는 등 각별한 노력을 했다. 이러한 과정이 결코 만만하지는 않았지만, 순조롭게 잘 진행되었던 것은 대표 저자인 박수홍 교수님의 노력과 집필 총괄 정리를 맡은 홍진용 박사와 박은희 박사의 헌신적인 노력 덕분이다.

책을 마치면서 밝히는 사항이지만, 이 책의 집필자인 우리 모두는 대표 저자인 부산대학교 박수홍 교수의 제자들이다. 그래서 마음을 더 잘 맞추어 전체적인 맥락성을 유지하면서 각 분야의 교수법 특성을 나타내어 실천적으로 활용할 수 있는 책으로 집필할 수 있었다고 생각한다.

공동 저자인 우리 모두가 4차 산업혁명시대에 걸맞은 창의적 조직과 공동체 구축에 도움이 되는 데 기여하기 위해 그동안 쌓아 왔던 지식과 경험을 기반으로 각자 열성적으로 집필하였지만 부족한 점이 많이 있으리라고 생각한다. 그럼에도 불구하고 책을 출판하고자 마음먹은 것은 전 세계가 새로운 시대에 국가경쟁력을 높이기 위해 교수자가 일방적으로 주입식으로 강의하는 교육에서 벗어나서 창의력, 문제해결능력, 협업능력, 의사소통능력을 갖춘 인재를 육성하기 위해 노력하고 있는 시점에서 출판을 더 늦출 수는 없다는 판단에서이다.

심지어 우리의 이웃 나라이면서도 경쟁의 대상인 일본 역시 국제경쟁 속에서 국가경쟁력 확보를 위해 '지식과 기능의 확실한 습득' '이를 기초로 한 사고력, 판단력, 표현력' '주체성을 갖춘 다양한 인재와 협력하며 배우는 학습태도'의 학력 3요소를 양성하기 위해 2020년 1월부터 대학입학시험을 개편했다.[1] 일본 국민의 많은 비난과 구조적 어려움이 있었음에도 불구하고 기존의 대학입시 제도를 폐지하고 완전히 새로운 대학입시 제도를 도입하는 등 인재 강국이 되기 위해 노력하고 있다는 것은 주목하고 경계해야 할 만한 일이다.

교수자들이 기존에 해 오던 수업방법에서 벗어나서 러닝퍼실리테이터가 되어 수업을 하는 것은 결코 쉽지 않으며 많은 노력이 필요하다. 교수자만 바뀌면 되는 것이 아니라 학습자 역시 그냥 듣기만 하는 수동적인

---

1) 영남일보(2019. 1. 12.). [토요단상] 일본 대학입학시험 개편이 주는 메시지.

학습에서 벗어나 참여하고 생각하고 협력하는 등 새로운 능동적인 학습 태도를 익히는 것이 필요하다. 또한 정부의 정책도 뒷받침되어야 하고 학부모와 사설 학원 강사들의 변화도 필요하다. 이러한 시점에서 우리 저자들이 『창의적 조직과 공동체 구축을 위한 러닝퍼실리테이터 전문가 되기』라는 책을 출판하는 것은 다소 부족한 점이 있더라도 매우 의미가 있다고 생각한다.

우리는 독자 여러분에게 이 책을 읽기 전에 『창의적 인적자원개발을 위한 러닝퍼실리테이터 입문』을 먼저 읽어 보길 권장한다. 러닝퍼실리테이터로서 역할을 잘하기 위해서는 교수법적인 테크닉을 익히는 것도 중요하지만, 그 이전에 왜 러닝퍼실리테이터가 되어야 하는지를 정확히 인식하고 기본 역량을 키우는 것이 더 중요하기 때문이다.

독자 여러분께서 책을 읽는 과정에 어려움이 있다면 표현력이 부족한 저자들을 너그러이 양해해 주기를 바라며, 진정으로 러닝퍼실리테이터가 되기를 원한다면 책을 읽는 것으로 그치지 말고 여건이 허락된다면 러닝퍼실리테이터 연수교육 과정에 참여하시길 바란다. 왜냐하면 참여하여 활동하면서 깨닫게 되는 묵시적인 지식은 책으로 표현하는 데 어려움이 있기 때문이다.

마지막으로 이 책을 출판할 수 있도록 승인해 주신 학지사 김진환 대표님께 감사의 말씀을 드리면서 글을 맺는다.

공동 저자
박수홍 · 홍진용 · 류영호 · 김두규 · 홍광표 · 박은희

부록

/ 제1장 / 문제중심학습 부록

1. 학습양식 검사지

___

학습양식 검사지

◆ 귀하의 성별은? ☐ 남   ☐ 여

◆ 귀하의 연령은? ☐ 20대   ☐ 30대   ☐ 40대   ☐ 50대   ☐ 60대

◆ 귀하의 직급은?

◆ 귀하의 소속과 이름을 기입해 주세요.

소속: _____   이름: _____

　　다음은 여러분이 학습하는 방식과 일상생활에서 부딪히게 되는 상황 및 생각에 대처하는 방식을 나타낸 것입니다. 최근 여러분이 새로운 것을 배웠을 때(새로운 직무에서 배워야 하는 업무와 같은)의 상황들을 떠올려 보시기 바랍니다.

　　다음의 12가지 문장을 완성하기 위한 4가지 예문 중 여러분의 학습방식을 가장 잘 나타내는 것부터 1순위부터 4순위까지 각각 순위를 매겨 보세요. 그리고 점수 계산은 반대로 합니다. (1순위: 4점, 2순위: 3점, 3순위: 2점, 4순위: 1점)

___

예) 학습할 때 나는

☐1 행복하다　　☐2 행복하지 않다　　☐3 불행하다　　☐4 느낌이 없다

1. 학습할 때 나는 _____

☐ 내 감정을 다루기   ☐ 주의 깊게 보고 듣는   ☐ 생각하는 것을   ☐ 직접 해 보는 것을
　 좋아한다.   　 것을 좋아한다.   　 좋아한다.   　 좋아한다.

2. 나는 _____ 가장 잘 배운다.

☐ 내 직감을 믿을 때   ☐ 신중하게 보고   ☐ 논리적인 사고에   ☐ 일을 끝내기 위해
　 　 　 들을 때   　 의존할 때   　 열심히 일할 때

3. 배우고 있는 동안 나는 _____

☐ 강한 느낌과 반응을   ☐ 조용하고 별로   ☐ 이유를 알아내려고   ☐ 책임감을 느낀다.
　 갖게 된다.   　 표현하지 않는다.   　 하는 경향이 있다.

4. 나는 _____

☐ 느낌으로 배운다.   ☐ 보면서 배운다.   ☐ 생각하면서 배운다.   ☐ 직접 해 보면서
　 　 　 　 배운다.

5. 학습할 때 나는 _____

☐ 새로운 경험에   ☐ 문제의 모든 측면을   ☐ 부분으로 나누어   ☐ 직접 해 보면서
　 개방적이다.   　 고려한다.   　 분석하는 것을   　 배운다.
　 　 　 좋아한다.

6. 학습할 때 나는 _____

☐ 직관적이다.   ☐ 관찰하며 지켜본다.   ☐ 논리적이다.   ☐ 참여적이다.

7. 나는 _____ 가장 잘 배운다.

☐ 개인적인 관계로   ☐ 관찰을 하면서   ☐ 합리적인 이론으로   ☐ 연습 기회가 많으면
　 부터

8. 학습할 때 나는 _____

☐ 학습에 빠져든다.　☐ 행동하기 전에　☐ 아이디어와 이론을　☐ 과제를 수행한
　　　　　　　　　　　시간을 갖는다.　　좋아한다.　　　　　결과가 있는 것이
　　　　　　　　　　　　　　　　　　　　　　　　　　　　　좋다.

9. 나는 _____ 가장 잘 배운다.

☐ 나의 느낌에　　☐ 나의 관찰에　　☐ 나의 생각에　　☐ 스스로 시험해
　의존할 때　　　　의존할 때　　　　의존할 때　　　　볼 수 있을 때

10. 나는 학습하는 동안 _____

☐ 남의 의견을 수용　☐ 나의 의견을　☐ 이성적인 사람이다.　☐ 책임감 있는 사람
　하는 편이다.　　　표현하지 않는　　　　　　　　　　　　이다.
　　　　　　　　　　사람이다.

11. 학습할 때 나는 _____

☐ 열중한다.　　☐ 관찰하는 것을　☐ 신중하게 사물을　☐ 참여적인 것을
　　　　　　　　좋아한다.　　　　평가한다.　　　　　좋아한다.

12. 나는 _____ 가장 잘 배운다.

☐ 수용적이고　☐ 신중할 때　☐ 아이디어를　☐ 실제적이고
　개방적일 때　　　　　　　　분석할 때　　　실용적일 때

분야별 점수 합계			
구체적 경험(CE)	명상적 관찰(RO)	추상적 개념(AC)	능동적 실험(AE)
:　　　　점	:　　　　점	:　　　　점	:　　　　점

◆ AE-RO: _____점

◆ AC-CE: _____점

출처: 박성희(1998).

2. 학습사이클

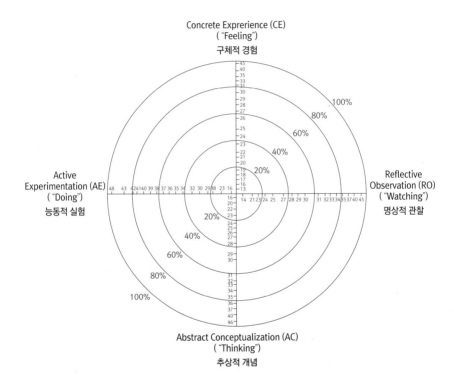

출처: 박성희(1998).

3. 학습양식

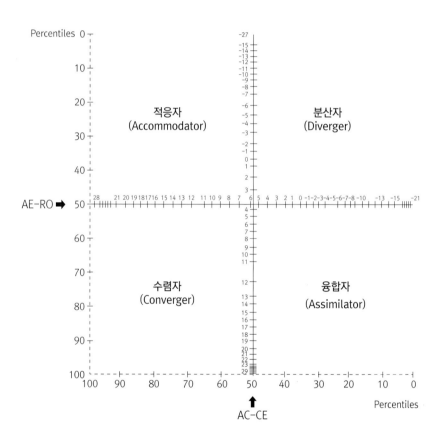

출처: 박성희(1998).

/ 제2장 / 액션러닝 부록

1. 과제 기술서

팀명	
팀 구성원	
과제 명칭	
과제 선정배경	
기대 결과	

과제 해결 검증 및 측정	해결책 직후	
	( ) 개월 후	
	( ) 개월 후	

스폰서 조언	* PM, 담당교수, 팀장 등의 당부말씀을 적습니다. 스폰서: _____ (사인)

2. STAR 관찰법

팀명: _____

이름: _____

일자	발생상황(S/T)	행동/의사결정(A)	결과(R)	피드백포인트

3. 의사결정 그리드

현실
가능성
높음

낮음

낮음   높음   시간가능성

4. 자기소개: '나는 누구인가?'

팀명: _____

이름: _____

/ 제3장 / 캡스톤디자인 부록

1. HBDI 사고유형 조사 설문지

* <u>각 번호에서</u> 자신에게 적합하고 수행하기에 좋은 항목을 반드시 <u>하나 이상</u> 고르시오.

번호	유형	항목	선택
1	A	지식과 정보 찾기	
	B	임기응변보다는 주어진 지침을 철저하게 따르기	
	C	다른 사람의 아이디어를 경청하여 영감이나 아이디어를 공유하기	
	D	새로운 주제에 대하여 자세한 것보다는 큰 그림이나 전후 관계에 따라 문맥 찾기	
2	A	하나의 기본 틀에서 논리적으로 정보를 다루기	
	B	상세한 요구사항이 있는 문제를 신중하게 풀기	
	C	스스로 '왜'를 자문하고 개인적인 의미를 추구하여 동기를 부여하기	
	D	학습을 좀 더 흥미롭게 만들기 위하여 활동적으로 주도권 잡기	
3	A	유용한 정보를 제공하는 강의를 청취하기	
	B	결합과 단점을 찾아내기 위하여 이론과 과정을 시험하기	
	C	책의 서문을 읽어 작가의 저술 목적에 대한 실마리 얻기	
	D	모의실험을 해 보며 '만약 ~한다면?'을 질문하기	
4	A	교과서 읽기	
	B	실험 작업을 단계에 의해 수행하기	
	C	촉각, 시각, 후각, 미각, 청각 등의 감각을 통하여 배우기	
	D	강의에서 시각자료를 활용하고, 학습에 있어서 말보다는 그림을 선호하기	
5	A	예제와 답을 분석하기	
	B	실험실습 결과에 대하여 보고서를 작성하기	
	C	도구나 물건을 만지고 사용하여 손에 익숙하게 만들기	
	D	정답이 없는 문제를 다루며 여러 가지 가능한 답을 찾아보기	

6	A	아이디어를 수고하기	
	B	교육용 소프트웨어를 가지고 컴퓨터 이용하기	
	C	스터디 그룹이나 그룹 토의를 이용하기	
	D	문제와 그 해결책의 '우아함'을 높이 평가하기	
7	A	과학적인 벙법을 사용하여 검증하기	
	B	학습된 지식의 응용 사례를 찾아보기	
	C	자세하게 쓰지는 않더라도 느낌이나 정신적 가치를 기록하는 일기 쓰기	
	D	자유분방한 아이디어 중시하기	
8	A	가설을 세우고 그것의 진위를 검증하기	
	B	계획이나 프로젝트를 기획하고 이를 계획과 시간에 맞추어 수행하기	
	C	드라마 제작하기	
	D	아이디어와 가능성을 실험하고 다루기	
9	A	컴퓨터가 어떻게 작동하는가를 알아보기	
	B	세부적인 강의를 청취하기	
	C	인간 중심적인 현장 실습하기	
	D	모험을 하고 새로운 지역을 탐험하기 위하여 다른 문화권 여행하기	
10	A	사실과 기준 및 논리적 추론에 근거하여 아이디어를 평가하기	
	B	자세하고 종합적인 노트 필기하기	
	C	사람들을 만나고 어떻게 사는가를 알기 위하여 다른 문화권 여행하기	
	D	경향을 생각하기	
11	A	기술적이고 재정적인 사례를 연구하기	
	B	정돈된 환경에서 정해진 계획에 맞추어 공부하기	
	C	배경 음악을 틀어 놓고 공부를 하고, 기억력을 돕기 위한 방법으로 랩 송 만들기	
	D	미래를 생각하고 장기적인 목표를 세우기	
12	A	사람과 사회적 관심보다는 물건이나 기계를 다루기	
	B	예산을 상세하게 세우기	
	C	인간 중심적인 사례를 연구하기	
	D	사실이나 논리에 의하기보다는 직관에 의존해서 해결방안 찾기	

13	A	미래의 가능성보다는 현실적인 것을 다루기	
	B	자주 반복함으로써 새로운 기술을 익히기	
	C	다른 사람의 시각이나 권리를 존중하기	
	D	새로운 것에 도달하기 위해서 아이디어나 정보를 종합하기	
14	A	물건의 가격이 얼마인지 알아보기	
	B	조직과 절차를 배우기 위하여 현장 실습하기	
	C	다른 사람을 가르치면서 배우기	
	D	미래지향적인 방향으로 논의하기	
15	A	기술적 인공물을 연구하기 위하여 문화가 다른 지역을 조사하기	
	B	프로젝트에 관하여 '어떻게 하는가?'에 대한 지침서 작성하기	
	C	신체 언어에 대한 실마리를 얻기 위해서 비디오나 오디오를 선호하기	
	D	재미 삼아 전혀 다른 방법으로 일하기	

* 선택한 항목의 개수를 다음 그림의 해당 트랙에 점으로 표시하고 각 점을 연결한다.
선택한 항목이 제일 많은 유형이 자신의 사고유형으로, 다음의 표와 같은 사고를 갖고 있다.

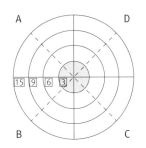

A유형(좌뇌 위쪽)	D유형(우뇌 위쪽)
논리적, 분석적, 수학적, 기술적, 문제풀이	창조적, 종합적, 예술적, 전체적 개념
B유형(좌뇌 아래쪽)	**C유형(우뇌 아래쪽)**
통제적, 관리된 계획, 세부화된 행정	대인적, 감정적, 음악적, 정신적인 표현

2. 캡스톤디자인 수행에 필요한 양식

◆ 현장전문가 인력풀

	관련 분야	성명	소속	직급	핸드폰	이메일
1						
2						
3						
4						
5						

◆ 학습 팀 편성표

학습 팀	성명	특성 양식		
		HBDI 검사	Kolb의 학습양식	DISC 검사
A팀				
B팀				

◈ 팀 상호작용하기 결과표

팀명	역할	팀원	별명	핸드폰	E-Mail

◈ 캡스톤디자인 팀 규칙

팀 규칙 정하기			
팀명		규칙정한일자	
팀장		기록수	
팀 규칙	1. 2. 3. 4. 5. 6. 7. 8. 9 10.		
	역할	성명(사인)	역할	성명(사인)
팀 구성원				

◆ 팀 활동일지(회의록)

팀 활동일지(회의록)				
팀명		**과제명**		
일시		**장소**		
활동(회의) 주제				
활동(회의) 내용				
참석자 서명	소속(학과)	직위(학번)	역할	서명(확인)
현장전문가			멘토	
지도교수			러닝퍼실리테이터	

◆ 과제 현장전문가 요구 분석지

과제 현장전문가 요구 분석지					
일시			소요시간		
장소					
팀명					
팀장	학과		학번		성명
팀원					
현장전문가 정보	기업명			성명	
	부서명			직책	
현장전문가 과제 현장 요구 분석 내용	• 지역 기관과 기업체가 요구하는 과제는? (지정 과제) • 공학인으로 개발 가치가 있다고 생각하는 과제는? (자율 과제)				
과거 유사 문제 수행 내용과 결과 분석					
핵심 과제 발굴 내용					

◆ 과제 사전 조사 분석지

〈과제 사전 조사 분석지〉

팀명		작성자	

1. 발굴 과제명

2. 발굴 과제와 유사한 특허를 찾아 특허 관련 내용(제목 및 요약 내용, 도면)을 기록하세요.

특허 제목	
특허 내용 요약	
특허 도면(사진)	

3. 발굴 과제와 관련 있는 논문을 찾아 관련 내용을 기록하세요.

논문 제목	
논문 내용 요약	
논문 관련 정보	

◆ 우선순위 정하기 워크시트

우선순위 정하기					
단위과제명					
No.	해결방안	기준	점수	합계	우선순위
1		실현이 가능한가?	1 2 3		
		시급한 것인가?	1 2 3		
		경제성이 있는가?	1 2 3		
2		실현이 가능한가?	1 2 3		
		시급한 것인가?	1 2 3		
		경제성이 있는가?	1 2 3		
3		실현이 가능한가?	1 2 3		
		시급한 것인가?	1 2 3		
		경제성이 있는가?	1 2 3		
4		실현이 가능한가?	1 2 3		
		시급한 것인가?	1 2 3		
		경제성이 있는가?	1 2 3		
5		실현이 가능한가?	1 2 3		
		시급한 것인가?	1 2 3		
		경제성이 있는가?	1 2 3		

◆ 과제 제작비용 산출 내역서

과제 제작비용 산출 내역서			
팀명		팀장	
작품명		팀장 연락처	
항목	세부 항목 및 내역		소요비용 (천 원)
재료비			
시제품가공비			
…			
기타 경비			
합계			

◆ 과제 수행 계획서

과제 수행 계획서					
팀명					
과제명					
지도교수			결과물 형태 □ H/W □ S/W □ 문서		
산업 현장전문가	기업명				
	성명		전화번호		
	E-mail		직위		
팀장	학과		학번		
	성명		전화번호		
	E-mail		역할		
팀원	학과	학번	이름	역할	연락처
수행 기간	20　년　월　일　～　20　년　월　일				
과제 요약					
설계안					
과제 제작비용	일금 _____원(과제 제작비용 산출 내역서 첨부)				
본인은 캡스톤디자인 과제계획서를 제출합니다. 20　년　　월　　일 탐장 _____ (인)					

◈ 팀원 간 역할 분담

팀원 간 역할 분담		
성명	역할	참여도(%)
합계		100%

◈ 캡스톤디자인 성찰일지

캡스톤디자인 성찰일지					
팀명		성명	(서명)	역할	
팀 과제					
성찰 내용	1. 캡스톤디자인 수행을 통해 배우고 느낀 점				
	2. 과제를 해결하고 완성하기 위해 노력한 점				
	3. 과제 수행 시 경험한 성공과 실패 요인				
	4. 과제 수행 시 부족했던 점과 더 배워야 될 점				
	5. 과제 수행 결과를 통해 배운 바를 나의 진로와 연계하는 방안				
	6. 과제를 수행하기 위해 팀원 간 상호작용에 기여한 점				

◈ 캡스톤디자인 자기 평가지

캡스톤디자인 자기 평가지						
팀명		**성명**		(서명)	**역할**	
팀 과제						
평가 내용					배점	점수
1. 캡스톤디자인 활동에 적극적으로 참여하였는가?					10	
2. 캡스톤디자인 활동에 도움이 되는 발언이나 태도를 보였는가?					10	
3. 다른 사람의 발언을 적극적으로 경청하였는가?					10	
4. 제시된 문제를 다각적으로 분석하였는가?					10	
5. 해결방안과 아이디어를 논리적으로 도출하였는가?					10	
6. 비판적이고 창의적인 의견을 제시하였는가?					10	
7. 학습결과물을 충실하게 제시하였는가?					10	
8. 다양한 정보를 수집하고 활용하고자 노력하였는가?					10	
9. 자기 주도적으로 학습을 수행하였는가?					10	
10. 적극적으로 상호작용하였는가?					10	
합계					100	
평가 척도 예: A(10점), B(8점), C(6점), D(4점), E(2점)						

◆ 캡스톤디자인 동료 평가표

캡스톤디자인 동료 평가표							
팀명				**평가자명**			(서명)
팀 과제							
평가 요소	**평가 항목**	**배점**	팀원 ( )	팀원 ( )	팀원 ( )	팀원 ( )	팀원 ( )
과제 참여도	과제 수행을 위한 참여 및 팀원 간의 협력 정도	25					
문제해결 능력	과제 수행을 위한 전문적 지식 역량 발휘 정도	25					
준법성/ 책임감	팀 규칙을 잘 준수하고 역할 분담 수행 정도	25					
보고서/ 발표	과제 결과 보고서 작성 및 발표에 기여 정도	25					
합계		100					

〈주관식 평가〉

• 학습자이자 팀원으로서 팀원의 장점은 무엇인가?

• 학습자이자 팀원으로서 팀원의 단점은 무엇인가?

평가 척도 예: A(23~25점), B(20~22점), C(17~19점), D(14~16점), E(11~13점)

◆ 관찰(과정) 평가지

관찰(과정) 평가지							
팀명				평가자			(서명)
과제명							
평가 요소	배점	팀원					
1. 팀 활동에 적극적으로 참여하였는가?	20						
2. 팀원과 협력하여 과제를 수행하였는가?	20						
3. 과제 해결 과정에서 아이디어를 적절하게 제안하였는가?	20						
4. 팀원으로 담당 역할을 잘 수행하였는가?	20						
5. 팀 분위기에 이바지한 공로가 있는가?	20						
합계	100						
평가 척도 예: A(19~20점), B(17~18점), C(15~16점), D(13~14점), E(11~12점)							

◈ 교내 캡스톤디자인 결과물 평가지

교내 캡스톤디자인 결과물 평가지					
팀명		평가자			(서명)
과제명					
구분	평가 요소	평가 배점	점수	소계	합계
전시 평가	디스플레이는 전시 효과가 있는가?	5			
발표 평가	프리젠테이션 자료는 주제와 적합하게 제작되었는가?	5			
	적절한 매체를 선택하여 발표 내용을 잘 표현하고 있는가?	5			
	전체적인 맥락은 적합한가?	5			
	발표 태도와 용어는 적합하게 사용했는가?	5			
작품 평가	경제성이 있는가?	15			
	독창성이 있는가?	15			
	기능성이 있는가?	15			
	시장성이 있는가?	15			
	완성도가 높은가?	15			
평가 척도 예: A(5점, 14~15점), B(4점, 12~13점), C(3점, 10~11점), D(8~9점), E(6~7점)					

◆ 캡스톤디자인 경진대회 심사기준(전국)

심사 항목	세부 심사 항목	배점	점수	소계
기술성 및 완성도	• 과제 해결방안 및 수행 프로세스의 적절성	5		
	• 개념 설계 과정의 논리적 타당성 및 실현 가능성	5		
	• 세부 설계 및 계산의 적합성	5		
	• 결과물 제작 및 결과물 완성도	5		
창의성 및 차별성	• 아이디어의 창의성, 독창성 및 진보성	10		
	• 기능성, 미적 감각을 반영한 디자인의 우수성	10		
	• 기존 기술(제품)과의 차별성과 도전정신	10		
사업화 가능성	• 산업계 및 지역사회의 수요 반영도 및 영향도	10		
	• 작품(기술)의 실용성, 시장성, 경제성 및 사업화 가능성	10		
	• 지식재산권(특허, 실용신안)의 출원 가능성	10		
보고서 구성 및 전시/ 발표	• 보고서 구성 및 작성의 충실성	5		
	• 발표 및 질의응답의 우수성	5		
	• 팀의 협력 정도 및 참여도	5		
	• 작품의 전시 효과 및 홍보 효과	5		
합계		100		

◈ 캡스톤디자인 수행 결과 보고서

캡스톤디자인 수행 결과 보고서						
팀명						
작품명						
대표 학생	성명		학번		학과	
지도교수 (러닝퍼실리테이터)	성명			학과		
현장전문가	성명			소속		
참여 학생 및 업무 분담표						
No.	학과	성명	학년	학번	업무 내용	
1						
2						
3						
4						

1. 캡스톤디자인 수행 배경
2. 캡스톤디자인 수행 과정
　　2.1 캡스톤디자인 수행 과정에서 전공 지식의 활용 사례
　　2.2 캡스톤디자인 수행 과정에서 참고한 문서 자료
　　2.3 캡스톤디자인 수행 과정에서 고려한 요구사항과 제안사항
　　2.4 캡스톤디자인 수행 과정에서 발생한 문제점과 해결 사례
3. 캡스톤디자인 수행 결과 및 고찰
　　3.1 캡스톤디자인 결과물에 대한 설명
　　3.2 캡스톤디자인 결과물의 향후 개선사항
4. 수행 후기

3. 창의적 사고 기법

◈ 창의적 사고 증진 도구

어떤 창의적인 사고를 증진하기 위해 사고하는 과정을 체계화한 것으로, 확산적(발산적) 사고 기법과 수렴적 사고 기법이 있다.

확산적 사고 기법(문제해결을 위한 다양한 아이디어 발상 기법)	
사고 도구	**목적 및 내용**
브레인스토밍 (brainstorming)	집단의 자유로운 토론을 통해 어떤 문제의 해결책에 대한 창의적인 아이디어를 이끌어 내기 위해 자주 사용하는 아이디어 발상 도구
브레인라이팅 (brainWriting)	롤링페이퍼처럼 짧은 시간 안에 종이에 각자의 생각을 쓰면서 팀원의 창조적인 발상과 아이디어를 자극하고 한데 모으는 혁신적인 발상법
라운드로빈 (round robin)	모든 팀원이 활동에 참여하도록 순서대로 돌아가면서 아이디어를 생성하는 형식의 참여 기법
익명그룹기법 (nominal group technique)	• 팀 분위기가 어색하여 아이디어를 생성하기 어려운 상황에서 짧은 시간 안에 많은 아이디어를 도출하는 도구 • 아이디어를 기록하는 도구(포스트잇, 네임펜 등)를 사용함.
로터스 발상법 (lotus blossom)	• 로터스(lotus)는 연꽃을 말하며, 연꽃개화법이라고도 불림. • 중심 주제와 관련된 아이디어들을 하위 주제어로 발전시켜 나가면서 아이디어를 전개해 나가는 방법
여섯 색깔 모자 (six thinking hats)	회의에서 다수의 참석자나 팀원이 한 순간에 하나의 관점에 집중하게 함으로써 불필요한 충돌이 일어나는 것을 막고, 어떤 한 방향의 사고를 과식하지 않게 해 주는 도구
마인드맵 (mind map)	머릿속에 떠오르는 아이디어를 자유롭게 기록하여 그림으로 표현하는 방법으로, 지도를 그림으로써 정보를 분류하고 정리하는 도구
스캠퍼 (SCAMPER)	• 기존의 형태나 아이디어를 다양하게 변형시키는 사고 기법 • 7가지 질문에 해당하는 단어의 첫 글자를 딴 것 • 약어의 순서와 관계없이 어떤 질문이든 먼저 할 수 있음.

수렴적 사고 기법(도출한 아이디어에 가장 알맞은 해결방안이나 답을 찾아가는 분석 · 분류하는 사고 기법)	
사고 도구	목적 및 내용
어골도 (fishbone diagram)	문제의 원인을 수평적인 시각에서 분석하고 파악하기 위한 분석 도구
마인드맵 (mind map)	아이디어를 조직화하고 정보를 서로 연결하여 체계적 · 세부적으로 아이디어를 다듬는 도구로, 문제에 대하여 커다란 종이에 지도를 그려 나가는 방법
친화도법 (affinity diagram)	생성된 아이디어를 논리적으로 연관된 그룹이나 범주로 분류하고 내용을 구조화하기 위한 기법
PMI 기법 (plus, minus, interesting)	하나의 아이디어를 분석 및 주의 집중하는 도구로 문제에 대한 대안을 확인하는 데 사용하며, 제안된 아이디어의 장점(plus), 단점(minus), 흥미로운 점(interesting)을 따져 본 후 최적의 아이디어를 선택
히트(HIT) 기법	확산적 사고 기법을 통해 제안된 다양한 아이디어를 목적에 맞는지, 맞지 않는지 평가하고 선택하는 데 있어 가장 쉽고 간단하면서도 효과적인 방법
평가 행렬법 (evaluation matrix)	• 제시된 여러 가지 아이디어를 미리 정해 놓은 평가기준에 따라 체계적으로 평가하는 방법 • 평가 행렬표를 만든 후 준거에 맞추어 아이디어를 평가

◈ 브레인라이팅 기법

과제에 대한 아이디어를 도출할 경우 팀 조직에서 발언에 소극적인 사람의 참여를 유도하는 확산적 사고 기법으로 진행 절차는 다음과 같다.

순 1〉 각 팀에게 러닝퍼실리테이터 또는 팀장이 해결 주제를 제시한다.
순 2〉 각 팀원들에게 각각 한 장의 브레인라이팅 워크시트를 배부한다.
　　　워크시트는 다음의 예시를 참조한다.
순 3〉 해결 주제를 참고하여 자신의 아이디어를 3개 정도 적는다.
　　　아이디어를 생각할 시간을 3~5분 정도 준다.
순 4〉 시간이 지나면 자기의 브레인라이팅 워크시트를 왼쪽에 있는 팀원에게 전달하도록 한다.
순 5〉 전달받은 시트에 쓰여 있는 아이디어를 발전시킨 아이디어를 생각해 아이디어 순서 2에 추가로 3개 정도 써 넣는다.
순 6〉 계속해서 모든 구분된 빈칸이 채워질 때까지 과정을 반복한다. 이전의 아이디어에 대한 발전된 아이디어가 없을 경우에는 독자적인 아이디어를 쓴다.

〈브레인라이팅 워크시트〉

주제:			
아이디어 순서	아이디어 1	아이디어 2	아이디어 3
1			
2			
3			
4			

◈ 평가 행렬법(evaluation matrix)

- 제시된 여러 가지 아이디어를 미리 정해 놓은 평가기준에 따라 체계적으로 평가하는 방법
- 평가 행렬표를 만든 후 준거에 맞추어 아이디어를 평가

평가 행렬표					
과제명(시제품)					
아이디어 ／ 평가 준거	경제성	현실성	효과성	안정성	총점
평가 척도 예: A(10점), B(8점), C(6점), D(4점), E(2점)					

◈ KWL 차트

배경지식을 활성화하고 학습자가 스스로 능동적 사고를 할 수 있도록 돕는 학습 도구로 주로 독서, 논술, NIE와 같이 사용된다.

KWL차트		
단위과제명		
Know	Want	Learned
내가 이미 알고 있는 것 (과제와 관련하여 알고 있는 것)	궁금하거나 더 알아야 할 것 (과제에 대해 알고 싶은 것)	새롭게 알게 된 것 (과제에 대해 알게 된 것)

◈ PMI 기법

하나의 아이디어를 분석 및 주의 집중하는 도구로 문제에 대한 대안을 확인하는 데 사용하며, 제안된 아이디어의 장점(Plus), 단점(Minus), 흥미로운 점(Interesting)을 따져 본 후 최적의 아이디어를 선택한다.

주제(과제)	
장점 (Plus)	· · ·
단점 (Minus)	· · ·
흥미로운 점 (Interesting)	· · ·

◈ 히트(HIT) 기법

확산적 사고 기법을 통해 제안된 다양한 아이디어를 목적에 맞는지, 맞지 않는지 평가하고 선택하는 데 있어 가장 쉽고 간단하면서도 효과적인 방법

아이디어 번호	브레인스토밍에서 도출된 아이디어	히트(V) 표시	비고
1			
2			
3			
4			

◆ 스캠퍼(SCAMPER) 기법

창의적 사고 기법의 하나로 문제해결을 위한 사고의 영역을 7가지의 키워드(S, C, A, M, P, E, R)로 정해 놓고 키워드에 맞는 다각적인 사고를 통해 새로운 아이디어를 생성한 뒤 실행 가능한 최적의 해결방안을 찾는 방법이다. 브레인스토밍보다 구체적인 안을 도출하기에 좋다. 스캠퍼의 7가지 내용과 핵심 질문은 다음과 같다.

주제(과제)	
SCAMPER	아이디어 내용
S (대체하기)	• •
C (조합하기, 결합하기)	• • •
A (조정하기, 응용하기)	• • •
M [변경(수정), 축소, 확대하기]]	• • •
P (다른 용도로 사용하기)	• • •
E (제거하기)	• •
R (반대로 하기, 재배열하기)	• •

♤스캠퍼 기법(SCAMPER) 예시

S = Substitute(대체하기)

• 내용: 기존의 것을 무엇인가 대체할 것을 찾다보면 새로운 아이디어를 얻을 수 있다.

• 질문: 기존의 성분, 사람, 재료, 과정 등을 새로운 것으로 대체하면 어떨까?

• 예시
  - 컵의 재질을 도자기에서 종이컵으로
  - 휘발유 사용 자동차를 하이브리드 자동차로
  - 가마솥 대신 압력밥솥으로
  - 문 열쇠 대신 지문과 번호 인식 기술 사용
  - 젓가락 재질을 나무로

C = Combine(조합하기, 결합하기)

• 내용: 두 가지 이상의 제품이나 무엇을 조합하여 특이하고 새로운 것을 만들 수 있다.

• 질문: 기존과 다른 요소, 콘셉트, 목적 등과 조합(결합)하면 어떨까?

• 예시
  - 복사기, 팩스, 스캐너의 기능을 조합한 복합기
  - 전화, 카메라, MP3, 게임기 등의 제품을 복합적으로 사용할 수 있는 스마트폰
  - 이동에 원활함을 주기 위해 바퀴와 가방을 결합시킨 캐리어
  - 무선 인터넷과 IPTV, 전화 서비스 등을 복합적으로 담고 있는 가정용 인터넷 서비스

A = Adapt(조정하기, 응용하기)

• 내용: 활용하는 방법을 달리하여 문제를 해결하는 방법

• 질문: 어떤 것을 다른 목적과 조건에 맞게 응용하거나 조정하면 어떨까?

• 예시
  - 돌고래 초음파를 응용해 만든 초음파 진단기
  - 갈고리 모양의 털이 달린 산우엉 씨앗의 모양을 응용하여 만든 벨크로(찍찍이) 개발
  - 장미 가시와 덩굴을 보고 응용시킨 철조망
  - 고양이 눈의 특성을 응용해 만든 야광 도로 표지판

M = Modify, Minify, Magnify[변경(수정), 축소, 확대하기]

• 내용: 기존의 제품을 다른 형태로 변형하여 대안을 찾거나 새로운 것을 만들어 내는 방법

• 질문: 기존 제품의 형태, 색, 무게, 의미 등을 새롭게 변경, 축소, 확대하면 어떨까?

• 예시
  - 봉지 라면에서 휴대성을 늘린 컵라면
  - 냉장고 안에서 김치 관리 측면을 극대화시킨 김치냉장고

- 안경을 수정한 선글라스
- 컴퓨터를 축소한 노트북 또는 스마트폰
- 화면을 더욱 늘린 대형 TV
- DSLR 카메라에서 촬영 소리와 크기를 줄인 미러리스 카메라
- 장갑을 역방향 또는 재구조화하여 발가락 양말 개발

P = Put to other uses(다른 용도로 사용하기)

- 내용: 기존의 재료와 제품의 새로운 사용법을 찾는 방법
- 질문: 기존의 것을 전혀 다른 용도로 다른 상황에서 사용하면 어떨까?
- 예시
  - 금속에 광택을 내고 연마제 대신 사용되는 치약
  - 쓸모없다 여겨진 접착제를 사용해 완성된 포스트잇
  - 레스토랑과 카페로 변형된 고장난 선박과 항공기, 기차
  - 오래전에 폐기된 정유 시설을 문화 시설로 탈바꿈한 문화비축기지
  - 빵에 넣는 식품첨가물로 개발된 베이킹파우더를 청소 세제로 사용

E = Eliminate(제거하기)

- 내용: 문제를 일으키거나 불편함을 주는 부분을 제거하고 압축하는 방법
- 질문: 기존 제품의 일부를 제거하면 어떨까?
- 예시
  - 불편함을 주는 선을 제거한 무선 마우스, 무선 키보드, 휴대전화
  - 전화기의 안테나를 제거한 휴대전화
  - 카메라에 사용되는 필름을 생략시킨 디지털 카메라
  - 아이들의 손가락에 위험을 줄 수 있는 요소를 제거한 날개 없는 선풍기

R = Reverse, Rearrange(반대로 하기, 재배열하기)

- 내용: '역방향'은 순서를 바꾸거나 뒤집는 등 색다른 아이디어로 문제의 실마리를 찾는 방법
- 질문: 기존 제품의 순서, 배합, 위치, 기능, 모양 등을 바꾸거나 기존의 생각과 반대되는 생각을 한다면 어떨까?
- 예시
  - 김과 밥의 위치를 바꾼 누드김밥
  - 천지인 타자 입력 자판
  - 출퇴근 자유 근무제
  - 하얀 국물 라면

/ 제4장 / 목적중심시나리오 부록

1. 목적중심시나리오 수업 준비하기

◆ 학습목표 및 목표기능 확인표

학습목표	
목표기능 1	목표기능 2

◆ 임무 개발표

학습목표	
목표기능 1	목표기능 2
↓	↓
임무 1	임무 2

◆ 역할 개발표

역할 1	
역할 2	
역할 3	

◈ 설정 및 장면 개발표

임무명		커버스토리		
임무 1		커버스토리 1	역할	역할 1, 역할 2, 역할 3
			설정	
			장면	
임무 2		커버스토리 2	역할	역할 1, 역할 3
			설정	
			장면	

◈ 시나리오 운영활동 개발표

임무명		커버스토리		시나리오 운영활동	
임무 1		커버스토리 1		링크	
				그래픽	
				관련 문서	
				휴대용 저장 매체	
				전문가 정보	
임무 2		커버스토리 2		링크	
				그래픽	
				관련 문서	
				휴대용 저장 매체	
				전문가 정보	

2. 목적중심시나리오 수업 운영하기

◆ 역할 및 수행해야 할 일 선정표

임무	역할	수행해야 할 일

◆ 수행해야 할 일 분담표

구분	임무	역할	수행해야 할 일
공통			
공통			
개별			
개별			
개별			
개별			
개별			

◆ 학습자원 선정표

구분	임무	역할	수행해야 할 일	학습자원
공통				
공통				
개별				
개별				
개별				
개별				
개별				

/ 제5장 / 플립러닝 부록

1. 전체 학기 수업계획서

전체 학기 수업계획서						
교과목명		러닝퍼실리테이터명			참여 인원	
수업 형태	Pre—class(on—line, ○○시간)/In class(off—line, ○○시간)					
과목 개요						
교육목표						
교재 정보	주교재					
	참고교재					
주요 수업활동 계획						
Pre—class		In—class		Post—class		
•		•		•		
대표 강의 자료		Pre—class와의 연계 활동		과제 및 학습 성찰		
•		•		•		
전략		전략		전략		
•		•		•		
학습자 평가 설계(총 100%)						
Pre—class 평가 (○○%)		In—class 평가 (○○%)	Post—class 평가 (○○%)		총괄 평가 (○○%)	
•		•	•		•	
평가 기준 설정						
토론		프로젝트	개별 활동		학습 성찰	
•		•	•		•	

출처: 최정빈(2018).

2. 전체 수업 개발계획서

전체 수업 개발계획서					
주차	학습 주제	Pre-class			In-class
		수업 자료원		내용	수업 활동 내용과 자료
		시간 (분)	출처		
1					
2					
3					
4					
5					
6					
7					
8	중간고사				
9					
10					
11					
12					
13					
14					
15	기말고사				

출처: 최정빈(2018).

3. 주차별 수업계획서

주차별 수업계획서						
교과목명		러닝퍼실리테이터명		AI(조교)		
단원(차시)		단원 주제		수업 날짜		
학습목표						
단계 선택 ☑		교수/학습 활동			시간	비고
Pre-class (사전학습)	☑ P					
	☑ A					
In-class (강의실)	☑ R					
	☑ T					
	☑ N					
	☑ E					
Post-class (사후활동)	☑ R					
본 차시 교수 전략	주의집중(attention)					
	관련성(relevance)					
	자신감(confidence)					
	만족감(satisfaction)					
평가 전략 (주차별 평가 시에만 기입)	Pre-class					
	In-class					

출처: 최정빈(2018).

4. PMI 워크시트

토의 · 토론 주제:		
사고 과정: P(장점)–M(단점)–I(흥미로운 점)–최종 아이디어		
P	M	I

해결방안	

최종 아이디어	

5. 여섯 색깔 사고 모자 워크시트

여섯 색깔 사고 모자	
주제:	
구분	의견
파란 모자 회의 진행, 사고 정리, 통제	•
빨간 모자 느낌, 직감, 정서, 감정	•
하얀 모자 객관적 · 중립적 사실, 정보	•
노란 모자 긍정적, 강점, 낙관적, 건설적, 실현가능성	•
검은 모자 부정적, 약점, 잠재 위험, 실패 요인	•
초록 모자 창의적, 확산적, 혁신적	•

/ 제6장 / 앙트러프러너십 역량 강화 코스(EEC) 부록

1. 러닝퍼실리테이터의 실천적 활동 학습도구

◈ CATWOE

현 문제 시스템에 관한 나의 견해

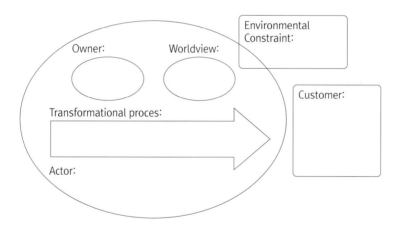

◆ 와이파이 발상법 활동지

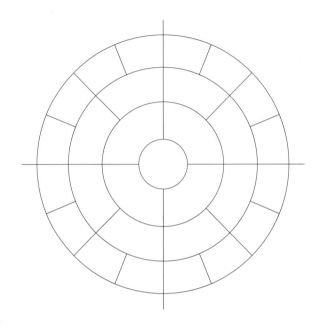

◆ 전략 캔버스(SC)

◈ 비즈니스 모델 캔버스

What's your problem? Key problems	How do you do it? Key activities	What do you do? Value proposition	How do you interact? Costumer retationships	Who do you help? Costumer segments
Who will Help you? Key partners	What do you need? Key resources		How do you reach them? Channels	
What will it cost? Cost structure		How much will you make? Revenue streams		

◈ 액션플랜

액션플랜(blueprint)　　Team :　　Date :　version:

1. Solution(what) name:

Why:

2. Action step

	Step (how)	Who	Where	When	check
Pre					
Main					
Post					

찾아보기

저자 소개

▌박수홍(Park Su Hong)

부산대학교 교육학과 교수: 교육공학, HRD 전공

現 부산대학교 SSK 사업단장
    한국기업교육학회 고문
前 한국기업교육학회 회장
    한국인적자원개발학회 부회장
    부산 U-IoT 도시협회 부회장

▌홍진용(Hong Jin Yong)

부산대학교 교육학 박사

現 LbD(엘비디)컨설팅 대표
    특급 러닝퍼실리테이터
    학습자 중심 참여형 교수법 컨설턴트
    러닝퍼실리테이터 관련 연수교육과정 운영
    러닝퍼실리테이터 2급, 1급, 특급 자격증 발급 운영
前 해군교육사령부 교육훈련부 교육정보화 연구관
    해군교육사령부 교육자원정보실 원격교육체계개발과장

▌류영호(Ryu Young Ho)

부산대학교 교육학 박사

現 경남공업고등학교 교장
    부산시LBD교육연구회 자문위원(부산광역시미래교육원지정)
    전국공업고등학교장회 수석부회장
前 다선중학교 공모교장
    해운대공업고등학교 교장
    2015 개정교육과정 교과서(기초제도) 개발 심의위원장
    부산시LBD교육연구회장(부산광역시미래교육원지정)
    부산대학교대학원, 동의과학대학교 외래교수

▌김두규(Kim Du Gyu)

부산대학교 교육학 박사
現 효림초등학교 교사
  한국진로개발학회 부회장
  부경대학교 겸임교수
前 부산대학교 교수학습지원센터 연구교수
  부산대학교 교육발전연구소 Post-Doctor 연구원
  미국 노스텍사스대학교 객원연구교수
  부산대학교, 부산교육대학교, 진주교육대학교,
  동아대학교 등 외래교수

▌홍광표(Hong Kwang Pyo)

부산대학교 교육학 박사
現 (사)한국코치협회 전문코치
  국제트리즈협회 트리즈전문가
  (주)에듀테크 교육기술이사
  (주)스마트소셜 교육기획부장
  경성대학교 겸임교수
前 부산대학교 교육발전연구소 전임연구원

▌박은희(Park Eun Hee)

부산대학교 교육학 박사
現 부산대학교, 부경대학교 외래교수
前 동의과학대학교 교수학습개발센터 직원
  한국해양대학교, 동의대학교 외래교수

창의적 조직과 공동체 구축을 위한

러닝퍼실리테이터 전문가 되기
Becoming a Learning Facilitator Expert

2021년 9월 25일 1판 1쇄 인쇄
2021년 9월 30일 1판 1쇄 발행

지은이 • 박수홍 · 홍진용 · 류영호 · 김두규 · 홍광표 · 박은희
펴낸이 • 김진환
펴낸곳 • (주) **학지사**

　　　　04031 서울특별시 마포구 양화로 15길 20 마인드월드빌딩
대표전화 • 02)330-5114　　　팩스 • 02)324-2345
등록번호 • 제313-2006-000265호

홈페이지 • http://www.hakjisa.co.kr
페이스북 • https://www.facebook.com/hakjisa

ISBN 978-89-997-2431-2 93370

정가 15,000원

　출판 · 교육 · 미디어기업 **학지사**

　간호보건의학출판 **학지사메디컬** www.hakjisamd.co.kr
　심리검사연구소 **인싸이트** www.inpsyt.co.kr
　학술논문서비스 **뉴논문** www.newnonmun.com
　교육연수원 **카운피아** www.counpia.com